自由と保障

ベーシック・インカム論争

トニー・フィッツパトリック
Tony Fitzpatrick

武川正吾
TAKEGAWA Shogo
菊地英明
KIKUCHI Hideaki
訳

Freedom and Security
An Introduction to the Basic Income Debate

keiso shobo

FREEDOM AND SECURITY
by Tony Fitzpatrick
Copyright © Tony Fitzpatrick 1999

Japanese translation published by arrangement
with Palgrave Publishers Ltd
through The English Agency (Japan) Ltd.
All rights reserved.

働かざる者食うべからず

『新約聖書』

　仕事とは，創造的に成し遂げたことを表現する人間の活動である．したがって仕事は欲求の一部である．事物ないし社会的関係を創造することによって，私たちは自分自身を個人的ないし集合的に客体化しようとする．

　仕事が何かの手段であるということがなくなれば，自由時間をどのように使うかといった問題は解決されるだろう．時間の拘束がなくなったからといって，必ず道徳的に頽廃するというわけではない．しかし多くの人は，客体化する活動としての仕事が完全に労苦とみなされる社会のなかで育ってきたため，自由時間を前にすると戸惑ってしまい，買ったり食べたりすること以外に時間を費やすことができなくなってしまうのである．

　各個人が真の力をそなえているような政治を再生するために，私たちは新しい社会生活の形態をきわめて意図的に創造するような「仕事」をしなければならない．

スタンリー・アロノウィッツ

さまざまなイデオロギーをこれまで区別してきたのは，目的（自由な富裕市民による啓蒙主義的な将来像）ではなくて，目的にいたる手段であった．ベーシック・インカムは，諸イデオロギーが合意することのできる，少なくとも一つの手段だと思われる．

トニー・ウォルター

政治のなかで，公共の利益はつねに論争の的であり，最終的な合意に到達することは不可能である．そのような状況を想像することは，政治のない社会を夢想するに等しい．

シャンタル・ムフ

訳者まえがき

1

　こんにちの日本の社会政策をめぐる動きのなかで最も注目を集めているのは年金改革である．1973年の改革に至るまで給付水準の引き上げを続けてきた日本の公的年金は，1985年の改革において給付水準の抑制の方向に転じ，その後，21世紀初頭の現在に至るまで一貫してこの傾向を続けている．この20年間に及ぶ年金縮減の主たる原因は，日本の人口ピラミッドの予想を超えた激変である．年金制度が変更されるたびに行われてきた人口予測はことごとく外れた．

　人口の年齢別構成は社会政策とりわけ年金制度にとって最も重要な前提条件の一つである．その変化が社会政策のありかたに対して及ぼす影響には計り知れないものがある．しかしそうした人口の量的変化の背後には，質的変化が存在することを忘れてはならない．それは20世紀後半の福祉国家が前提としていた家族や労働のありかたの変化である．人口構成の変化は，あくまで家族や労働の変化にともなう社会の再生産構造の変化の結果であって，原因ではない．

　ところが一般の関心を呼んでいるのは従属人口指数の上昇であり，これにともなう給付率のマクロ経済的な調整であって，社会構造の変化ではない．現在，日本社会では，シングル世帯の増加，女性雇用率の増加，若年失業の慢性化，非正規雇用の一般化などが進行しつつある．従来の福祉国家が前提としていたものが大きく崩れつつあるにもかかわらず，これらの変化に対する社会政策の取り組みは十分でない．正規職と非正規職との間では同一価値労働同一賃金はおろか，同一労働同一賃金でさえも事実上の崩壊を来しているというのに，この問題が正面から取り上げられることは少ない．

　社会政策の「20世紀的前提」が大きく揺らいでいる現在，「新しい社会政策の構想」のためには，言葉の真の意味でのラディカルな思考が求められる．場

合によっては実現可能性(フィージビリティ)に拘泥した些末な技術論から自由になることも必要である．むしろ大胆な思考実験を行うことによってはじめて漸進的(ピースミール)な改革も可能となることを知るべきである．ラディカルな原理的考察のみが，現実の制度改革の方向性を示すことができる（ただし改革の方向性と違って大きさは福祉政治によって決まることになるだろう）．

　本書が取り上げるベーシック・インカム（以下 BI）はそのようなラディカルな思考実験を行うための貴重な素材である．BI が何であるかは本書を読み進むことによって次第に明確になるが，あらかじめ定義しておけば，市民権をもつ個人に対して無条件に与えられる所得である．この場合，市民権の内容をどう考えるか，個人としてだれを想定するか，無条件ということをどの程度厳密に考えるか，与えられる所得の金額をどれくらいの水準にするか，などといった点に応じて，さまざまな形態の BI が生まれてくることになる．

　BI を最初に耳にしたひとが抱く疑問は，無条件にお金がもらえることになれば，だれも働かなくなってしまうのではないか，というものである．この疑問は多くの人びとの脳裏から離れることができない．これまでの社会政策の歴史のなかでは，社会保障の導入は惰民を生むといった類の議論が繰り返されてきた．こんにちではディスインセンティブという表現を用いてこの種の議論が行われている．このため現代の日本で，例えばマスメディアで，だれかが BI の導入を提案したとしたら，たちまちそうした議論が沸騰して，その提案者が袋叩きに会うことは必至である．

　それほど人びとのあいだでフリーライダーに対する拒否感は強い．この点は著者フィッツパトリック氏も十分心得ている．同氏は BI がもらえるために，まったく働かずに波乗りをして毎日を過ごすサーファーを本書のなかに登場させて，彼もしくは彼女の存在を正当化することができるか否かといった点に関する考察のために一章を割いているのである（第 4 章「弁護人対検察官」）．そこで展開される議論の内容をあらかじめ明かしてしまう愚は避けたいが，要は，BI が生み出すかもしれないモラルハザードに関しては，私たちが直感的に考えるほど単純ではないということである．

2

　「基本に戻れ」という言葉があるが，著者は「基本に進め」と述べている．これは漸進的(ピースミール)な改革のためには根源的(ラディカル)な思考が必要だという訳者の立場とも共

訳者まえがき

通する．著者が行う原理的考察はサーファーとの関連でみた BI への賛成論と反対論だけではない．著者が本書の後半部で行うのは，自然と社会に関する「20世紀的前提」，すなわち自然そのものである環境，社会の再生産に関係する家族，社会の生産に関係する労働の変化との関連でみた BI への賛成論と反対論である．これまでの福祉国家が自明視してきたものが問われつつあるなかで生まれた「21世紀的課題」といかに取り組むことが可能かといった点に関する各種の思考実験を，著者は，急進右派，福祉集合主義，社会主義，フェミニズム，エコロジズムといった政治イデオロギーとの対話を通じて実行する．個人化する家族，柔軟化する労働，有限化する地球環境といった現在の社会政策が取り組むべき「21世紀的課題」に対しては，市民権をもつ個人に対して無条件に所得を与えることが有効だというのが著者の立場である．

実現可能性（フィージビリティ）から離れて根源的（ラディカル）な思考を行うべきだと述べたが，BI がまったくの空想的産物だということを言外に語っているわけではない．本書のなかで述べられているように，スピーナムランド制度のような BI の萌芽的形態（と著者が考えるもの）が歴史上存在したとか，一部の地域で BI に類する制度が先駆的に導入された，ということを主張したいわけではない．そうではなくて先進諸国の社会保障制度のなかには BI 的な方向で改革されたものや，BI 的な方向での改革案がすでに存在しているということを指摘したいのである．

日本でよく知られているところではイギリスにおける児童給付の改革がある．同国は，1970年代末までに税制における児童扶養控除を段階的に廃止して，その財源を所得制限なしの普遍主義的な給付としての児童給付の増額に用いた．これは対象が子どもに限定されているが，市民権をもつ個人に対して無条件に与えられる所得，という意味で一種の BI と見ることができる．児童給付の BI 的性格については本書のなかでも指摘されている．

わが国でもイギリスやそれに先立つ欧州諸国の改革からヒントを得て，都村敦子氏が児童扶養控除と児童手当の一体化を提案し，その改革のために必要な財源や，児童手当の支給額に関する試算を行ったことがある[1]．1970年代後半のことである．訳者もまたは同様の主張を1993年にしたことがあるが，そのときは児童扶養控除と児童手当の統合だけでなく，企業の扶養手当も含めた，税制・社会保障・企業保障の統合が必要であると提唱した[2]．当時の日本では，

---

1 都村敦子「福祉政策の"Harmonization"問題について——児童扶養控除制度と児童手当制度の一元化」『季刊社会保障研究』13巻1号，1977年．

v

訳者まえがき

まだ BI というものは知られていなかったが，一種の BI 的な提案がすでになされていたことになる．

もっと身近な日本の年金改革のコンテクストで考えれば，基礎年金の財源調達方式をめぐる議論は BI との関連が深い．一方で現行の社会保険方式による所得比例年金を擁護する考え方があるが，他方で，基礎年金の財源を税方式に変えていこうとする考え方もある．基礎年金の国庫負担を引き上げていくという方向は，著者のいう「保険と扶助のシステム」から BI のシステムへと近づいていくことを意味する．そのうえで公的年金を基礎年金に限定するということになれば，さらに BI の構想に近接してくることになる．

例えば，経済学者の橘木俊詔氏は，現行の厚生年金を廃止して，1 人当り月 8 万 5000 円から 9 万円の全額税方式の基礎年金の制度を提唱しているが[3]，これはイギリスの児童給付の高齢者版であり，一種の BI ということができる（もっとも同氏の場合は，のちに高額所得者を基礎年金の給付から除外するために資力調査を導入することを主張するようになっているため，同氏の基礎年金はこの点では無条件性を重視する BI と異なっている．また同氏の場合には世帯単位の発想もあり，この点も BI とは異なる）．

BI についてどう考えるかということは，このように現行制度の改革とも密接な関連をもっているのである．BI 論争は今ここにある問題とかかわっているだけではなくて，公共哲学の課題にまで及ぶ．その意味で BI 論争の射程は広い．

人間は自由を求める存在である．このためすべての政治イデオロギーは自由を至高の価値としてきた．自由を忌避すべきものとみなす思想的立場は見当たらない．ところが自由であるということは不安や危険を伴うことでもある．人間が行動の自由を求めながら，「自由からの逃走」（フロム）へと至ってしまうことがあるのはこのためである．「人間は自由の刑に処せられている」（サルトル）というよく知られた警句も，こうした事態を念頭に置いているといえるだろう．

他方で，人間は保障を求める存在でもある．このためすべての政治イデオロギーは，それが安全保障に限定されるか社会保障にまで及ぶかは別として，保障を主題にしてきた．軍隊だけでなく福祉国家の社会政策もまた保障を具体化

---

2 武川正吾「社会保障制度の体系化のために」『季刊社会保障研究』29 巻 1 号，1993 年．
3 橘木俊詔『安心の経済学』岩波書店，2002 年．

するための制度である．保障とはしばしば誤解されるように保証でもなければ補償でもない．危険やリスクから自由な状態のことである．ところがこの保障の追求が，しばしば自由を損なう．これまでの思想史では自由と平等の関連づけについて論じられることが多かったが，自由と保障の関係もまた競合のそれである．社会政策のありかたを考える場合には，こちらの方がむしろ根源的かもしれない．

すべての政治イデオロギーはこのような自由と保障のトレードオフのなかで，どちらをどの程度優先させるかといったスペクトルのなかで順序づけることが可能であろう．BI論争の当事者たちが，どのような形態のBIをどの程度支持しているということも，結局は，この自由と保障のジレンマをどのような形で調停しているかということに関係してくる．このようにBIについて語るということは，自由と保障という社会政策にとっての根源的な問題について語ることでもある．本書の標題が『自由と保障』となっているのはそのためである．

3

BIという言葉を最初に用いたのはオランダの経済学者ティンベルヘンで，1953年のことだったと言われるが，現在のような形でBI構想に関する議論が活発化するのは1980年代以降のことである[4]．1984年にBI研究集団（BIRG）が組織され，BIに関する研究活動が開始された（その後のイギリスではBIは市民所得CIと呼ばれるようになり，この組織もBIRGからCIRGへと名称変更された）．また1986年にBIに関する初の国際会議が開催され，BI欧州ネット（BIEN）が組織された．BIENは機関誌やニューズレターを発行し，ウェブでの広報活動にも積極的である．同ネットが運営するBIEN Onlineというサイト（http://www.etes.ucl.ac.be/BIEN/Index.html，2005年4月現在）では，BIに関する多数の参考文献が紹介され，各国のBI研究グループへのリンクも張られている．

本書の読了後さらにBIについて知りたい読者の参考のために，ここでは関連文献を紹介しておきたい．ただし海外の文献については上述のサイトや本書の巻末文献目録が充実しているので省略し，国内での研究動向について紹介するにとどめる．

---

4 小沢修司『福祉社会と社会保障改革——ベーシック・インカム構想の新地平』高菅出版，2002年．以下同書に負う．

訳者まえがき

　日本では，経済学者の小沢修司氏が BI に関する紹介と研究に積極的に取り組んできた．同氏の研究としては以下のものがある．

- 「アンチ『福祉国家』の租税＝社会保障政策論——ベーシック・インカム構想の新展開」『福祉社会研究』第 1 号，2000 年．
- 「ベーシック・インカム論と福祉社会の展望——所得と労働の関係性をめぐって」『福祉社会研究』第 2 号，2001 年．

これらを踏まえて同氏は，2002 年に，わが国で最初の BI に関する以下の著作を出版している．

- 『福祉社会と社会保障改革——ベーシック・インカム構想の新地平』高菅出版，2002 年．

このほか BI を取り上げている日本語の文献としては，次のようなものがある．

- 亀山俊朗「市民社会と新しい社会政策——ベーシック・インカム論に向けて」『年報人間科学』23 巻 2 号，2002 年．
- 牧野久美子「ベーシック・インカム・グラントをめぐって——南アフリカ社会保障制度改革の選択肢」『アフリカレポート』34 号，2002 年．
- 宮本太郎「福祉国家再編の規範的対立軸——ワークフェアとベーシック・インカム」『季刊社会保障研究』38 巻 2 号，2002 年．
- 山森亮「市場・脱商品化・基本所得——福祉国家論の規範的含意」小笠原浩一・武川正吾編『福祉国家の変貌』東信堂 2002 年．
- 山森亮「基本所得——多なる者たちの第二の要求によせて」『現代思想』31 巻 2 号，2003 年．
- 社会政策学会編『新しい社会政策の構想——20 世紀的前提を問う』法律文化社，2004 年．
- 田村哲樹「熟議民主主義とベーシック・インカム」『早稲田政治経済学雑誌』357 号，2004．
- 山森亮「連帯・排除・政策構想——基本所得を巡って」齋藤純一編著『福祉国家／社会的連帯の理由』ミネルヴァ書房，2004 年．
- 武川正吾・宮本太郎・小沢修司「座談会　ワークフェアとベーシック・

インカム:福祉国家における新しい対立軸」『海外社会保障研究』No. 147, 2004年.

4

本書は,Tony Fitzpatrick, *Freedom and Security: An Introduction to the Basic Income Debate*, Macmillan Press, 1999 の翻訳である.BI 論争における議論を明快に整理しており,BI に関する入門書として有益であるため,訳者たちは翻訳を思い立った.山森亮氏は,同書について「俯瞰的な見取り図を手に入れたい場合には非常に役立つ」と上記の文献で評しているが,まさにそのような形容が当てはまる著作だと思う.本書によって,BI 論争の内容が知られるようになり,BI に対してどのような立場をとるにせよ,日本の社会政策のありかたに関する議論の水準が引き上げられることを訳者は望んでいる.それがかなうなら,翻訳の労も報われるというものである.

なお著者フィッツパトリック氏はイギリスの中堅の社会政策学者で(1966年生まれ),学部で文学・哲学,大学院修士課程で政治学・政治哲学を学んだのち,1995 年にエジンバラ大学で博士号を取得した.このときの学位論文を改訂したものが本書であり,1999 年にマクミラン社から刊行された.その後,ニューカッスル大学,ルートン大学を経て,2000 年からノッティンガム大学で教鞭を取っている.イギリス社会政策学会に所属するとともに,*Journal of Social Policy*(『社会政策雑誌』),*Critical Social Policy*(『批判的社会政策』),*Social Movement Studies*(『社会運動研究』)の編集委員をつとめる.

本書が同氏の処女作であるが,本書の刊行以後にも,『福祉理論』(2001 年),『環境問題と社会福祉』(2002 年),『新しい社会民主主義以後』(2003 年),『福祉の新しい理論』(2005 年)とほぼ 1,2 年おきに単著を出版している.ある会議で同氏に会ったさいに「あなたは本書のなかでレージー(怠け者)になる自由を唱えているが,ずいぶんクレージー(働き者)ではないか」と言ったところ,笑いながら「そのとおりだ」と答えていた.なお同氏は現在,何人かの共編者とともに『社会政策国際百科事典』を編纂中であるという.

訳者はかつてある社会政策の教科書[5]のなかでベーシック・インカムについて紹介したことがあるが,そのときは「基礎所得」にするか「基本所得」にす

---

5 武川正吾『福祉社会——社会政策とその考え方』有斐閣,2001 年.

訳者まえがき

るか迷って，結局，後者を用いた．その後，この訳語を採用してくれたひともいたが，本書ではベーシック・インカムないしBIと記すことにした．いまだに定訳がないからである．BIの考え方が定着しないうちは，「基本所得」という平明な表現を用いて何となく分かった気になるよりは，ベーシック・インカムという違和感のある言葉を用いて異化効果を与えた方が，ラディカルな思考につながっていくと判断したからである．もちろんBIの考え方が日本社会のなかでも知れ渡るようになれば，そのときは訳語を「基本所得」なり「基礎所得」に訳語を変更することに吝かでない．

本書の翻訳は，共訳者2人が各部を分担して訳出するというのではなく，それぞれが本書の全体に目を通すという方法を採用した．菊地がまず第1稿を作成し，武川が原文と対照しながらこれに手を入れて入稿した．索引と文献目録については菊地が作成した．校正についても菊地が全ページを点検したのち，武川が全ページを点検して出版社に返した．初校の段階で大幅な原稿の訂正を行って出版社には迷惑をかけたが，本書を改善するためのものとご寛恕いただければ幸いである．翻訳に当たっては，なるべく日本語の本として自然に読めるように心がけた．このためテクニカルターム以外の訳語については，文脈に応じて訳し分けてある．また原著のなかの強調は訳書では圏点とし，また訳注を補足した方がよいと思われる部分については適宜括弧書きで補った．人名は原音に忠実であるように心がけた．本文中の明らかな誤り（例えばリンク切れ）などについては必要に応じて訂正してある．訳者二人が細心の注意をもって翻訳に当たったが，気づかないうちに誤りを犯しているかもしれない．読者からのご寛恕とご教示をいただければ幸いである．

最後になってしまったが，勁草書房の徳田慎一郎氏には，当初の予定から作業が大幅に遅れたにもかかわらず，辛抱強く訳稿の完成を待ってくれたことに対してお礼申し上げたい．

2005年4月

訳者を代表して
武川正吾

自由と保障
ベーシック・インカム論争

目次

目次

訳者まえがき

序文　クリストファー・ピアソン
まえがきと謝辞

図表目次
略語一覧表

第Ⅰ部　周辺視

第1章　基本に進め …………………………………… 3

　1.1　はじめに　3
　1.2　イデオロギー　8
　1.3　比較のなかのベーシック・インカム　10
　1.4　市民権についての一言　16
　1.5　結論と本書の構成　18

第2章　社会保障の給付と負担 …………………………… 21

　2.1　はじめに　21
　2.2　6種類の所得移転　22
　2.3　社会保障の目的　26
　2.4　福祉の社会的分業　28
　2.5　失業と貧困の罠　30
　2.6　租税と移転の再分配効果　32

2.7　ヨーロッパと世界の最近の動向　35
2.8　結論　39

第3章　ベーシック・インカムの原理 …………………………… 41

3.1　はじめに　41
3.2　ベーシック・インカムとは何か　41
3.3　いくらくらいかかるのか？　45
3.4　ベーシック・インカム小史　47
3.5　なぜいまなのか？　52
3.6　結論　55

第4章　弁護人対検察官 ……………………………………… 57

4.1　はじめに　57
4.2　働き者にならない自由〔クレージー〕　58
4.3　公正と効率の回復　62
4.4　罠，誘因，補捉　66
4.5　フリーライダーをするサーファー　68
4.6　費用効果的でないという反対論　78
4.7　政治的支持に関する反対論　81
4.8　結論　84

第Ⅱ部　誰にとっての自由か？　誰にとっての保障か？

第5章　急進右派　普遍主義的資力調査 …………………………… 89

5.1　市場化しうる市民　89
5.2　悪意の解釈　93
5.3　社会保障　97

目次

    5.4　急進右派にとってのベーシック・インカム　99
    5.5　負の所得税　104
    5.6　結論　115

第6章　福祉集合主義　選別主義的な保険を超えて　117

    6.1　保険化された市民　117
    6.2　善意の解釈　122
    6.3　社会保障　126
    6.4　福祉集合主義者にとってのベーシック・インカム　129
    6.5　すべての者にとっての真の参加　133
    6.6　結論　139

第7章　社会主義と社会配当　143

    7.1　社会化された市民　143
    7.2　崇高な解釈Ⅰ　146
    7.3　社会保障　150
    7.4　社会主義者にとってのベーシック・インカム　152
    7.5　市場社会主義と社会配当　159
    7.6　結論　172

第8章　フェミニズムとベーシック・インカム　175

    8.1　ジェンダー化された市民　175
    8.2　崇高な解釈Ⅱ　180
    8.3　社会保障　185
    8.4　フェミニストにとってのベーシック・インカム　187
    8.5　3つの政策パッケージ　195
    8.6　結論　200

第 9 章　エコロジズムとベーシック・インカム ……………… 203

9.1　育成される市民　203
9.2　崇高な解釈Ⅲ　208
9.3　社会保障　211
9.4　エコロジストにとってのベーシック・インカム　213
9.5　緑の政策パッケージの一部としてのベーシック・インカム　221
9.6　結論　231

参考文献

あとがき

索引

図表目次

図

3.1 最低所得保証構想
3.2 中範囲の効果
4.1 働き者(クレージー),どっちつかず(ヘージー),怠け者(レージー)
4.2 なぜ私たちは働き者(クレージー)にならざるをえないのか
4.3 ベーシック・インカム改革の移行過程
5.1 急進右派の3学派
5.2 負の所得税
6.1 福祉レジームの分類
6.2 社会保険の2つの極
7.1 ローマーの市場社会主義
9.1 エコロジカルな平等の2つの次元
9.2 ベーシック・インカムとGDPの成長
9.3 資本主義の3つのサブシステム

表

1.1 福祉レジームの比較
2.1 6種類の給付
2.2 社会保障システムの比較
5.1 負の所得税による最終所得
5.2 ベーシック・インカムによる最終所得

略語一覧表

APF	アラスカ恒久基金（Alaskan Permanent Fund）
BI	ベーシック・インカム（Basic Income）
CCBI	イギリスおよびアイルランド教会評議会（Council of Churches for Britain and Ireland）
CORI	宗教団体会議委員会（Commission of the Conference of Religious Institutions）
CPB	中央計画局（Central Planning Board）
DSS	社会保障省（Department of Social Security）
EITC	勤労所得税額控除（Earned Income Tax Credit）
FA	家族手当（Family Allowance）
FAP	家族扶助プラン（Family Assistance Plan）
FIS	世帯所得補足（Family Income Supplement）
GDP	国内総生産（Gross Domestic Product）
GMIS	最低所得保証構想（Guaranteed Minimum Income Schemes）
LETS	地域交換交易システム（Local Exchange and Trading Systems）
OAS	老齢保障（Old Age Security）
OECD	経済協力開発機構（Organization of Economic Cooperation and Development）
NHS	国民保健サービス（National Health Service）
NIT	負の所得税（Negative Income Tax）
SDP	社会民主党（Social Democratic Party）
VAT	付加価値税（Value Added Tax）
WFTC	勤労世帯税額控除（Working Families Tax Credit）

序文 *

　福祉国家の改革は多くの人びとの議論の中心である．かつてこの議論はどちらかというと退屈な，行政の逆流のことを意味してしたが，いまでは一見したところ社会の経済的，政治的，道徳的な幸福(ウェルビーイング)をめぐる，際限ない論争の場と化している．このように福祉に対して新たに注目が集まっているが，理論的な革新はあまり生まれていない．少数の勇敢な人びとは私たちの豊かな社会資源を公的福祉にもっと投資することを主張しているが，大多数のひとは，より少なくなっているもののなかからより多くのものを引き出すための工夫を議論している．経済と道徳の減分主義(ディクリメンタリズム)という観念にのみこまれるのを避けるのは困難である．

　トニー・フィッツパトリックの議論は，このような世論の流れに対して，斬新な形で異議を唱えている．すでに確立された福祉国家が直面している社会，政治，文化，経済といったあらゆる範囲の変化に対して不快感を示しており，私たちがすでに手に入れているものを「固守」すべきであるとか，これにしがみつこうというような議論を，彼はしていない．ましてや彼は，公的福祉を保障することにコミットするのをあきらめて，大急ぎで市場に移るべきだとも言っていない．むしろ，依然としてすべてのひとが切実に要求している自由と保障の２つを約束することをあえて考えるように求めているのである．この議論の核心には，ベーシック・インカムを導入するという，ラディカルかつ無邪気ともいえるほど単純な要求がある．これは，条件を課すことなく，また，すべての男性，女性，子どもが市民権の基本的な権利として，雇用，婚姻，世帯に関する地位に一切関係なく支払われる所得のことである．フィッツパトリックは，自らがこのようなベーシック・インカムの提唱者であるという事実をいっさい隠そうとはしない．彼はこの改革に関してはっきりと，確信を持って賛成しており，さまざまな政治的見解――新自由主義からエコロジズムまで――をもつ者が，ベーシック・インカム構想を支持するかもしれないのはなぜかということについて述べる．同時に，彼の諸イデオロギーに対する扱いはまったく公平(フェア)

序文

なものであって，本書のなかでベーシック・インカムへの賛成論と並んで反対論についても取り上げている．フィッツパトリックは，自分が少数派である（そして，しばらくそのままであるかもしれない）ことを，いささか幸福なことだと率直に述べている．周辺にいるほうが行為の中心にいるよりも，大きな絵をしっかりと見ることができることが多い，と彼は論じる．だからこそベーシック・インカムの提唱者についても，いまは福祉の未来に関する論争の周辺に位置しているが，いつかはその最前線に立つだろう，と言うことができるのである．

フィッツパトリックは最終的には読者が自らの見解を確立するように求める．この改革が政治的に実現可能であると確信できるひとは少ないだろう．しかしこの本を読んだひとは，誰一人として彼のベーシック・インカム擁護の真摯さと誠実さについて疑いをもつことはないだろう．フィッツパトリックがここで巧みに考察しているのは，福祉改革の論争の革新であり，論争に関心のあるひとは本書を読むべきである．

クリストファー・ピアソン
ノッティンガム大学政治学部教授
＊ⒸChristopher Pierson 1999

まえがきと謝辞

　本書のための研究と執筆は6年がかりだったが，本書を読むには6時間位しかかからない．ある晩，私はこの対照に驚いて飛び起きたことがある．その時，次の問いが頭を駆けめぐった．それは，なぜ6年もかけて研究と執筆に努力する価値があったのか，そして，なぜ6時間位で読めることが読者にとって価値があるのか，というものである．

　ベーシック・インカムという着想の機が熟したとよく言われる．19世紀から20世紀への転換期に社会保障の扶助／保険モデルが救貧法に取って代わったが，ベーシック・インカムはさらにそれに取って代わるものだとよく言われる．21世紀になると，一方で，社会保険による給付はより包摂的になり，したがって雇用労働に由来する保険料に依存する度合いは小さくなっているにちがいないが，他方で，扶助による給付は保証最低所得を全員に提供することはないだろうし，また提供することはできないと多くのひとが主張している．現行制度の批判者のなかには，ベーシック・インカムだけが，給付によるセーフティネットの穴をふさぎ，賃金稼得に基づく基準を市民権に基づく基準に代えることができると主張するものもいる．

　じつのところベーシック・インカムには，他の現行ないし潜在的な社会政策と同様に，「時間」がない．過去200年のいずれの時点でも導入することができたし，まずこのようなことはないとは思うが，これからの200年間に導入されないかもしれない．ベーシック・インカムは，現在の問題——所得移転システムや福祉国家の内部の問題だけでなく，より広範に社会が悩んでいる問題——に対する根本的かつ単純な解決策かもしれない．したがってその長所と短所を可能な限り広範囲にわたって議論する必要がある．これは，その導入の可否が政治的に決定されるからでもある．ところが，ベーシック・インカムがどのようなものであり，その導入によってどのような影響があるかを知っているひとが増えているにもかかわらず，ベーシック・インカムについての不正確な知識や，神話や，歪曲された情報が流通し続けている．本書を通して，そういったことを少しでも克服できればと思う．それができれば，私にとっては本書を書

くために努力した甲斐があったというものである．また読者にとって本書が読むに値するどうかということは，明らかに，読者がどれくらい福祉国家の未来について，誤解や中途半端な真実に惑わされずに議論したいと思うかにかかっている．

　アドバイスや重要なコメントを通して，多くの方々が本書の完成を助けてくれた．トニー・アトキンソン，ブライアン・バリー，マイケル・カーヒル，ジョー・キャンプリング，ハートリー・ディーン，ニール・フレイザー，ビル・ジョーダン，ルセル・キート，リチャード・パリー，クリス・ピアソン，フィリップ・ヴァン・パライス，アルバート・ウィールに，この場を借りて感謝したい．また，とりわけニール，ルセル，ハートリー，ジョー，そして1学期間の研究休暇を与えてくれたルートン大学の社会政策チームには特別の感謝をしたい．

　とはいえ上述の諸氏に意見を求めたのは初期の段階の草稿に対してであった．このため取り入れられるものについては取り入れたが，誤謬や遺漏が残っている．当然のことながら，これらの責任は私に帰すべきである．あるいは，どんな誤謬についても……

　　　　　　　　　　　　　　　　　　　　　　トニー・フィッツパトリック

第Ⅰ部
周辺視

> # 第1章　基本に進め

1.1　はじめに

　論争の当事者よりも，周辺にいる者の方が，議論をより深く理解できることがある．彼らは論争のなかで影響力を行使することはできないが，周囲にいることでかえって洞察や展望を得ることができる．論争の当事者もときたまそれを受け入れる．以前には大衆から見向きもされなかった個人や集団が，いつのまにか大衆を指導するようになったという例は，社会政策の歴史では珍しいことではない．同様に，社会環境が変わってしまったために，大衆から相手にされなくなり，忘れられてしまった意見もたくさんある．このためベーシック・インカム（BI）として知られている改革案についての論争も，次の２つの理由から魅力的である．第１に，BI の支持者たちは，他人が持ちあわせていないような洞察と展望を持っている，と主張しているからである．第２に，BI は，いまはまだ傍流であるか全く無視されるかのどちらかであるが，いつの日か「大衆を先導する」かもしれないからである．本書の目的は，このような BI 論争について紹介することである．

　BI とは，毎週ないし毎月，すべての男性・女性・子どもに対して，市民権（シティズンシップ）に基づく個人の権利として，すなわち，職業上の地位，職歴，求職の意思，婚姻上の地位とは無関係に，無条件で支払われる所得のことである（第３章をみよ）．給付水準の設定次第で，現存する給付，税の減免，所得控除のすべて，あるいは大部分は BI で置き換えることができる．したがって，ある人びとは，BI を「窓口で」現金給付として受け取ることになるが，他の人びとは，支払うべき税金を減らす税額控除として受け取る．BI は無条件に与えられるものだが，給付水準を年齢に応じたものに変えることも可能である．たとえば，

年金受給者には高めの BI を，子どもには低めの BI を支給するというようなことが想定できる．

　BI と既存の所得移転システムとの違いがどこにあるか，とりあえず明らかにしておかなければならない．世界中の給付システムのほとんどは，社会保障の保険/扶助モデルに基づいて設計されている（第2章をみよ）．保険給付は，就労時に保険料を払って受給資格を「獲得した」人が，稼得の喪失に直面したときに受け取る．これに対して，資力調査付き(ミーンズテスト)の扶助給付は，十分に拠出しなかった人や保険の受給資格を失った人に支払われ，保険ほど寛大ではなく，厳格なものとなる傾向がある．これらの給付はほとんどの場合，条件付きである．これに対して BI は無条件に支給される．BI を受給するのは，年収5万ポンドの会社経営者，職場で清掃をする人，職を探している失業者，職を探していない失業者，ボランタリーワーカー，介護する人，介護される人，BI についての本を書こうとしている貧乏学者などである[1]．要約すると，BI は市民権に基づく基本的な権利や，少なくとも最低限の水準の所得保障を受ける権利を具体化したものであり，有償労働を重視する社会保障給付の保険/扶助モデルに取って代わるものである[2]．

　BI 構想に対する主な賛成論や反対論はどのようなものだろうか（第4章をみよ）．BI 構想が魅力的に思われるのは，主に次の点からである．BI は，すべての者に対して，現在の社会保障システムよりも効率よく最低所得を保障する．BI は，すべての者が平等な地位にあることを示す．BI は，貧困や失業の罠を取り除くか，かなりの程度軽減する．BI は個人の自律性を高める．BI は理解することが容易であり，少ない費用で運営することができる．しかし，BI を酷評する人たちは，BI 構想には重要かつ致命的な欠点が2つあると主張している．第1に，BI の給付は無条件で行われるため，受給者に対して何も要求できない．これは，BI 構想が市民権を具体化したものであるにもかかわらず，その義務の側面については目をつむっていることを意味している．様々な意味をもつ市民権の倫理(エートス)から義務だけを切り離せるものではないだろう．第2に，

---

[1] もちろん，給付から排除される特定の集団を想定することは相変わらず可能である．たとえば，暴行を働いて投獄されている者などがそれである．しかし，このような例外は比較的少ないわけだから，無条件で与えられる所得であるという BI の説明を変える必要はない．

[2] ただしトニー・アトキンソンが提唱する「参加所得」（Participation Income）に関する議論は第6章をみよ．

生活していくのに十分な水準の BI を運営するためには多額の費用がかかる．額を抑えた BI を既存の社会保障財政の枠内で運営するのは可能だろうが，給付水準が低いと底辺レベルの所得層の生活は今以上に苦しくなってしまう．本書の第 4 章と第 II 部では，この種の議論について検討を行う．

　私たちはすでに，BI を支持し，批判する人たちについて触れた．だが，彼ら彼女らのうち，誰の主張が的を射ているのだろうか．BI は，右派，左派，あるいは中間派という幅広い政治のなかで，どこに位置づけられるだろうか．実際には，あらゆるイデオロギー的立場から，BI 構想に対する支持と批判の両方が寄せられてきた．したがって，BI 構想は福祉国家に関する論争のなかでは周辺的な位置にあるにもかかわらず，社会政策の他の改革構想よりもはるかに幅広く政治的な支持を集めてきたとも言える．言い換えると，BI は，支持の「深さ」には欠けるところがあるものの，それを「広さ」で補ってきたのである．

　BI の顕著な特徴としては，強さと弱さの両方の源を持ち合わせていることがあげられる．BI が，イデオロギーの装いを様々な格好に変え，覆面をかぶることによって，政治の舞台のあちこちで登場しうるところはプラス面だと言えるだろう．この比喩は言い得て妙である．BI は，成長株の俳優に似ている．彼は，今でこそ脇役に過ぎないが，1 人で何役もこなす力量を持っているのだ．このことによって，BI 構想は理論的，政治的な柔軟性を手に入れた．柔軟であるからこそ，BI 論争はいろいろな点で魅力的であり，興味深いのである．しかし，支持が非常に広い一方で，支持の深みに欠けるのも事実である．BI は広範囲の支持を得ているが，依然として，会議や学会のレベルの抽象的な構想のままである．では，BI を実現するには，どのような努力が実際に必要になるだろうか．たとえば，アメリカの共和党員が導入する BI を左派が支持し続けることがあるだろうか．また，フランスの社会党員が導入する BI に，右派が支持することがあるだろうか．これまでの研究や経験から，これらの問いには「否」と言わざるをえない．したがって，本書は次のような前提に立っている．BI が，どのような特性，意義，効果を持つかは，BI の実現されるイデオロギー的社会環境がどのような性質をもっているかによって異なってくる[3]．

---

[3] この主張には，後で若干の留保を加えることになる．私はその可能性は小さいと思うが，右派と左派のいずれもがミニマム水準の BI の導入に同意することはありうる．しかし，BI が社会に大き

要するに，BIをそれ自体として語ることには限界がある，ということである．論争の概略を十分に理解しようとするならば，BIの提案のイデオロギー次元について論じなければならない．右派が肩入れするBIは，左派が肩入れするものとは基本的に別物である．この点を無視すると，BIの紹介は非常に誤解を招きやすいものとなってしまう[4]．

BIについて書かれた本は，みなこの点を認識している（Walter, 1989；Parker, 1989；Van Parijs, 1992；1995）．しかし本書が先行研究と異なるのは，論争のイデオロギー的な側面を，議論の組み立ての中心に置いているところである．いかなるアプローチにも危険があるように，このアプローチにも危険がつきまとうのは明らかである．たとえば，ある理論家や解説者が，別の立場ではなく，ある特定のイデオロギー的立場を取っていると判断するのは難しいことが多い．とくに彼ら彼女ら自身がイデオロギー的な考察をさし控える場合はなおさらである．私はこの種のイデオロギーの「移ろいやすさ」に配慮しようと努めた．しかし時々過ちを犯すかもしれないし，単純化しすぎるかもしれない．

もう1つの問題は，ウォルター・ヴァン・トリアーが「最小限モデル」と呼ぶものに関するものである．なぜなら，BIの提案に関するこのモデルこそ，すでに記したように広範な政治的支持を得ているからである．

> しかし，本当に実現する可能性が生じたときから，あるいは提唱者が別の提案と対峙したときから大同団結が失われ，ベーシック・インカムの提唱者間の相違が，敵対者との相違くらい大きくなってしまうかもしれない（Van Trier, 1995：21）．

それでは，本書は時期尚早なのだろうか．BIは政治の主流派とはなっていないが，近年，BIの推進派が形成された．本書のアプローチは，これを粉砕することにならないだろうか．私はその恐れがあることを承知している．しかし，いずれにせよBI推進派は存在しているのだから，BI内部の見解の相違を隠そうとするような戦略を採らずに[5]，それを白日の下にさらした方がよいと

な影響を与えようとするならば，ミニマムよりもかなり高い水準のBIが必要となる．この点はまさにイデオロギーの次元が関係してくるところである．

4 もしこの議論が正しいとすると，高い水準のBIを導入するために求められるような政治上の合意が実現するようなことはなくなってしまうかもしれない．

思う．BIが政治の主流のなかに入ったならば，支持者たちは早晩みずからのイデオロギー的立場を明らかにしなければならないだろう．本書は，BI論争に詳しくない者にとっては入門書として，また，すでによく知っている者にとっては羅針盤として役立つようこころがけた．

　したがって本書には具体的な目的が3つある．第1の目的は，ヴァン・トリアーが最小限モデルと呼ぶものを理解することである．これはすなわち，イデオロギー的な次元と無関係にBIを理解することである．そのために，私たちは（第3章と第4章で）BI構想をそれ自体として検討したい．具体的には，BIの思想史，現実に運営可能なBIの水準，すでに言及したBIの賛成論と反対論にまで話を広げて考察する．これらの問題は，それぞれを1つ取り上げるだけでも1冊の本にすることが可能であるから，ここでの扱いは簡潔なものとならざるをえない[6]．このことに落胆する読者がいるのは間違いない．しかし，私は，その方が，この主題に生産的にアプローチできると考えている．第2の目的は，BIのイデオロギー的な見取り図を作ることである（第5章から第9章をみよ）．これは，政治思想（急進的右派，福祉集合主義，社会主義，フェミニズム，エコロジズム）を幅広く調べることである．具体的には，それぞれの思想が福祉国家一般や，特定の給付システムについてどう述べているかを理解するとともに，それぞれのイデオロギーにとって，BIがどのような利点と欠点を有しているか調べ，最後にそれぞれのイデオロギーがBI構想にもたらす，一定の「攪乱（スピン）」について分析する[7]．BIの「変種」として知られるもののなかでとくに重要なのが，負の所得税（NIT）（第5章をみよ），参加所得（第6章をみよ），社会配当（第7章をみよ）である．このようにして，私たちはBIの支持者が共有する基本的な価値や原理のうちのいくつかを知ることができるだろう．それはたとえば個人の自己決定へのコミットメントといったものだが，これらの価値や原理はしばしば根本的に異なった形で解釈される．第3の目的は，政治理論や社会政

---

[5] 私は，そのようなことが現在起きていると主張したいわけではない．むしろ，政治家，政策立案者，一般大衆の間でBIの人気がかつてないほど高くなるならば，そのようなことが起こりうる，と言っているのだ．

[6] ほとんど言及されていないが，重要である領域もある．たとえば，どのようにすればBIは導入されうるだろうか，という問いである．

[7] 確かに，もっと幅広い政治思想を取り扱うこともできよう．しかし，現在のところ，ここで取り上げる急進的右派をはじめとする思想は，少なくとも北半球において最も重要である．

策といった学問分野の内部で行われている，互いに関連はしているが多様な議論とBIが，なぜ，どのように関係しているかを示すことである．BIというテーマに不案内な読者は，BIを，隠遁者の思想，すなわち特定集団に固有の，他から切り離されて議論されているものと想像すべきではない．事実，BIは様々な形を取る一連の学際的な議論と関連しており，相互に影響しあっているのである．いくつか例をあげると，市民権に基づいた権利と義務の概念，社会的公正の意味，福祉国家の未来，そして市民社会の本質などである．私は，経済学者や歴史家にとってもBI構想が重要な意味をもっていることを承知しているが，ここでは，とりわけ政治理論と社会政策が交錯する領域に焦点を当てる．

したがって本書では政治イデオロギーのレンズを通してBIを考察することになる．しかしこのように言うと，ただちに次の問題に直面する．「イデオロギー」などという概念は古くさく，時代遅れだと思っている者が多いのに，なぜ私たちはイデオロギー的なアプローチを取るべきなのか．

1.2 イデオロギー

政治理論にイデオロギーからアプローチするのが時代遅れだと考える者がいる理由は，2つある（Freeden, 1996を参照）．第1の理由は，おきまりの議論とでも言いうるものである．それによれば，イデオロギーは，かつてはよく言及された重要な言葉だった．しかし，今ではもう「イズム」の時代は終わってしまったのだ．そうなったのは共産主義やファシズムというユートピアが歴史のかなたに消え去ってしまったからであり，また，自由民主主義的な資本主義が，独善的な教条主義の大半に勝利したことが明白になったからである（Giddens, 1994）．第2の理由は，イデオロギーという概念が無用の長物であるというもので，これは非常に野心的な主張である．それによれば，イデオロギーとは，とりわけ社会的世界を歪んだ形で表象する大きな物語である（Lyotard, 1984）．このような議論に対して，説得力のある答えを提示できるだろうか．

ポスト・イデオロギー的転回のおきまりの議論によれば，政治的概念のはたらきは「外側の」世界を反映あるいは表象することであるから，もし外側の世界が変わってしまったら，私たちが用いる概念も変わってしまうにちがいない，というものである．この議論には，次のような問題がある．もしイデオロギーが，社会的世界を映し出すとともに作り出すような政治的観念の集まりである

と定義するならば，イデオロギーは「外側の」世界を映し出すだけでなく，その世界に対する働きかけや介入を動機づけるものと見ることができる．たとえ明日の朝起きた時に，イデオロギー上の違いを捨て去ることに同意したとしても，人間の集合的行為を通して，数世紀にわたってイデオロギー上の相違から形成されてきた世界と向き合っていかなければならないのである．したがって，ポスト・イデオロギー論者からはジャーナリストと同様の印象を受ける．ジャーナリストは，周りで何が起きているかを記録しコメントすることが自分たちの仕事だと考えており，世界に対する介入やコミットメントを最小限にとどめようとする．しかし，介入が避けられないと考える人たちにとって，イデオロギー的な思考は簡単に捨て去ることができない．

　上述の議論には，ポスト・モダニズムとポスト構造主義を結びつけた，もっと野心的な議論があるが，これに対しても類似の批判を加えることができる．これらの思想の学派と結びついた理論家たちは，驚くべき正確さで，私たちが共有する日常的な前提についての詳細な検討を行っている．彼らによれば，イデオロギー的な思考は，一般性，普遍性，全体化の名のもとに，特殊なもの，ローカルなもの，微細なものを無視することができる．とはいえ，問題は，ポスト・モダニズムとポスト構造主義が，自らが分析し，記述しようとするものに寄生することがあるという点である．たとえば，フーコーは近代の諸制度の系譜をたどり，学校，監獄，事業所などに共通するものを明らかにした(Foucault, 1975)．すなわち，それらはすべて，（自己）監視と（自己）統制が行われる「パノプティコン的（一望監視的）」な場所である．フーコーの議論は見事なものであるが，彼には答えることのできない問いがあった．それは子どもじみたものであるが，彼ならばすぐにそれがもっともなことを問うていると考えるだろう．しかし彼はこれに対して適切な答えを与える間もなく世を去った．それは，私たちは今，一体何をしているのだろうか，という問いである．要するに，ポスト・モダニストとポスト構造主義者は〔何をすればいいのか，ということに関する〕処方箋を持っていないのである．確かに，私たちが行うコメントや分析は，処方箋を与えることを目的とすべきでないのかもしれない．しかし，たとえそうだとしても，（サルトルが言うように）選ばないということを選ぶことはできないとするならば，混乱した不安定な世界のなかで進むべき方向を見つけようとするとき，イデオロギーは貴重な判断基準を提供してくれると考えられる．

したがって第II部ではっきりとイデオロギーの区別をつけることには意味がある．かりにそうだとしても，本書が理論的なアプローチから始めるのはなぜだろうか．今日では，とくにグローバルな舞台でBI論争がくり広げられているわけだから，様々な福祉レジームに焦点を当てた比較分析から始めた方が有効なのではないだろうか．

1.3 比較のなかのベーシック・インカム

容易に分かることだが，このテーマを比較アプローチによって扱うだけでは不十分である．フェミニスト福祉国家とか緑の福祉国家（Green welfare state）といったものは存在しないため，比較一辺倒の分析ではフェミニズムやエコロジズムの思想がBI論争に与えた独特の貢献を無視してしまう（Fitzpatrick, 1998aを参照）．しかし，比較の側面を無視するのも同様に誤りである．本書ではイギリスやイギリスの福祉システムに注目するものの，全世界からの教訓，研究，著作にも目を向けたいと思う．たとえば，1960年代と70年代のアメリカで一時的に注目されたNIT（負の所得税）を取りあげる（第5章をみよ）．したがって理論的な整理を行う前に，BIに関する国際的な論争がどのように行われてきたかについて知っておく必要がある．

現在のところ，BI制度はどこにも存在しない．しかし，ある種の普遍主義的な給付をBIの萌芽と見ることはできる．たとえばイギリスの児童給付や，アラスカの社会配当構想（第7章をみよ）があげられるが，それがすべてである．したがって，私たちがBIを国際的な舞台で議論するときは，すでにある政策についての議論に言及するというよりも，今後可能な改革をめぐって交わされる議論について言及することになるだろう．とはいえ，BIが導入される可能性が最も高いのがどこかを示すことはできるだろうか．

類似した福祉国家を，イデオロギー的および/または地理的にひとまとめにしたものを「福祉レジーム」と呼ぶことができる．たとえば，最も早い時期に，基本的な区別を行ったものとしては，ウィレンスキーとルボーの仕事がある（Wilensky and Lebeaux, 1965）．彼らは残余的アプローチ（国家が最後のよりどころとして福祉を提供する）と制度的アプローチ（国家が福祉を提供する上での「前線」に立つ）の2つを対比した．ティトマスは，この区別にしたがって，様々な国をグループ化した（Titmuss, 1968）．彼はアメリカ合衆国を残余的福祉国家に，イ

表 1.1　福祉レジームの比較

福祉レジーム	原理	例
自由主義的個人主義	残余的な福祉供給，市場と家族重視	アメリカ合衆国 オーストラリア ニュージーランド
自由主義的集合主義	管理された経済という文脈の中で，「セーフティー・ネット」を国家が直接供給する	イギリス（1980年代以前） フランス ベルギー
コーポラティズム・保守主義	社会的権利と，社会市場内部における地位の相違の保持	（西）ドイツ オーストリア アイルランド
社会民主主義	社会的平等と寛大な国家福祉の供給へのコミットメント	スウェーデン フィンランド オランダ
ポスト共産主義	自由民主主義への移行の要素としての福祉供給	ロシア ブルガリア ハンガリー
ラテンアメリカ	通常は自由市場を重視した福祉システムを発達させる	チリ アルゼンチン ブラジル
環太平洋地域	国家形成と長期の投資戦略を重視した福祉システムを発達させる	日本 シンガポール 台湾

ギリスを制度的福祉国家に分類した．1960年代以降，数多くの「類型論」が提起された（例えば，Mishra, 1984；Esping-Andersen, 1990；Ginsburg, 1992）．この種の比較分析は，表1.1のようにまとめることができる．

　この類型は決して完全なものではない．福祉制度はしばしば複雑であり，矛盾をはらむものであるから，ある項目と他の項目とを明確に区別しながら多くの国を振り分けるのは困難である．少なくとも何らかの形のBI論争は（おそらく環太平洋地域レジームを除いて）すべてのレジームで見られるとはいえ，これらの論争は非政府組織，とくに学術的なフォーラムや会議に限定されてきた．したがって，どこで，すなわちどのレジームでBI論争が行われそうか，あるいはどこで実際にBIが導入されそうかといったことに結論を下すのは簡単なことではない．第5章で検討するように，アメリカ合衆国では1960年代と70年代に，最低所得保証制度を導入するかどうか，真剣に検討された．他方，フィンランドやオランダのような左派的な国でも，BIの利点についての検討が行

われた.

したがって，BI を（政治理論によらず）比較によって紹介するだけでは不十分である理由は3つある．第1に，BI 論争にフェミニズムや環境保護運動（Green）が貢献してきたことを無視するおそれがある．第2に，現在のところ，BI 制度は存在しない．第3に，BI 論争が福祉レジームのレベルで行われることはあまりなく，また，普通は，政府レベルでの論争でさえない．しかし，ここで立ち止まって次のことに注意しておく価値があるだろう．それはイギリスやアメリカとは別に，BI 論争が政府レベルの広がりを見せる国が，1998年現在で4カ国ほどあるということである．それはアイルランド，ブラジル，オランダ，カナダである[8]．

1.3.1 アイルランド

アイルランドで BI が政治的な議論となったのは，宗教団体会議委員会（CORI）の公正委員会の力によるところが大きい．この組織は1990年代はじめから BI のキャンペーンを行ってきた．BI をアイルランドに導入することが現実的かどうかについての報告を依頼されたのは，チャールズ・クラークとジョン・ヒーリーという2人の経済学者であった．1997年3月に刊行された彼らの報告によれば，大人に70アイルランドポンドの BI を，子どもに21アイルランドポンドの BI を支給するためには，44％から48％の間の税率が必要となる．このように租税と給付のシステムを変更しても，損をする人間は少数に過ぎず，主に上層の所得階層に限定される．なぜなら，納税者の大多数にとっては，実は現在よりも実効税率が低くなるからである（Clark and Healy, 1997; Justice Commission, 1997）．このようにして44％から48％の間の税率と算出されたわけだが，この数字は，社会保障省に属するグループがこれと同額の BI を支給することを前提に算出した68％の税率という数字よりもかなり低い（Report of the Expert Working Group on the Integration of the Tax and Social Welfare Systems, 1996）．CORI の報告書によれば，BI は経済成長，労働市場の柔軟化，社会参加を促進する効果をもつ．この報告書はアイルランドの多くの新聞によって取り上げられ，この報告書を支持する新聞も多かった（Fitzgerald,

---

[8] 以下の記述の多くは，ベーシック・インカム・ヨーロッパ・ネットワークからの情報に依拠している．ウェブサイトのアドレスは，http://www.etes.ucl.ac.be/BIEN/Index.html である（2005年3月現在）．

1997).

　カランとサザランドの報告書で，BI はアイルランドで導入するよりもイギリスで導入した方が再分配効果は大きいと指摘されていたにもかかわらず (Callan and Sutherland, 1997)，経済社会研究所（The Economic and Social Research Institute）もまた BI に関心を持った．BI 構想に関するこれとは別の研究は，ここまで強い支持は受けなかった (Britton, 1997)．アイルランドの教会評議会 (CCBI) は，失業と労働の未来について探究したものの 1 つとして，BI に注目した．CCBI の報告書は，資力調査（ミーンズテスト）を段階的に廃止するために少額の BI を導入する可能性を排除したわけではなかったが，そこでは仕事を基礎として社会的公正を実現するという伝統的アプローチが好まれた．

　しかし，賛否は別として，BI への関心が高まるにつれて，政府にも影響が及ぶことになった．パートナーシップ 2000 という名で知られる直近の全国協定（政府，使用者，労働組合の合意からなる）には，BI についてより踏み込んだ研究と評価を行うという決定が盛り込まれた．これを踏まえて，1997 年に発足した政府は 1999 年中に BI に関する緑書を刊行する計画を立てている．これはその年の選挙で BI が広く関心を引いたことにこたえたものである（他の政党の多くも関心を寄せた）．

1.3.2　オランダ

　オランダの BI 論争は 1970 年代にさかのぼる．オランダ労働組合連盟 (Voedingsbond FNV) という食品労組が BI の支持を表明した時から論争が盛んになった．1985 年には政府政策科学会議 (WRR, 1985) が，様々な補足給付を廃止するために部分 BI への支持を表明し，1980 年代末に，オランダ社会問題・雇用省の社会保障調査委員会に報告書を提出した．この報告書は，BI が広範囲にわたるラディカルな変革の可能性を持っていることを指摘した (Roebroek and Hogenboom, 1990)．

　1992 年の中央計画局の報告や，1994 年の社会党・自由党による連立政権成立後，オランダの社会保障システムの大改革をする手段として，無条件の所得を導入することに支持や共感を表明する大臣が何人も登場した．また，ウィム・コック首相も，それが未来における改革の選択肢のうちの 1 つであると表明した．しかし，このような当初の熱狂は長く続かなかった．というのは，政府の方針が，既存システムの維持，就労補助金の導入，コストの削減，勤労意欲の

強調へと変化したからである．BI の原理が支持されたのは環境保護派(グリーン)と労働組合の内部だけであり，しかも彼ら彼女らが言うところの BI は参加所得（第6章をみよ）と類似したものだった（Van der Veen, 1996）．

本書の執筆時点では，BI についての予備研究が，近い将来，ドルドレヒトで3年から5年かけて行われることがほぼ確実である．この研究の目的は，BI の受給者と既存の税と給付のシステムのもとにとどまる者とを比較することによって，BI がどのような影響を与えるかを観察するというものである（Groot and de Beer, 1998）．さらに，1997年の終わりにかけて，これまで BI を反対していた人びとのなかから，限定された形の BI（おそらく税額控除）に対して興味を覚える者が出始めた．もっとも，これは，本書で議論されているような無条件の最低保証所得を導入することに賛成したからではなくて，税制改革のなかで提案されたものである．

1.3.3 ブラジル

ブラジルで BI についての議論が始まったのは1991年である．この年，エドゥアルド・スプリシー上院議員（労働者党の党首）が負の所得税の導入を提案し，この提案は圧倒的多数の賛成で上院を通過した．しかし下院は通過しなかった．この時期から，多くの地方自治体が，地域レベルで最低所得制度を導入した（Suplicy and Buarque, 1996）．たとえば，ブラジリアの「就学補助金」制度がそれである．これは貧困家庭が，子どもを公立学校に通わせることを条件に，最低賃金と同額の補助金を受け取る，というものである．この制度から援助を受けているのは，およそ20,000世帯に上る．

1997年の終わりに，（社会民主党の）カルドソ大統領は，地方レベルで行われている最低所得制度に，連邦が財政支援を行うことを定めた法案を承認した．実際には支援要件に該当する計画は全体の60％に過ぎず，支援の額もそれぞれの制度に要する費用の50％に限定されていた．結果として，連邦の支援は最小限にとどまり，対象は14歳未満の子どもをもつ極貧家庭に限定されることになる．したがって，この新しい法案はスプリシー上院議員による原案からかなり後退したものだった．しかしそれが少なくとも最低所得制度の実現への第一歩となったと言うことはできるだろう．

ブラジルは岐路に立っている．一方の道は依存と貧困の罠を作り出すような，ある種の残余的な資力調査(ミーンズテスト)へと続いている．もう一方の道はある種の普遍的な

最低所得制度へと続いている．ブラジルがどちらの道を選ぶのか，本書の執筆時点では分からない．

1.3.4 カナダ

BI が導入される可能性が一番高い国としてカナダの名をあげたとしても，けっして誇張とはならないだろう．私たちがここで BI と呼んでいるものを最も早く提唱した者の 1 人は C．H．ダグラスである（C. H. Douglas, 1974；Van Trier, 1995；本書第 3 章をみよ）．彼は，イギリスでは自分の「社会クレジット」という考えに対する広範な支持を集めることができなかったが，カナダでは一定の支持を得ることができた．いわゆる社会クレジット党は，1935 年にアルバータで地滑り的な勝利を収めた．しかし，そこまで支持を受けたにもかかわらず，その政策を実現することはできなかった（Macpherson, 1962）．このほかにカナダで BI に支持が寄せられた事例のうち，重要なものとしては，マクドナルド委員会が 1985 年に普遍的所得保障プログラムを支持したことがあげられる．このプログラムは，地方レベルの所得調査付き給付（インカムテスト）が廃止されたとき，4 人家族に対して 13,000 カナダドル（当時の中位世帯所得の約 3 分の 1）の年間保証所得が給付されるというものであった（Walter, 1989：27-8）．しかし当時の政治情勢では，このような急進的な改革が行われることは望み薄であり，結局，この計画は政治的な議論の対象から外された．

カナダでは給付のセーフティネットは「デモグラント」という考えに密接に関係しながら組織されてきた．これは，たとえば年齢，ジェンダー，障害といった特定の人口統計学上の集団に属するものに給付を行う，というものである（Hum and Simpson, 1992）．BI を定義する 1 つの方法として，BI を市民権に基づくすべてのものに支払われるデモグラントとして考えるものがある．今，様々なものが変化する過程にあるが，家族手当（FA）デモグラントは，1993 年までは，18 歳未満のすべての者に自動的に給付されるものであった．これに対して老齢遺族保障（OAS）デモグラントは 65 歳以上のすべての者に支払われるものである．したがって理屈の上では財源さえあれば全人口をカバーするような給付に拡張できることから，ハムとシンプソンは，これらの給付が部分 BI の例であると述べている（Hum and Simpson, 1992：11）．しかし，最低所得の実験が広く行われてきたにもかかわらず，カナダはこの方向をさらに推し進めるのではなく，逆の方向に急速に進みつつあるのが現状である．FA デモグ

ラントは1993年に廃止され，児童租税給付（Child Tax Benefit）に置き換えられた．OASデモグラントは，2001年には高齢者給付（Seniors Benefit）に置き換えられようとしている．これらは再分配的なものへの変化ではあるが，同時に既存のシステムよりも選別主義的なものであり，カナダは普遍的で無条件な個人の最低所得という考えから遠ざかっているように思われる．根本的なところで，NIT（負の所得税）の方向へと転換している．もっともそれが必ず実現されるとはかぎらない（Hum, 1997）．

1.4 市民権についての一言

　先に進む前に，市民権について少し語る必要があるだろう．BIは普通，市民権に基づいた所得移転だと述べられており，イギリスでは市民所得（Citizen's Income）の名称が次第に一般的となりつつある．いくつかの点を見るかぎりでは，このように市民権を強調することには異論がないだろう．既存の給付システムは，保険料の拠出を行っていること，資産を保有していないこと，あるいは特定の社会集団（障害者のような）のメンバーであることに基づいて所得移転を行う．これに対して，BIは法的な意味での居住者全員に給付が行われる．もし導入を考えているのが最小限のBIならば，この公的かつ法的な定義を超えて，市民権とは何か〔＝誰が市民で，誰が市民でないか〕という理論的な問題を議論する必要はないだろう．たとえば，週5ポンドのBIについてならば，たぶんアメリカの共和党員もフランスの社会党員も支持してくれるだろう．たとえ彼らが考える市民権の本質や意味，たとえば個人と集合体との間の適切な関係などが根本的に違うとしても，である．しかし，より充実した水準のBIの導入を検討し始める時，イデオロギー的な争いが生じてくる．最も単純なレベルの争いとしては，次のようなものが想定できる．市民権をめぐっては，個人的な要素を重視する考え方と集合的な要素を重視する考え方の両方があるわけだが，後者の考え方が採用された時に比べて，前者の考え方が採用された時の方が，BIのような改革案に対する異議申し立てが多くなるだろう．言い換えると，ヴァン・トリアーが言ったことを見てきたわけだが〔BIの提唱者の間の見解の相違が，提唱者と敵対者の見解の相違と同じくらい大きくなるかもしれないこと〕，私たちがBIの「最小限モデル」を脱する時に，BIがどの程度の特性，重要性，効果を持つかをめぐる論争が起こることになる．繰り返すと，本書の前提とし

て，BI構想がどのようなイデオロギー的社会環境の性質のもとで実現するかによって，異なったインプリケーションをもつことを指摘した．そして政治思想間に不一致がみられる重要な領域が，市民権に関するものであることから，BIに関するイデオロギー論争は，実際は，市民権に関する論争なのだと言える．したがって，第II部で急進右派，福祉集合主義，社会主義，フェミニズム，エコロジズムについて，それぞれがBIであると主張する観点から検討していくさい，すべての事例について市民権に関する議論を行うところから出発しなければならない．

　この段階では，市民権という概念に受動的な要素と能動的な要素の双方があることを記しておく必要がある．もし受動的な言葉で考えるならば，市民権とは法的な居住資格のような，公的な身分のことを指している．たとえば，イギリス市民はイギリスのパスポートを持つことができる，あるいは持つ資格を与えられていると言うことができる．もし能動的な言葉で考えるならば，市民権とは習性，行為，習慣といった規範が集まったものを指している．たとえば，イギリス市民はイギリス議会の主権に同意を与えているということができる．受動性（あること）と能動性（すること）の間の区別が議論されないことも多い．しかし社会政策という分野では，そしてとくに所得移転システムについて議論する時には，この区別は重要である．福祉サービスは無条件に提供されるべきだろうか．また，受給者はある種の法的あるいは道義的な義務を遂行することを通して，給付に報いる必要があるのだろうか．この問いに対する答えは，サービスとしてどのようなものが考えられているかによることは明らかである．たとえば，家庭内暴力の被害から逃れてきた者に過酷な義務を課す避難所は，避難所としては無意味だろう．しかし，給付システムが議論されている時には，給付が無条件で行われるのは不公正だと考える者も多い．要するに，世論は，納税者が所得移転の財源を提供している見返りとして，受給者の大部分が何かをするべきだと考えているのである．BIに対するこの「常識」的な反応が道理にかなっているかどうかについては，第4章で検討する．しかしながら，最も重要な課題は第II部にあるといえる．そこではBIに関連して，市民権のイデオロギー的，理論的な側面を検討する．要するに，市民権をどのように考えるかによって，福祉国家，給付システム，そして当然のことながらBIをどのように解釈するかが決まる．

　問題を単純化するため，以下の数章では，市民権を単に法的な居住資格とし

て定義する．この語がどれくらい論議を呼びうるものであるかということについては，第II部に入ってから検討する．

1.5 結論と本書の構成

そろそろ私が次の問いに答えて自分の立場をはっきりさせなければならない時が来た．それは，本書の著者はBIを支持するのかどうか，という問いである．あらゆることを勘案して，私はBIを支持したい．しかし，これまでBIについて言ってきたように，政治思想が異なれば，BIといっても違ったものを指していることがあるので，支持すると言っても限定を加えなければならない．なぜなら，私は急進右派の思想にはあまりかかわりあいたくないので，急進右派の政府が最も選択しそうなBIの形態——NIT（負の所得税）——は支持しない．NITの掲げる方針に沿って作られる所得移転システムは，全員に対して，あるいはほとんど全員に対して資力調査(ミーンズテスト)を行う．私は，このアプローチを採用するのは危険だと考えている．したがって，私は大体においてBI改革に賛成するが，それは改革が福祉集合主義，社会主義，フェミニズム，あるいはエコロジズムの思想（あるいはこれらが適切に組み合わされたもの）に基づく限りにおいてであることを，読者は忘れないでいただきたい[9]．この点は別にして，もし読者が，本書から自分の取る道についての結論を下すに足るような知の弾薬を受け取ったと感じるならば，本書は成功したといえるだろう．

第2章では，給付システムの主な特徴を描き出して，BI論争の舞台を設定したいと思う．ここで描かれる給付システムは，大部分はイギリスのものであるが，そこで重要な箇所は他の多くの国の所得移転にも当てはまるだろう．第3章では，BIの原理について概説するとともに，BIの歴史，財政上の弱点，そして現在における重要性についての見取り図を描きたいと思う．第4章では，BI構想に対する主な賛成論と反対論を扱う．それらの多くは，形を変えて第II部で再び登場する．第II部の各章は，類似した方針に沿って書かれている．各章は5つの節に分かれ，各政治思想が以下の5つの問いにどのように答えているかを検討する．

---

[9] とはいえ，私は社会主義，フェミニズム，エコロジズムの思想に一番魅力を感じている．

- このイデオロギーは，市民権をどのように定義しているのか？
- このイデオロギーは，福祉国家をどのように批判しているのか？
- このイデオロギーは，給付システムをどのように批判しているのか？
- 上記に照らしたとき，このイデオロギーにとって，BIの主な利点と欠点は何か？
- このイデオロギーは，どのような種類のBIを支持しているか，あるいは支持すべきか？

第2章　社会保障の給付と負担

2.1　はじめに

　BIについての議論を始める前に，既存の社会保障制度についてもある程度理解しておく必要がある．また，この制度が福祉国家の他の諸制度よりも議論されることが多いのはなぜか，ということについても理解する必要がある．給付制度は2つの見出しの下で議論されなければならない．第1は「技術的」な見出しである．そこには人びとがどのような給付を受け取るかが含まれる．これは，あれやこれやの専門家，権威者（エキスパート），「事情通」（インサイダー）の領域である．第2は「社会的/道徳的」な見出しである．そこには，制度がなぜ現在の形をとっているかといった分析が含まれる．つまり，このテーマには技術と倫理がある．これら2つの見出しをかえりみない社会保障論は誤解をはらみやすく，不完全なものであることは明らかである．本章では，社会保障を初めて学ぶ人のために制度の技術論を紹介する．しかし，BIをめぐる論争が，私が社会的/道徳的な側面と呼ぶものに由来していることを忘れてはならない．なぜなら社会保障制度は，医療や教育がそうである以上に，社会の集合主義的な性格を映し出す鏡に似ているからである．鏡の像は歪んでいるかもしれない．また社会は自分が見たいものを必死で見ようとするかもしれない．しかし，それにもかかわらず，鏡は何かを映し出しているのである．近年，イギリスとアメリカでは社会保険の原理（以下をみよ）を破壊してワークフェア制度へ移行するための努力がなされてきた．この制度の下では，申請者には，給付の見返りとして，就労ないし訓練，あるいはその両方が課される．このような就労や訓練の強調は，以前ほどではないにしても社会保険が依然として重要な役割を果たしている，大陸ヨーロッパにおける社会的諸価値や優先事項とは異なっていることは明らかである

(Clasen, 1998). BI に関する社会的/道徳的問題については，第4章以降で検討する．ともあれ，この章の以下で述べることを，記憶の片隅にとどめておいてほしい．

21世紀には，イギリスでは給付総額が年間1,000億ポンド以上必要となる．これは政府の全歳出の3分の1に相当し，保健医療への支出の倍となっている．また，これは国内総生産（GDP）――GDPとは，イギリス国民によって，イギリス国内で生産された財やサービスの総計である――の約12〜13％である．本章では次のことを行いたい．〔第1に〕利用可能な給付のうち，主なものについて概観する．〔第2に〕移転システムの意図と目的とを評価する．〔第3に〕福祉の社会的分業という言葉が何を意味するのかについて説明する．〔第4に〕貧困と失業の罠の概略を述べる．〔第5に〕社会保障制度の再分配効果について簡単にふれる．そして最後に，社会保障政策が近年，どのような傾向をもち，発展してきたかを理解するために，比較調査を取り上げる．

2.2　6種類の所得移転

制度の目的や目標が何かについて評価する前に，給付の分類を概観しておく必要がある．すべての給付はいずれかの分類に当てはまるだろう．表2.1に示したように，社会保障は，基本的に6種類ある．この点について以下で説明する．

表2.1　6種類の給付

移転の型	原理	例
社会保険給付	拠出	拠出に基づく求職者手当
		退職年金
社会扶助給付	資力調査	所得に基づく求職者手当
		住宅給付
カテゴリー別給付	拠出なし，資力調査なし	児童給付
		障害者生活手当
自由裁量給付	規則と判定	社会基金
職域給付		
法定	雇用上の地位	法定疾病給付金
法定外	雇用の記録	企業年金
財政移転	租税免除	人的控除
		住宅ローン利子の課税軽減
		勤労世帯税額控除

2.2.1 社会保険給付

保険給付は，失業，疾病，退職といった〔保険〕事故に対して支払われる．給付資格を得るためには，国家が管理する強制加入の基金に対して，一定額の拠出を前もって行わなければならない．したがって保険給付あるいは拠出制給付は，本質的に，市民というよりは，労働者が「稼ぎ出した資格」(earned entitlements) なのである．ジョン・ヒルズによると，1995/96 年の拠出制給付は 420 億ポンドに達した (Hills, 1997：39)．これは給付総額の 48％に相当する．ウィリアム・ベヴァリッジの影響で失業給付や国家年金という形態をとっていた社会保険は，かつては社会保障の要だった（2.3 節をみよ）．しかし失業給付は，以前は 12 ヶ月にわたって受給が可能であったが，今では求職者手当に吸収されて，受給期間は最長で 6 ヶ月となった．また国家年金も後退を余儀なくされてきた．1980 年以来，毎年の給付改定は賃金ではなく物価にスライドされるようになった．平均所得と比較したときの失業給付の実質価値は 1948 年以来，4 分の 1 ほど下落した．そして基礎的な国家年金の実質価値は現在では 1948 年よりもわずかではあるが下落した (Hills, 1997：45, 51)．現在，基礎年金は平均賃金のおよそ 15％に相当する．そして，物価スライドが続けられるならば，2040 年までに平均賃金の 7.5％となってしまう．社会保障省 (DSS, 1995) によれば，1995/96 年には 1,000 万人が合計 280 億ポンドの退職年金を受給した．

保険原理に対する賛成論と反対論の主なものについては，第 6 章で概略を述べることにする．

2.2.2 社会扶助給付

この給付は，保険給付の資格がない人たちに残余的なセーフティネットを提供する．この給付は所得と資産が，一定額を下まわった場合に支払われる．給付水準は家族数とその他の事情によって決まる．受け取れる扶助給付がいくらになるかは，基本的には次のようにして算出される．(a) 申請者にとって必要な金額の算定．(b) 申請者が入手できる所得，貯蓄，資産の算定．(c) 前者 (a) と後者 (b) の差額の算出．扶助の給付のうち，主なものは所得ベースの求職者手当，所得補助（かつては資力調査付き給付の中心だったが，今では給付資格を得るために職を探す必要のないものだけが申請できる），住宅給付，家族クレジット，カウンシル税給付である．ヒルズによれば，1995/96 年の扶助給付は，320

億ポンドであり，給付の 28 ％に相当する（Hills, 1997：39）．1948 年には，人口の 2 ％が国民扶助を申請していたが，1995 年には 10 ％が所得補助を申請するに至っており，この増加分の半分は 1980 年以降に生じたものである．このことは人口の約 22 ％が所得補助か住宅給付・カウンシル税給付のいずれかを受け取る世帯に属していることを意味する．ジョナサン・ブラッドショーの発見によれば，1992/93 年，子どもが 2 人の夫婦世帯とひとり親世帯に支払われる所得補助は，「質素な」生活費として必要な額の約 4 分の 3 に過ぎなかった（Bradshaw, 1993）．

スピッカーによれば，資力調査付きの扶助についての主たる賛成論として，資源を最も必要な人に重点的に投入することができること，また，それが税金から支出されるため，資源が富める者から貧しい者へと「垂直的に」再分配されることがあげられる（Spicker, 1993：141-2）．しかし，資力調査付き給付には 3 つの問題がある．第 1 に，貧困の罠を生み出す．これは稼得が増加すると給付が削減されて，増加分の多くが相殺されてしまうことである（2.5 節をみよ）．第 2 に，給付が必要な人すべてに届かないことである．これは，扶助の給付が，概して保険給付よりも低い率でしか捕捉（テイクアップ）されないためである．最後に，扶助は普遍的な原則のもとで給付されるわけではないので，制度が複雑で行政コストが高くなることがあげられる．本書は，これらの議論を随所で検討する．

2.2.3　カテゴリー別給付

これは，ある基準に適合する特定の集団あるいはカテゴリーに支払われる給付である．カテゴリー別給付の最も明白な例として，16 歳未満のすべての子どもに与えられる児童給付があげられる．1995/96 年には，1,300 万の子どもが児童給付を受けており，全部で 60 億ポンドを要している（DSS, 1995）．また，障害者生活手当というものがある．これは歩行困難あるいは不能な人，あるいは常時他人からの監督と介護が必要な人に対して支払われる．障害者介護手当は，障害者生活手当の受給者を介護する人に支払われる．1995/96 年，カテゴリー別給付は 164 億ポンド支出され，全社会保障費の 18 ％を占めた（Hills, 1997：39）．

2.2.4　自由裁量給付

これは 1988 年に創設された社会基金のことを指し，緊急または例外的な必

要のある者を資力調査付きで援助するものである[1]．厳密にいえば，社会基金は完全な意味で自由裁量的なわけではない．というのは，有資格者に出産費，葬祭費，暖房費を給付すると規定されているからである．しかし，この基金には事実上の自由裁量の要素も存在する．というのは，〔第1に〕すべての給付事務所には年間予算があって，それを超えて支出することができない，〔第2に〕DSSの職員が誰に金銭を与え，誰に与えないのかを決めるため，この給付は権利(エンタイトルメント)ではない，〔第3に〕大部分の給付が，給付エージェンシー〔給付事務を行う独立行政法人のような機関〕へ返済の義務のあるローンの形をとっている，〔第4に〕独立の審査機関に不服を申し立てる権利がない，からである．

2.2.5 職域給付

この給付は法定のものも法定外のものもある．前者には法定傷病給付と法定出産給付があげられ，どちらも使用者が運営する．これらの給付は，1980年代に保守党政府によって事実上民営化される前は社会保険によるものだった．現在，法定外の職域給付の大部分は，使用者が運営する職域年金制度である．被用者は賃金の中から一定の割合をそこに拠出する．国家年金の価値が減っているため，職域年金が高齢者の所得に占める割合が大きくなりつつある．

2.2.6 財政移転

財政移転は，個人の可処分所得を改善するための手段として次第に重要となりつつあり，しかも人気もある．政府はこの目的のため，住宅ローン減税（Mortgage Interest Tax Relief）のように，課税所得の控除や税の減免を行ってきたが，近年では，給付制度と財政移転との調整が図られるようになってきた．アメリカでは勤労所得税額控除（Earned Income Tax Credit）が低所得世帯の所得を引き上げているが，これは「施し」ではなく労働への誘導や報酬と見なされるため，少なくとも政治家の間では人気が高い．イギリスでは，資力調査付(ミーンズテスト)きの家族クレジットは，1999年に勤労世帯税額控除（WFTC）に置き換えられる予定である．

---

1 例えば，ディーンのように，社会基金（Social Fund）を扶助の項目に含めて扱おうとしているひとがいることも指摘しておかなければならない（Dean, 1996：91-118）．これは，この給付につきまとう自由裁量や恣意的な運用の起源が，19世紀の救貧法にあることを強調するためである．

2.3 社会保障の目的

　ベヴァリッジは，自分が導入しようとする制度は，「窮乏」あるいは貧困を防止することを究極的な目的としなければならないと主張した（Beveridge, 1942）．いわゆるベヴァリッジ的な制度の成立以前は，資力調査付きの扶助が極貧者へ所得移転するための手段として好んで用いられた．しかし，第2次世界大戦までに，何百万人もの人びとが貧困の状態に置かれ続けた．ベヴァリッジは，自分が勧告した制度が次のような時に所得を保障することによって，貧困を防止することができると期待していた．（a）稼得能力の喪失，例えば失業，疾病，事故を原因とするものなど．（b）稼得能力の不足，例えば失業を原因とするもの．ベヴァリッジのシステムはまた，出生，死亡，結婚などの例外的な状況下でも，必要を満たすことができるように設計されていた．したがって，資力調査付きの扶助に頼る人の数が限りなく減少したとき，貧困の防止が達成されたことになるとベヴァリッジは説いた．彼はまた，完全雇用経済のなかではじめて，強制的な社会保険制度が十分に実現できると確信していた．しかし，社会保障を完全雇用経済のもとで給付することだけが期待されていたわけではない．社会保障が完全雇用経済を作り出すのに寄与することも期待されていたのである．ジョゼ・ハリスによれば，J．M．ケインズは，ベヴァリッジ・プランが経済の需要管理の支えになると信じており，これを熱狂的に支持した（Harris, 1997）．

　その後20年ほどの間，ベヴァリッジに倣った政治家や政策立案者たちは，ベヴァリッジと同じように，社会保障の保険モデルによって貧困は十分に防止できると期待した．しかし，次第に失業率が上昇して，ベヴァリッジ・システムが貧困を除去し得ないことが明らかとなるにつれて，防貧に代わって救貧が強調されるようになった．言い換えると，給付による移転の目的は，ベヴァリッジがもともと思い描いていたものよりも控え目なものとなったのである．社会保障によって貧困を完全に取り除くことができるという考えは次第に退けられ，社会保障の目的は申請者が何とかやりくりできるようにすることだと考えられるようになった．1960年代半ばまでに，〔社会保険ではなくて〕資力調査付き扶助に頼るという状況が短期間のうちにはなくなることはないだろうと認識されるようになった．そして国民扶助が補足給付に変更され（1988年にはさらに所得

補助制度へ変更），このとき以降，前節でみたように，資力調査（ミーンズテスト）への依存がさらに拡大した．

　急進右派が社会政策に影響を与えるようになるにつれて（第5章をみよ），社会保障制度の目的が変わり始めた．「貧困」という言葉は，所得という階段の一番下にいる者の姿を正確に表現していないと攻撃された．1985年の緑書『社会保障改革』（DHSS, 1985）は，次の3点を現金移転の目的としている．第1に，制度は，真の必要をみたすものでなければならない．第2に，制度は，経済の一般的な目標と両立しなければならない．第3に，制度は，理解しやすく，運営しやすいものでなければならない．サッチャー政権の解釈によると，これらの目的は，資力調査（ミーンズテスト），裁量にもとづく給付，労働倫理の強化，ということになる．

　私たちは，戦後のシステムが，お互いに結びつくものの，それぞれ区別されるような3つの発展段階を経ていると理解している．しかし，それでは，そのシステムの目標全体が何であるのか示すことはできるのだろうか．バーとコールターは，社会保障を次の3つの一般的な目標をもつものだと定義している（Barr and Coulter, 1990 : 274-6）．労働と貯蓄のインセンティブを著しく損なわないという意味での**効率性**，最も必要とする人へ適正な最低所得を給付するという意味での**衡平**（エクイティ），そして**運営のしやすさ**．これに加えて，彼ら彼女らは3つの戦略的な目的を提示している．**所得補助**．これは救貧を成し遂げ，生活水準を保ち，ライフサイクルを通して個人の所得を再分配するものである．**階級，人種，性に関する不平等の縮小**．そして**社会統合**．給付は，スティグマを伴うことなしに社会参加を可能にするものでなければならない．

　これらの目標は，ポール・スピッカーが提示したものと似ている．彼は給付システムを次の6つの目標をもつものとしている（Spicker, 1993 : 104-9）．第1に，給付システムは，貧困から救済することを通して，個人的な必要や社会的な必要をうまく充足する．なぜなら，給付支出は需要を促進し，それによって経済の調整者としての働きもするからである．第2に，金銭移転は社会的不利益への補償となる．例えば，障害者への金銭的な支援があげられる．第3に，システムはリスクに対する補償と保護をある程度提供する．これは，個人がある生活水準を維持するのを支援するだけでなく，社会に安定と統合をももたらすものである．第4に，給付システムは，人びとに抑圧的な社会規範に従うよう要求することによって，そして抑圧的，搾取的，不公平な社会的分業を再生

産することによって，不利を作り出すかもしれない．第5に，給付システムは，様々な正負の誘因を通じて人びとの行動を変える．最後に，社会保障は，人びとを社会関係の連帯のネットワークに統合するとともに，個人の潜在的な可能性を引き出すのを支える．

以上で，現実にある現金移転システムの目標が複雑であり，矛盾さえも孕むものであることを私たちは理解した．いくつかの点において，そこには慈悲深い側面がある．例えば，基本的な必要を充たし，貧困を防ぐ，あるいは貧困から解放するといったことなどである．また，別の点においては，あまり慈悲深くない面もある．例えば，行動を統制し，潜在的な社会的不利益を再生産する．その1つの例として「福祉の社会的分業（分裂）」が指摘されている．

2.4 福祉の社会的分業

戦後の給付システムについて，最も早い時期に分析を行ったのはリチャード・ティトマスであるが，今なお，その分析は最も強い影響力を誇っているといえる（Titmuss, 1958）．ティトマスによれば，ベヴァリッジ・システムは福祉の社会的分業（分裂）を包含しており，このため私たちは福祉国家の全体像をとらえ損なっているのだという．第1に，ティトマスは国家福祉と財政福祉を区別した．前者は人びとに財や資源を与えて福祉を向上させようとするものを指している．後者は人びとから資源を故意に徴収しないことから生まれる福祉のことを指している．したがって，現金移転は国家福祉に分類され，税の減免や控除は財政福祉に分類される．ティトマスの分類は以下の点で重要である．前者は支出として定義されるため，当然のことながら政府は支出が増加した時には懸念を表明するだろう．それに対して後者は同じような形で関心を引くような傾向がないため，抑制されにくい．要するに，国家福祉に対する反応と財政福祉に対する反応は異なるのである．私たちは，貧しい人びとに関するコストと「負担」についての強迫観念にとりつかれがちである．彼ら彼女らが公共の富を食い物にしていると見なされるからである．しかし，貧しくない人びとが恩恵を受ける財政福祉国家については都合良く見逃しているのである[2]．

---

[2] このため，すでに述べたように，好んで財政移転を用いる政府がある．財政移転が「支援」と見なされるのに対して，伝統的な給付は，その当否はともかく，「施し」と見なされるからである．ティ

ティトマスは職域福祉に対しても関心を払った．これは人びとが自分の雇用に基づいて手に入れる利益であり，例えば，社員食堂，住宅，ジムへの補助，社用車，生命保険証券，民間医療保険などがある．これらは，「間接賃金」と見ることができる．なぜなら，これらは被用者の可処分所得を引き上げることに役立つからである．したがって彼ら彼女らの忠誠心も保たれる．しかも単純な賃上げよりも，使用者にとっては税法上効率が良い．法定傷病手当金のようなものが導入され，職域年金制度が発達したため，いまでは国家の給付と企業の給付が，ティトマスが書いていた時代よりも複雑に絡み合っている．

　ティトマスの区分を修正したもののなかで重要なものとして，ヒラリー・ローズが提起したものがあげられる（Rose, 1981）．ローズによれば，ティトマスは彼と同じ時代の多くの研究者よりも女性の社会的に地位についてずっと敏感であった．しかし，ティトマスもローズがいうところの「福祉の性分業」をかえりみなかったのである．性分業とは，次にあげるような事実のことを指している．すなわち，いまだに女性が家庭で無償労働の大部分を司っており，男性が高賃金とそれに伴った賃金連関給付を得ているという事実である．したがって女性は男性の福祉への正真正銘の貢献者，すなわち女性が男性の可処分所得を引き上げているとみなしうるという．確かに，ジャン・パールの調査で，世帯内の所得分配が，いかに男性の都合のいいように歪められているかが証明された（Pahl, 1989）．例えば，女性は自分のお金を子どものために使う傾向があるが，男性は自分のお金を自分のために使う傾向がある．

　したがって，金銭移転についての議論はすべて，間接的な形をとる福祉に敏感でなければならない．これらの区別に関心を払うことが重要なのは，私たちが本書を通して，BIが隠れた福祉国家（あるいは，少なくとも隠れた所得移転システム）を白日の下にさらそうと挑んでいるからである．例えば，次の章でみるように，BIの支持者は取り消された歳入（foregone revenue）を公共支出として算定すべきだと主張している．このことは，給付と税の減免や控除を同じように考えるべきだということを意味している．したがって，もし多くの人びと（富裕者を含む）がすでに国家からある種の最低所得を受け取っているならば，

トマスが語った社会的分業（分裂）を縮減するどころか，ますます拡大しており，「救済に値する者」に対しては財政移転が提供され，「救済に値しない者」は給付だけに頼らなければならない，という状況が生まれている．

BIは単にこのことを明らかにし，貧困者を差別しがちなシステムを合理化する方法にすぎないだろう．要するに，BIは，今日，移転システムの内部に残存する「社会的分裂」への挑戦を意味している．

2.5 失業と貧困の罠

失業の罠と貧困の罠は，どちらも社会保障と労働市場の相互作用から生じる点では同じだが，両者を混同すべきではない．

失業の罠という現象は，ベヴァリッジの1942年報告には次のように記されている．

> ……失業や障害のさい，働いているときの賃金と同額かそれ以上の給付を与えることは危険である．過去には，失業給付や失業扶助に関して，このような事例が多数あった．これまで以上に労働が流動化しなければ，雇用は維持することができない．賃金を稼いでいる間の所得と，賃金を稼ぐのを中断している間の所得とのギャップを，すべての人について可能な限り大きく保つべきである（Beveridge, 1942：paras 411-12）．

マイケル・ヒルは，失業の罠を次のような時に生じる不利益のことだと記している（Hill, 1990：104-5）．すなわち，働いた時の所得が，〔働かない時の〕給付による所得よりもそれほど大きくない時，あるいは小さい時である．この現象は給付の所得代替率が高いときに生まれ，次のような状況を指している．給付によって賃金の下限が設定され，それ以下の賃金で働くことが金銭的に割に合わないか，いま働いている以上働くことが割に合わないというような状況である．働いても働かなくてもそれほど違いがないため，失業給付の申請者は職を探す意欲を失う．以上から，失業の罠とは，所得代替率が高い，すなわち稼得と給付の差が小さいため，有給の職に就いても合計所得がそれほど増えない状況のことだと定義することができる．

同時代史の中で，ヒルは1960年代に政策立案者たちが失業の罠に対する関心を強く持つようになったと記している．国民扶助制度には，「ウェイジ・ストップ」という名で知られるものがあった．これは働いていたら稼げたであろう賃金よりも寛大な給付を受けないようにするためのものである．要するに，

稼得と非稼得との間のギャップは，ある状況下で給付を減らすことによって維持されたのである．しかし，1960年代までに，政策立案者たちは，好んで別の道を歩むようになった．失業の罠による就労の回避を避けるため，働いている時でも受け取ることができる給付を導入したのである．このアプローチは，賃金〔の多少〕を無視したシステムを包含していた．そのもとでは，一定額を受給権に影響なしに稼ぐことができるため，所得全体を引き上げることになった．〔そして〕低所得者には所得調査付き（インカムテスト）の家賃と地方税の減額制度の導入が，子どものいる家族には家族所得補足（FIS）の導入が決定された．しかし，このアプローチは失業の罠に挑む上ではいくらかの前進だったものの，付随的な効果として貧困の罠を生み出してしまった．就労中の給付を申請している低賃金労働者が，この状況に直面する．彼ら彼女らは勤労所得が増えると，税金や社会保険料を支払わねばならなくなるだけでなく，給付が減額されることになる．例えば，1ポンド稼いでも，そのうち0.80ポンドが税金の徴収と給付の減額によって実質的に消えてしまうとしよう．この時，「限界税率」（1ポンド稼ぐごとに失われる所得の額）が80％だということを意味している．以上から，貧困の罠とは，税と移転の効果とが合わさったため，稼得が増えても所得全体がそれほど増えない状況であると定義することができる．

　アラン・ディーコンとジョナサン・ブラッドショーは次の事実を発見した（Deacon and Bradshaw, 1983）．すなわち，1980年代のはじめには，低賃金労働者は100％以上の限界税率に直面していたため，稼得が増えると実際には以前よりも暮らし向きが悪くなっていたのである．したがって，低賃金労働者は，給付だけで生活するよりも少しばかり高い収入を得ても，賃金がかなり上がらない限り，事実上この所得レベルにはまったままになってしまう．1980年代の社会保障改革では，貧困の罠に対応するように〔制度〕設計することが1つの目的とされていた．1982年には住宅給付が導入され，1988年には家族クレジットがFISに代わった．保守党政府は，これらの目的は低賃金労働者の〔労働〕意欲を高めることにあると主張したが（裕福な者にはそれ以上の税負担は求めなかった），この目的はどのくらい達成されたのだろうか．

　デイビッド・ピアショーの調査によると，現在，多くの人にとって，〔労働〕意欲は1979年当時よりも悪化している．このようなことが起きた主な理由は，私たちが既に見たように，1980年以来，資力調査（ミーンズテスト）が目立って重視されるようになったことにある．このため限界税率が100％以上に達するという問題の解

決が図られてきた．1985年には，限界税率100％以上の者が7万人いたが，1995/96年には1万人にまで減少した．しかし，限界税率が60％以上の者の数は，同じ時期に45万人から63万人にまで増加した．そして，80％以上の者は29万人から42万人にまで増加したのである．

ピアショーは，公営住宅に住む，2人の子供を持つ夫婦の例を用いて，勤労意欲の減退について説明している．1995年の3月には，所得移転を考慮に入れれば，粗所得が週50ポンドの世帯は，純所得が127ポンドになった．ところが，粗所得が週210ポンドにまで上がっても，課税と給付の減額が生じるため，純所得は137ポンドになるだけである．すなわち，彼ら彼女らの暮らしは，以前よりたったの10ポンドしか良くならないのである．要するに，彼ら彼女らは94％の限界税率のもとにいるのである．しかも，1995年には，週に210ポンド未満の稼得所得の者は，被用者全体の4分の1にのぼる．

前節で検討した福祉の社会的分業とともに，失業と貧困の罠という現象についても本書全体で繰り返し検討する．第1章で既に述べたように，これらの罠を軽減ないし除去するのがBIの主な魅力の1つである（実施されるBI制度の設計次第だが）．そして，このようなBIの利点は，第II部で検討するすべてのイデオロギーから認められているのである．

2.6 租税と移転の再分配効果

再分配には，基本的には2つの主要な形態がある．垂直的再分配とライフサイクル的再分配である．垂直的再分配とは，最終的な勝者から最終的な敗者への再分配を意味する．例えば，扶助の給付は，高所得集団から低所得集団への再分配を意味している．生産年齢にある人の大部分は，年金などのサービスをまかなうために，税金や保険料を払っているが，これは一生のうちで働けない時期に給付を受け取ることを期待してのことである．

2.6.1 再分配のスナップ写真

もし私たちがある1年をとって税や移転に関する数値を見てみたらどうなるだろうか．ジョン・ヒルズによると，所得分配の少ない方から下半分の世帯は，上半分の世帯よりも2.4倍ほど多く受け取っている（Hills, 1997：15）．第1十分位，すなわち全体の中で，最も貧しい方から10分の1にいる者は，第10十分

位よりも4倍ほど多く受け取っている．そして，最も貧しい人たちは，市場から所得をあまり多くは得られないため，粗所得の69％を現金給付が占めている．しかし，この現金給付は，最も豊かな人たちのあいだでは粗所得の2％に過ぎない．ヒルズが述べているように，資力調査付きの給付のほとんどは最も貧しい人たちに集中的に投入されているが，しかし基礎的な国家年金のような普遍主義的な給付もまた，〔高所得世帯にとってよりも〕低所得の世帯にとっての方が価値が大きい〔限界効用が大きい〕．

　直接税としての所得税は，低所得者よりも高所得者により多くの比重がかけられている．しかし，VATのような間接税をはじめ，すべての税を考慮に入れると，課税の効果は相殺されてしまう．事実，第1十分位の人たちの支払う様々な形の税金は，他の9つの十分位の所得集団にいる人たちよりも，粗所得に占める割合が大きい（Hills, 1997：85）．ヒルズは当初所得（課税や移転を考慮に入れる前の所得）を最終所得（課税や移転の後の所得）と比較して，貧しい方から5つの十分位は，租税システムや移転システムから最終的に利益を得ているのに対して，豊かな方から5つの十分位は最終的に損失をこうむっていることを明らかにした（Hills, 1997：17）．しかし，このことは必ずしも垂直的再分配が行われたことを意味しない．極貧者が受け取ったものは，最も裕福な者から移転されたものとは限らない．貧しい方から5つの十分位の人たちは，基本的には自分たちへの給付に自ら出資しているからである．

　　特定の時点でみると，貧しい人が福祉国家から給付を受けとり，裕福な人
　　たちが福祉国家への支払いをしているということがあるとしても，生涯に
　　わたってすべてのことを考えるならば，異なる人びとの間で再分配が行わ
　　れているということはない（Hills, 1997：19）．

2.6.2　ライフサイクル的再分配

　この形態をとる再分配を測定するのは非常に難しい．しかし，ヒルズの研究を見ると，次のことが分かる．税と移転の効果が合わさって，人生のうちで稼得能力が最も高い時期（20代前半から50代終わりにかけて）から最も低い時期へと所得が再分配されている．基本的には，現金給付と直接税は，現役時代の所得を減額するが，退職後の所得を増額する．現物支給されるサービスも考慮に

入れると,このように所得が改善することがとくにはっきりしてくる.したがって生活水準〔の変化〕がライフサイクルを通して「なだらかにされる」のである.

人びとは,一生のうちで所得が比較的高い時期に,移転制度へ時たま「預け入れて」,所得が比較的低い時期にそこから「引き出す」(Hills, 1997 : 19).

垂直的再分配とライフサイクル的再分配を比較するためには,生涯にわたって裕福な者と生涯にわたって貧しい者との間の全体的な再分配について見ていかなければならない.ヒルズによると,給付の分配はグロスでみると,きわめて均一である (Hills, 1997 : 20).平均的な人は,所得の多少とは関係なしに,生涯におよそ13万3,000ポンド(1991年の価格)の給付をグロスで受け取ることができる.違いは次の点にある.第10十分位の人びと〔最富裕層〕が自分の払った税金から自分の給付を受け取るのに対して,第1十分位の人びと〔最貧困層〕は自分でまかなうものが少ない,という点である.ヒルズは次のような結論を下している.

したがって所得移転制度は「人生の豊かな時期にあるひと」から「人生の貧しい時期にあるひと」への再分配に成功している.とはいえ,……大部分の給付は一生をつうじて自分でまかなったものであり,他人から支払われたものではない.一生をつうじて制度から受け取る平均13万3,000ポンドの給付のうち,9万8,000ポンドは自分でまかなったものである.福祉国家が行うことのうち,約4分の3はこのような「貯蓄銀行」と見ることができる.4分の1だけが,異なる人びととの間での「ロビン・フッド」的再分配である (Hills, 1997 : 19).

言い換えると,福祉国家がもたらす再分配のすべてを見るとき,ライフサイクル的再分配が75％を占めており,垂直的再分配は25％を占めていることになる.そして,これこそ福祉国家の一部をなす,現金移転の典型でもあることが,ヒルズの研究から分かるのである.

2.7 ヨーロッパと世界の最近の動向

　以上では，イギリスのシステムに焦点を当ててきた．最後に，視野を広げて，BIが異議を唱える扶助/保険モデルが，世界でどの程度広く見られるのかを明らかにしよう．というよりもむしろ，この節では次のような事実を強調していると言った方がいいだろう．それは，扶助/保険モデルがいつの日か打破されることがあるとしても，BIの支持者たちが取り組まなければならない仕事は気の遠くなるようなものだという事実である．

　1985年から1995年にかけてのヨーロッパの現金移転システムの変容について，有益な概観を行ったのは，メアリー・デイリーである（Daly, 1997）．社会保障支出という点から見ると，ベルギーとアイルランドでは全面的に削減された．また，フランス，ギリシャ，ルクセンブルク，オランダでは変わらなかったが，デンマーク，フィンランド，イタリア，ポルトガル，スペイン，スウェーデン，イギリスでは支出が増加した．このように給付への支出が増加したのは，給付プログラムがパターナリスティックな形で拡大したからと言うよりは──南欧ではある程度拡大したが──，失業と老齢人口が増加したからである．

　デイリーによれば，この時期のヨーロッパにおける改革には4つの傾向が認められる（Daly, 1997: 133）．〔第1は〕受給要件を厳格化して，給付の利用に制限をかける傾向である．〔第2は〕資力調査の使用を増やす傾向である．〔第3は〕民営化へと移行する傾向である．〔第4は〕給付を，求職や訓練のような事項に密接に関連させた，積極的な雇用手段へと移行させる傾向である．概して，ヨーロッパ諸国は社会保険料の事業主負担を減らし，保険料よりも税金の方を財源として重んじ，国と地方のあいだの財源調達の責任区分を変えるよう努めたのである．

　デイリーは年金，失業給付，ケアに関する給付の3つの領域での改革について論じている．デイリーによれば，近年のヨーロッパでは，年金制度にある種の収斂が見られる．第1に，〔受給資格を得るために必要な〕就業期間が一般的に長くなったことである．オーストリア，ドイツ，ギリシャ，イタリア，ポルトガル，イギリスでは，法定退職年齢が引き上げられたか引き上げられつつある．一方，フランスとスペインでは，国家年金の受給資格を得るために必要な拠出期間が延長された．事実，1960年には平均拠出期間は13年だったが，1985年

までに 26 年に引き上げられ,今日では最短のスペインとギリシャでも 35 年,最長のアイルランドでは 48 年にも達している.第 2 に,ある人の年金水準は,所得〔が最も高かった時期〕,ということは拠出額が最も高かった時期をもとにして算出されていたが,労働の全期間をもとにして算出するというルールに変更されたうえに,資力調査や所得調査の使用が増えるようになったことである.デイリーは,年金制度の基本構造は変わっていないが,今では,以前ほど寛大でない年金の受給権を得るために,以前よりも長期間働かねばならないと結論づけている (Daly, 1997: 134-6).

失業給付は,労働市場への参入意欲の増進や減退を厳密に反映したものになるように改革された.受給資格に関する規則が厳しくなった国も多く,オーストリア,フィンランド,フランス,ドイツ,スペイン,スウェーデンでは給付水準が下がった.スウェーデンとベルギーでは待期が導入ないし延長された.フィンランドとイギリスでは求職や就職に関する規則が厳格になった.オランダとイギリスでは,受給資格を得るための被保険者期間が延長された.したがって,一般的に言えば,年金給付と同様,給付に関する基本構造は変わらなかったが,失業率が増加しているにもかかわらず,失業給付の給付水準は引き下げられ,受給条件は厳格化した (Daly, 1997: 136-8).

最後に,子どもの養育と関連する給付に移ろう.この種の給付は育児休業の領域で最も発達し,国家からの補助金が増加した.この政策が新たに進展しなかった国は,アイルランド,スペイン,イギリスだけである.1995 年までに,欧州 16 カ国中 10 カ国で,育児する親への給付が整備された.また,高齢者,病人,障害者に対する私的かつ個人的なケアに対しても国家が補助する傾向が見られる.オーストリア,デンマーク,フィンランド,ドイツ,アイルランド,ルクセンブルクでは現金給付が新たに導入され,ベルギー,イタリア,スウェーデン,イギリスでも既存の給付が拡張された (Daly, 1997: 140-2).

社会扶助についてデイリーは扱っていないが,イアン・ゴフらは経済協力開発機構 (OECD) に属するすべての国について幅広く研究を行っている (Gough *et al.*, 1997).表 2.2 は,そこから借用したものだが,この研究による発見を要約している (Gough *et al.*, 1997: 24-7).

表 2.2 社会保障システムの比較

	(1) 人口に占める社会扶助受給者の百分率 (1992)	(2) GDPに占める社会扶助支出の百分率 (1992)	(3) 社会保障支出に占める社会扶助支出の百分率 (1992)	(4) 人口に占める社会扶助受給者の変化の百分率 (1980-92)	(5) GDPに占める社会扶助支出の変化の百分率 (1980-92)
オーストラリア	17.8	6.8	90.3	4.2	1.4
オーストリア	4.8	1.3	6.7	−0.4	0.3
ベルギー	3.6	0.7	3.0	1.7	0.2
カナダ	15.1	2.5	18.9	4.1	0.9
デンマーク	8.3	1.4	7.8	N/A	N/A
フィンランド	9.2	0.4	N/A	5.7	0.3
フランス	2.3	1.8	6.4	1.5	0.2
ドイツ	6.8	1.6	11.9	2.9	0.6
ギリシャ	0.7	0.1	N/A	N/A	0.0
アイスランド	3.7	0.2	1.2	N/A	N/A
アイルランド	12.4	5.1	41.2	3.7	2.2
イタリア	N/A	1.5	9.1	1.2	0.4
日本	0.7	0.3	3.7	−0.5	−0.1
ルクセンブルク	2.7	0.4	1.4	N/A	N/A
オランダ	N/A	2.2	10.9	1.1	0.5
ニュージーランド	25.0	13.0	100.0	−5.7	4.4
ノルウェー	4.0	0.7	4.8	2.5	0.5
ポルトガル	2.1	0.4	3.8	1.2	0.2
スペイン	2.7	1.2	8.4	N/A	1.0
スウェーデン	6.8	0.5	6.7	2.7	0.3
スイス	2.3	0.8	1.8	0.5	−0.1
トルコ	N/A	0.5	N/A	N/A	N/A
イギリス	15.3	6.4	33.0	6.7	1.2
アメリカ	17.5	1.3	39.8	1.0	0.2

（1）〜（3）の3つの列から，オーストラリア，カナダ，アイルランド，ニュージーランド，イギリス，アメリカでは扶助の給付が最も重要であることが分かる．これらの国では，高齢者集団が最も扶助に依存しがちである．これに対して他の国々では，高齢者は保険給付で必要をまかなっている．上記の国々では，ひとり親も扶助制度から給付を受けることが多い．これに対して他の国々では，扶助を利用するひとり親は少なく，扶助以外の給付の受給資格を持っていることが多い．情報は不足しているものの，失業者は扶助の給付を要求することが多く，また，北欧諸国を除けば女性は男性よりも給付に依存しがちなことが分かる．表2.2に示されているように，ベネルクス3国，ギリシャ，アイスランド，日本，ポルトガル，トルコでは，扶助の給付はほとんど重視されていない．

（4）と（5）の列から，オーストラリア，カナダ，フィンランド，アイルランド，イギリスでは，受給者の数が著しく増加し，そしてオーストラリア，カナダ，アイルランド，ニュージーランド，スペイン，イギリスでは，扶助のための支出がかなり増加したことが分かる．ゴフらによれば，住居費を差し引いて考えたとき，給付〔水準〕が最も寛大なのがオーストラリア，イタリア，ルクセンブルク，オランダ，北欧諸国，スイスであり，最も厳格なのがアメリカ（ニューヨーク州を除く）と南欧である．概して言えば，1，2の例外を除いて，これらの国の社会保障制度では扶助がますます重視されるようになってきている（Gough et al., 1997 : 33）．

最後に，このような変化が起こることで，所得分配にどのような影響が生じているのか検討しておこう．1980年代半ばから，フィンランド，アイルランド，イタリア，ポルトガル，スペインでは不平等は実際に減少したが，ベルギー，フランス，（西）ドイツ，日本，アメリカでは緩やかに拡大してきた．さらに，オーストラリア，イギリス，オランダ，ニュージーランド，ノルウェー，スウェーデンでは不平等が最も著しく拡大した．ヒルズによれば，イギリスでは1977年から1990年の間に不平等が拡大したが，ここまで急激なペースで不平等が拡大したのは，イギリス以外ではニュージーランドの1985年から1989年の期間だけである（Hills, 1995 : 65）．このためイギリスは，いまでは先進国中最も不平等な国の1つになっている．ヒルズによると，移転，租税，そしてこれらと労働市場との関係という点からみると，1980年代半ばから1990年代はじめにかけての時期について，次の5つの結論が導き出せる（Hills, 1995 : 72）．

- フランスとカナダでは，可処分所得の分配は一定であるが，これは租税と移転のあり方が変わったことによって労働市場での不平等が相殺されたためである．
- オーストラリアとドイツでは，租税と移転によって，市場によって不平等が拡大するペースが緩和された．
- イギリスとスウェーデンでは，租税と移転によって市場による不平等の拡大を緩和することができなかった．
- オランダでは，租税と移転のあり方が変わったことによって，可処分所得の不平等が拡大した．
- アメリカでは，租税と移転によって，市場所得の不平等の拡大に拍車がかかった．

2.8 結論

　給付システムについて私たちが言うことのできることがもっとたくさんあることは明らかだ．しかし，ここでは，これから後の章へと進むための準備として必要な範囲で議論するにとどめた．これから後の章の筋書きを読まれてしまうのを覚悟した上で次のように問うてみたい．以上の節のテーマはBIとどのように関連するのだろうか．

　貧困に関するBIの目標は，どのような制度を検討するかによって異なってくる．確かに，BIの支持者たちは，政治的信条の違いを越えて，救貧という目的を望ましいものと考えている．彼ら彼女らは理由をいくつかあげた上で，BIが，現在のシステムよりも効率的に，様々な役割を果たすことを期待している．例えば，BIシステムのもとでは，多くの受給者が現在直面しているような，所得が高くなると給付が減額されるということがなくなるので，就職がしやすくなるだろう．しかし，BIは十分に高い水準，BIの批判者が実現不可能だと主張するような水準に設定されなければ，貧困を根本から防止することにはつながらない（第4章を参照）．既に述べたように，BIは貧困と失業の罠に対処するだけでなく，社会保障と税制を統合することによって，福祉の社会的分裂にも挑もうとしている．その一方で，BIに再分配効果がどのくらいあるのかを測定することは困難である．また，この領域で調査が行われてきたが，

第2章　社会保障の給付と負担

それらをこれ以上は取り扱わない．ありうる BI 制度を概観し，それぞれの再分配効果を算出することが可能なのは明らかだが――第1章ではすでにアイルランドについて見てきたが，70 アイルランド・ポンドの BI によって，富める者から貧しい者への再分配が期待されていた――，どれだけの額を誰に再分配したいのかをはっきりさせることより先に，BI のイデオロギー的な背景を明らかにしなければならない，というのが本書の議論の前提である．このように言ったところで，ハーマイオニー・パーカーとホリー・サザランドが行った研究の価値を否定したいわけではない．しかし，再分配とは，第一義的には価値に関するものであって，技術論に関するものではないことは主張されて然るべきであろう．本書は必要なときには比較分析を参考にするが，第1章で理由を示したように，政治理論によるアプローチの方が比較アプローチよりも重要であるということを最後に述べておきたい．

第3章 ベーシック・インカムの原理

3.1 はじめに

　ここまでで，イギリスの社会保障システムの基本的な特徴を描き出してきた．また本書の後の方で重要となる議論のうちのいくつかについても先取り的に論じた．額縁の中にBIの絵を描くことがここでの作業である．
　次章では，考えることのできるBIに関する提案の長所と短所について検討する．この提案が導入に値するかどうか決めるうえで，そうした検討を行うのが重要なことは明らかである．しかし，その議論を始める前に取りかからなければならない問題がいくつかある．このため本章では，以下の4つの問いに答えることを目的としたい．BIとは何か．BIにはどれだけの金額が必要となるのか．BIの提言に関する歴史はどのようなものか．BIが注目に値するのはなぜか．以下の4つの節で，これらの問いを順に扱っていく．

3.2 ベーシック・インカムとは何か

　BIの定義は本書の冒頭で提示したが，この問いに答えることは当初考えられるよりも複雑である．ベーシック・インカムが基本的なのは，本質的に〔給付が〕無条件で行われるからだが，もしそれだけならば，前の章で概略を示したような既存の給付とBIとを区別するのは容易なはずである．しかし，私たちは以下のような事実も考慮しなければならない．すなわち，負の所得税や参加所得のように，無条件に提供されるわけではないが，BIと関係があり，BIをめぐる議論のなかで論じられることがふさわしいものが存在するという事実である．さらに，普通，BIは個人ベースで支払われる給付として描き出され

るが，世帯所得を算出して，それをベースとする形の BI を想定することも可能である（Webb, 1991）.

　これらの問題に加えて，BI 論争が世界の多くの国々で活発になりつつあり，これに伴って用語も変わる傾向があるという事実も考慮しなければならない．ある国の国境線の内部でさえ呼称が混在して用いられる例もある．例えばイギリスでは，ベーシック・インカムという用語に代わって市民所得（シティズンズ・インカム）という用語が使われている．この時，2 つの語を同じ意味で用いる人がいる一方で，「市民所得」をいくつかのヴァリエーションをもつ「上位概念」として扱う人もいる．後者の用い方をすれば，BI は市民所得の一種ということになる．

　要するに，私たちは 2 つの問題に直面しているのである．〔第 1 に〕定義がある意味で曖昧であり，〔第 2 に〕用語についての選択肢が多すぎるのである．本書では，以下のような仕方で，これらの問題に対処したい（図 3.1 をみよ．Purdy, 1994：33-7 を参照）．

　多くの似たような社会保障改革の提案が世界中で見られる．これらの提案は，国家が保証する最低所得をすべての者に与えることを目標としている．しかし，給付の保険/扶助モデル[1]では，この目標をあまり達成することができなかった．したがって，大がかりな改革を行うか，〔別のモデルで〕完全に置き換えることになるだろう．これらの提案から共通分母を抽出するのは，ことによると不可能である．しかしそうだとしても，これらの提案には，1 つのグループとして扱うのに十分な「家族的類似性」がある．もちろん，この家族には様々なメンバーがいて，互いに区別されるが，このことを忘れなければ，この家族のことを最低所得保証構想（Guaranteed Minimum Income Schemes, GMIS）という名で呼ぶことができるだろう．

　完全 BI は無条件に給付され，それだけで生活するのに十分である．すなわち，これは「純粋な」形態の最低所得保証である．部分 BI もまた条件を伴わない．しかし，これは生活するのに十分な額ではないので，他の給付，稼得，所得源によって補われる必要があるだろう．そして過渡的 BI は上の 2 つの形態の BI へ至る過渡的な形態だと考えることができる．図 3.1 から，社会配当は広い範囲の方法をさしている．社会主義社会は完全 BI を進んで与えるのを

---

[1] とはいえ，このモデルが成功するか失敗するかどうかが国によって異なることは明らかだ．1992 年には，イギリスでは 500 万近くの人々（人口の 8％）が所得補助水準以下で生活していた．

第 I 部　周辺視

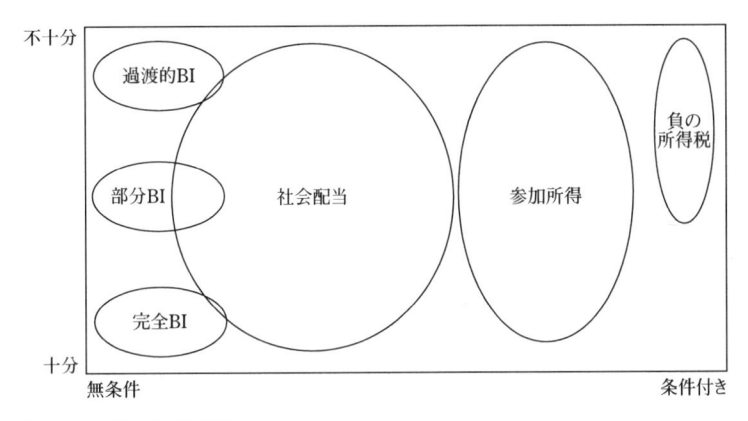

図3.1　最低所得保証構想

いとわないだろうから，社会主義と完全 BI は同じものだと考える者もいるが，条件がもう少し厳格で，水準が不十分な社会配当を想定することもできる．参加所得は，社会的に有益な活動（必ずしも賃金が払われる仕事でなくてもよい）を行っていることを条件に支払われる給付であるが，その条件の寛容性については様々なレベルを想定できる．最後に，負の所得税（NIT）は非常に厳格な条件を伴うが，これは低所得者に補助を行うことが目的なので，これだけで生活できるほど給付水準が十分であることはない．NIT は，図 3.1 では BI 構想の反対の極にある．しかし NIT も保険/扶助モデルを避けて最低所得を保証しようとするものであるわけだから，これを BI に関する議論から外すのは適切でない．

さて，ここでとりあげた用語は本書のなかで用いられており，第 II 部の 5 つの章もこれに依拠している．本書では検討しないが，もうひとつの構想が存在する．それは一括払い手当金である（Van Parijs, 1995：45-8 を参照）．

ある個人が一定の年齢に達したら，1 回で全額が支払われる，というのが純粋な形の一括払い手当金である．思考実験として，例えば年に 3,000 ポンドの BI を支払う代わりに，全生涯の BI の相当額を 1 度に全部支払うと想像しよう．平均寿命が 70 歳とすると，一括払い手当金はおよそ 20 万ポンドになる．かなりの額となるが，当然ながらこれは，個人が受給権を有する国家からの給付のうち全部，あるいはほとんど全部である．

純粋にリバタリアン的な立場を取ると，この提案はかなり魅力的である．お

金を株に投資する，コミューンをつくるために小さな島を買う，慈善事業に寄付する，一晩中カジノを練り歩く，といった時には，眩暈がするほど自由な感情を得られるだろう[2]．実践的な反論はさておき，パターナリズムの価値観からすれば，この一括払い手当金は危険すぎる選択である．明日の朝，我に返った時には賭博ですべてを失っていることに気づく者がきっと出るだろう．私たちは彼ら彼女らを飢えるままにしておくべきなのだろうか．自由には責任が伴うという立場を取るときは，それでいいだろう．しかし，自由に伴う様々な責任を現実的なものとして引き受けることができるように，私たちの自由を組織する方が好ましいだろう．それでは，1年単位で支払われる，もう少し穏健な形の一時払い手当金の場合はどうだろうか．これならばパターナリスティックな立場からも受け入れられるかもしれない．いずれにせよ，このような年ごとの一括払い手当金は，ここで行った BI の定義からそう極端に離れたものではない．したがって，本書では一括払い手当金システムを検討しない．検討したとしても，あまりにも向こう見ずなものになってしまうか，BI システムとほとんど区別できないものとなってしまうからである．

　いまや定義を続ける準備ができた．

- 　最低所得保証構想とは，給付の保険/扶助モデルを根本的に改革するか全廃することによって，条件付きか無条件かを問わず，全員ないし大部分の市民に対して，最低水準の所得を国家が保証するための提案である．
- 　ベーシック・インカムとは，各市民に定期的に無条件で支払われることが保証された所得である．この場合，無条件とは，労働上の地位，雇用の記録，労働意欲，婚姻上の地位とは関係がないということを意味する．ベーシック・インカムとして，完全 BI，部分 BI，過渡的 BI を考えることができる[3]．

2　同様に，リバタリアン的な立場からは，手当金計画を完全に拒否して，したがって単に減税するだけなのかもしれない．

3　この定義では，税と給付の統合に関するあまりにも専門的な事項は避けようとしている（Parker, 1989 : 92-4）．BI は，「窓口で現金」として受け取るか税額控除として受け取ることになるので，何らかの統合を前提とする．しかし，主としてイデオロギーに関する議論の中では，BI のこの側面は脇に置いておいてかまわない．

- 社会配当，参加所得と負の所得税は，BIのイデオロギー的な変種として区別される．

この定義は単純であるため，さらに疑問を生むかもしれない．とはいえ，上述の定義は，世界中の批評家が，BIやこれに関連した考えを述べるときに，どのようなことを言っているかを包括的に理解することを意図しているのである．

3.3 いくらくらいかかるのか？[4]

以上の定義では，BIは週に1ポンドから，例えば500ポンドまでの間のいずれであってもよい．可能なBIの水準についてユートピア的な思弁を行い，それが現在の社会に対していかに重要であるか論じることは魅力的である．しかし，（ある個人の所得のかなりの部分を占めるという点で）意味があり，（イギリスとはそれほど異なるところのない国でも支出できるという点で）現実的であるような，BIの水準がどれくらいであるかを推測するのは非常に難しい．

事実，BIに興味を持っていた人々の多くは，ここで足をすくわれて，すぐさま退散してしまう．彼らはBIがいい提案だとはいうものの，数値計算には二の足を踏んでしまう．簡単な計算をすれば，なぜこのような反応が出るのか分かるだろう．

1995/96会計年度には，社会保障費はおよそ808億ポンドであった．もしそのお金がBIとして分配されたら，何が起きるだろうか．5,500万人の人々（イギリスの人口）に808億ポンドを平等に割ると，1人当たり約1,469ポンド，すなわち週に約28ポンドとなる．この額はさほど多くない．しかし，算入することのできる追加支出が他にもある．

- 1995/96年の，社会保障制度の管理に要した36億ポンド．
- 1995/96年の，奨学金総額22億ポンド[5]．
- 1995/96年の，所得税の控除による歳入の減少分355億ポンド．

---

[4] この節は，単に一般的な課税からBI〔に必要な費用〕を支出する可能性について論じたものである．BIが環境税から支出可能であるか，あるいは支出されるべきかどうかという問題については，第9章で論ずる．

[5] BIが導入された社会では，BIが奨学金を代替することが望まれる．

- 1994/95年の，職域年金と個人年金に対する租税支出と社会保険料割引による歳入の減少分201億ポンド.
- 1995/96年の，住宅に対する租税支出による歳入の減少分96億ポンド[6].

これらの数字を合計すると，1,518億ポンドになる．ここから，1人当たり年間2,760ポンド，週約53ポンド（もし子どもと大人のBIの給付水準が同額ならば，4人家族で212ポンド）のBIを支給することができる．また，物価上昇を調整すると，1998/99年価格で週58ポンドとなる．これはかなりの額のBIとなりうる．しかし，少し立ち止まって次の2つの点について考えるべきであろう．

第1に，現在の政治的雰囲気は，不安，そしてヒステリーとさえいうことができる．21世紀に入るときには，給付にかかる費用は最高で1,000億ポンドに達するとみられている．政府の公式目標は，その支出を削減することであり，もしこれが達成されるのなら，週に53ポンドのBIは継続不可能であろう．

第2に，均一額（フラットレート）の給付は所得保障の方法としては効率的ではない．住宅費の相違や，特定集団，例えば障害者の特別の必要を考慮に入れるべきである．もしそうならば，支出可能なBIの水準を，たぶん1995/96年の価格で週に40-45ポンドにまで減額し，残りは条件付きの給付として分配することになる．1998/99年の価格で，BIは45-50ポンドとなる．

週に45-50ポンドの所得は，部分BIに相当する．すなわち，それだけで生活するには十分ではないのである．それでは様々な形態の増税を考えた方がよいのだろうか．ハーマイオニー・パーカーは，BIをめぐる独創的な研究のなかで，平均所得の3分の1に相当する完全BIを維持するためには，その他の全所得に対して68％から86％の課税が必要となると試算した（Parker, 1989：127-37）．これは現時点ではほとんど実現可能性がないし，このような平均勤労所得の3分の1に相当するBIでさえ，やはり住居費の相違といった問題を抱えることになる．第1章で示したように，アイルランドでは，週に70アイルランドポンドのBIを運営するためには，48％の税率が必要になる，とCORI

---

[6] 住宅ローンの利子相当分を所得から控除することによる歳入の減少は，この額より少ない（1995/96年に28億ポンド）．しかし，ジョン・ヒルズは，持家居住者のキャピタル・ゲインや帰属家賃が課税されていないことを見る方が正確だと主張しており，ここから96億ポンドという数字が得られる（Hills, 1998：143-4）．

が試算した (Clark and Healy, 1997). イギリスでこれと同様の増税をして，追加の歳入が BI だけに使われるとすると，全員に対して BI の水準を 1 人当たり週に 7 から 11 ポンド引き上げることができる．言い換えると，1998/99 年の価格で 52-61 ポンドの部分 BI を導入することができる．

要するに，現実的かつ有意味な BI について語るとき，1998/99 年の価格では，週に 45 ポンドから 61 ポンドの部分 BI ということになり，これは平均勤労所得のおよそ 11％から 15％に当たる．この数字を見ると，BI は非常に慎ましやかなものに思われるが，これらの数字は BI について可能なストーリーのすべてを語っているわけではない．この点については次の章で見ていくことにしたい．

3.4 ベーシック・インカム小史[7]

BI はけっして最近の思想ではない．事実，その起源は 18 世紀の後半までさかのぼる．BI が議論された歴史は，4 つの時期に区分することができる．以下，手短にこの歴史の概略を述べたい．

3.4.1 1770 年代から第 1 次世界大戦まで

BI と類似したものが，記録の上で最も早い時期に言及されたものとして，トマス・ペインの研究をあげることができる．ペインは，『人間の権利』(Paine, 1969) のなかで，1 世紀半後に福祉国家と呼ばれるようになるものの萌芽を提唱したが，この本が完成してから 4 年後の 1796 年，『農民の正義』という小論を公刊する (Foot and Kramnick, 1987：471-89)．ペインによれば，世界は人類の共有財産であり，したがって私有財産制はこの共同財産を収奪してしまうことを意味している．ペインは私有財産制の打倒は主張しなかったが，この収奪に対する補償として，有産者は無産者に対して援助する義務を負うと主張した．彼は国家基金 (National Fund) の創設を説いたのであるが，それは，21 歳に達したすべての男女には 15 ポンドがこの基金から支払われ，50 歳以上

---

[7] 理解しやすくするために，ここでは最低所得保証構想 (GMIS) の原理ではなくて BI について議論する．GMIS について言及したもののうち，最も初期のものはファン・ルイス・ヴィヴェスの 1526 年の著作にさかのぼる (Basic Income European Network, 1997).

の者には10ポンドの年金を支払われるというものだった（Keane, 1995：426-7）．要するに，無条件の一括払い手当金と市民年金を組み合わせたものを提唱したのである．この点で，ペインはBIと呼ばれるものと似たものを提案した最初の人物と考えることができる．

ペインの提案は，トマス・スペンスが1770年代はじめに系統だって述べたものときわめてよく似ている．スペンスは，教区の住民は，ひとつの団体を構成しているので，地代収入の分け前を平等に受け取るべきだと考えていた（Chase, 1988：30）．言い換えると，地主が共同体に地代を払い，それが平等な配当として分配されるのである．しかし，ペインが土地を私的に所有することの償いのために地代を支払えばよいと考えていたのに対して，スペンスの方は土地を民主的に統制・所有することを主張した．スペンスは1797年に刊行された『幼児の権利』の中で，ペインの思想はまさに不正義の根源を生み出している地主の既存の利益を強化するものだとの批判を行った．

1795年から1834年のいわゆるスピーナムランド制はBIの先駆といわれることが多い．この時期に，イギリスの多くの地域で，賃金への補助金に加え，様々な児童・家族手当を導入する試みがなされた．これは低賃金労働者の収入を引き上げるためのものであった（Polanyi, 1944：77-85）．この手当制度はBIに類似している．補助金と家族手当という2種類の給付によって，賃金が個人の全所得に占める割合が小さくなったからである．当時，スピーナムランド制は，労働者の賃金下落を助長するとの批判を受けた．しかし，それに先立つエリザベス救貧法や，その後に生まれたヴィクトリア救貧法とは対照的に，スピーナムランド制の諸手当は，すべてのものに生存可能な水準の所得を与える，人道的で慈悲深い試みを体現していたといえる（Fraser, 1984：36-7）．

エレイジャーズとヴァン・トリアーによれば，J．S．ミルは，『経済学原理』のなかで，最初にBIを提唱したのはシャルル・フーリエとその影響を受けた社会主義学派である，と誤解している（Erreygers and Trier, 1996）．しかし，実際にBI構想を唱えた社会主義者は，エドワード・ベラミーである（Belllamy, 1982）．ベラミーは1888年に，未来のユートピアに関する本を出版し，イギリスとアメリカの両方で非常に人気を呼んだ．ベラミーは，1世紀後にはありふれたものになっている新しいものを予測しようとした——例えばショッピングモールやクレジットカードがそうだった．そしてベラミーは，彼の社会主義的な理想について語るなかで，全員に対して，毎年，所得を各自の口座に自動的

に振り込むようなシステムについて記した．

3.4.2 戦間期

　この時期については，ウォルター・ヴァン・トリアーが非常に詳しく分析している（Van Trier, 1995）．

　1918 年から 1920 年の間に，デニス・ミルナーは国家特別手当構想（State Bonus Scheme）と呼ばれる提案を刊行した（Van Trier, 1995：31-127）．基本的に，この構想は，各個人が生活するのに十分な手当を中央基金から受け取ることを提唱している．このアイデアは国家特別手当連盟の形成を促し，1921 年の労働党大会ではこの提案が議論された．しかしミルナーの計画はイギリスの社会政策史から消えていった．もっとも，G．D．H．コールには一定の影響を与え，おそらくコールを通じてベヴァリッジにも影響を与えたものと思われる（Van Trier, 1995：141-2）．

　C．H．ダグラス（Douglas, 1974）が 1920 年代と 30 年代に唱えた社会クレジットの提言は，さらによく知られている（Van Trier, 1995：145-342）．ダグラスは月に 5 ポンドの配当を支払うことを提唱した．これは当時の平均勤労所得の約 3 分の 1 であり，需要を保ち，消費支出を増加させることを目的としていた．ケインズは『雇用・利子および貨幣の一般理論』の中でダグラスについて簡潔ながら称賛している（Keynes, 1954：32）．しかし，ミルナーと同様に，ダグラスも次第に忘れられていった．しかし，第 1 章で書いたように社会クレジット党はカナダの選挙で躍進し，1970 年代までは一定の影響力を保っていた[8]．

　ジェームズ・ミードは生涯にわたって BI に関心を示したが，これも 1930 年代にまでさかのぼることができる（Van Trier, 1995：349-58）．ミードの議論は第 7 章で取り上げるが，ここで次のことだけでも触れておく価値がある．彼は 50 年以上にわたって BI の導入を提唱してきたが，それは自らが創設を支援してきたケインズ-ベヴァリッジ主義福祉国家を〔BI によって〕代替しようとしたためではない．重要であるにもかかわらずそこから失われつつある要素を補完しようとしたのである[9]．

8　ヴァン・トリアーは，ダグラスがバートランド・ラッセルに間接的な影響を与えたことも認めている（Van Trier, 1995：341-2）．
9　ミードは，1944 年に刊行された挙国一致内閣の『雇用政策白書』の第 1 稿を執筆した．ベヴァリジシステムへの彼の批判は，それが保険原理に執着していることに関するものであった．長い目で

3.4.3 ケインズ・ベヴァリッジ時代

1943年、ジュリエット・リズ・ウィリアムズはベヴァリッジ報告に代わるものとして、「新しい社会契約」を提唱した (Williams, 1943). 彼女によれば、ベヴァリッジ報告は女性や子どもにとっては十分な貧困からの防壁とは言えなかった. 彼女が提唱した週払いの給付は、ワークテストを伴う条件付きのものであった. しかし、税と給付の統合を支持していた点において、彼女はBIの歴史の中で重要な役割を果たしたといえる. 彼女の影響は、息子のブランドン・リズ・ウィリアムズ下院議員 (Williams, 1967；1989) や、ハーマイオニー・パーカー (Parker, 1989) だけでなく、ミルトン・フリードマン (Friedman, 1962) にも及んだ. フリードマンは、戦争中に彼女の提案を知るようになり、後に彼女の影響を一部受けながら、負の所得税 (NIT) に関する提案をまとめた (第5章をみよ).

その後、BIは戦後期を通じてずっと傍流の位置に追いやられていた. 例えば、労働党は1964年の選挙の前に、年金受給者や寡婦を対象とした「無条件所得保証」(unconditional income guarantee) の導入を提案した. これは後にすべての申請者と低賃金労働者にまで対象が拡大される可能性があった (Titmuss, 1995：226-7). この構想は政府内部に浸透したものの、労働党は国家扶助の改革の方に専念することとなった.

1970年から74年にかけての保守党政府によるタックス・クレジット (税額控除) 制度もまた、BIに類似していた. しかし、それもまた脇道に追いやられることとなった. その後、1978年に労働党政府のもとで児童給付が導入された. 児童給付は現在のシステムのその側面においては、BIと最も類似したものである. 自由党は1970年代末から何らかの形で税/給付を統合したものに対して好意的であるように見える. そしてその後身である自由民主党は1992年の綱領でBIの推進を掲げた. 緑の党 (The Green Party) も長期にわたってBIを提唱し続けている.

みると保険料は基金の財源として維持できない、とケインズを説得したらしい (Glennerster, 1995：30-31).

3.4.4 現在

　1980年代までに，ケインズ-ベヴァリッジ主義福祉国家は政治的な脅威に見舞われた．30年以上にわたって保たれてきた広範な合意は失われた．サッチャー革命が起きれば，戦後の経済政策が廃止されたのと同じように，戦後の社会政策も廃止されるだろう．しかし革命はクーデターというよりは漸進的なものであることがやがて明らかとなった．このためケインズ-ベヴァリッジモデルの衰退は，これと根本的に区別されるような代替物がないままに，社会政策に関してはイデオロギー的な真空を生んだ．福祉集合主義と福祉多元主義が，どちらも決定的なパンチをきかすことができないまま，互いに旋回を続けている（Fitzpatrick, 1998bを参照）．

　このような真空が生まれたことによって，福祉の未来について予測する動きが非常に活発になった．そしてBIはその前線に立った思想のうちの1つである（BIについての議論を活発にするために，1985年にベーシック・インカム研究集団が設立され，1992年には市民所得研究センターに改称された．同様に，1986年にはベーシック・インカム・ヨーロッパ・ネットワークが設立され，ヨーロッパ全体で会議が年2回ほど開催されている）．事実，政治論議のメインストリームには比較的小さな影響しか与えていないが，今や社会保障に関する学術的な分析のほとんどが，BIについて少なくとも何らかの形で言及している．

　これは既存のシステムの失敗が認識されているからだけではなく，あらゆる政治的立場にまたがる理論家や評論家たちがBIにとりつかれたからでもある．右派のなかには，BIを，効率的で柔軟な労働市場——社会的に持続可能なものでもある——を作り出すための手段だと考えている者もいる（Brittan, 1995）．広範にわたる政治的中道派のなかには，慈しみ深く包括的な福祉国家を再び活性化させる手段だと考えている者もいる（Parker, 1989）．これに対して左派のなかには，ある種の福祉社会主義への踏み石であると考えている者もいる（Jordan, 1985）．BIはまた，フェミニストや環境保護の理論家たちからも非常に強い関心を持たれている（第8章と第9章をみよ）．

　第1章の要点を繰り返すならば，BIへの支持は必ずしも深くはないものの，確実に広がりを持っている．すなわち，支持者の数は少ないが，イデオロギー的な幅の広さが，これを埋め合わせているのである．社会政策の研究者がBIの擁護論にすべて納得しているわけではないが，そこに聞くに値するところが

まったくないと信じる者も少ない．要するに，BIは給付システムの改革案に関係するだけではなく，福祉国家の未来についてのイデオロギー的な議論にも関係する．BIを議論するにあたっては，BIそれ自体だけでなく，社会福祉に関連する多くの問題にも光を当てることになる．

3.5 なぜいまなのか？

BIの考えられる長所と短所について検討する前に，越えなければならない最後のハードルがある．BIの導入をめざす計画が2世紀前にさかのぼるのならば，なぜBIはこれまで，それほど大きな影響力を持ってこなかったのだろうか．ジェームズ・ミードのような，影響力があるとともに称賛を受けてきた提唱者がいたのに，なぜBIは傍流に追いやられてきたのだろうか．過去に傍流に置かれ続けてきたのならば，今BIを真剣に検討する理由があるのだろうか．

これらの問いに答えるにあたっては，現代の社会政策から視線を転じて，歴史的なアプローチを取ることもできる．このアプローチを取ることで，なぜBIが政治上の，あるいは一般大衆の意識にのぼらなかったのかということを理解できる．あるいは社会学的なアプローチを取ることもできる．これによって，無条件という原理が広く受け入れられなかった理由について理解することができる．しかし，BIが議論の傍流に置かれた理由は，「中範囲の効果」と呼びうるもののためである，と私は考えている．

あなたが望ましい社会的目標のリストを作ったと想像してほしい．このリストには，「低賃金労働者の賃金を引き上げる」とか「失業を減らす」とか「失業者の所得を増やす」といった目標が含まれている．さて，あなたはページの冒頭にこれらの目標をすべて書いたとしよう．そしてそのそれぞれの下に，目標を達成するために取ることが可能な社会政策や経済政策についての追加リストを作ろう．例えば，低賃金労働者の賃金を引き上げるための最善の方法は法定最低賃金の引き上げを決定するというような具合である．また，失業を減らすための最善の方法としては，雇用補助金の導入があげられる．さらに，失業者の所得を増やすための最善の方法として，単純に給付水準を引き上げることが考えられる．

あなたの作った様々な政策のリストがどれほど正確であったとしても，BI

は，ほとんどのリストのなかで，最高点，あるいは最高点近くを取ることはできないだろう．すなわち，BI はせいぜいそれぞれのリストのなかで中範囲の射程しかもたない[10]．したがって個々の政策目標を別々に追求するならば，BI は他の政策に敗れる．しかし私たちが望ましい目標のすべてを見渡すならば，他の政策に比べて BI がかなりの高得点を獲得することが分かる．この場合，BI 以外の政策の効果は，最初に考えられていたものよりも限定されたものとなる．BI の各目標に対する直接の効果は限られている，すべての社会的目標を考慮に入れて考えるならば，その累積効果は大きい（図3.2をみよ）．

要するに，「中範囲の効果」とは，それぞれの望ましい社会的目標を単独で

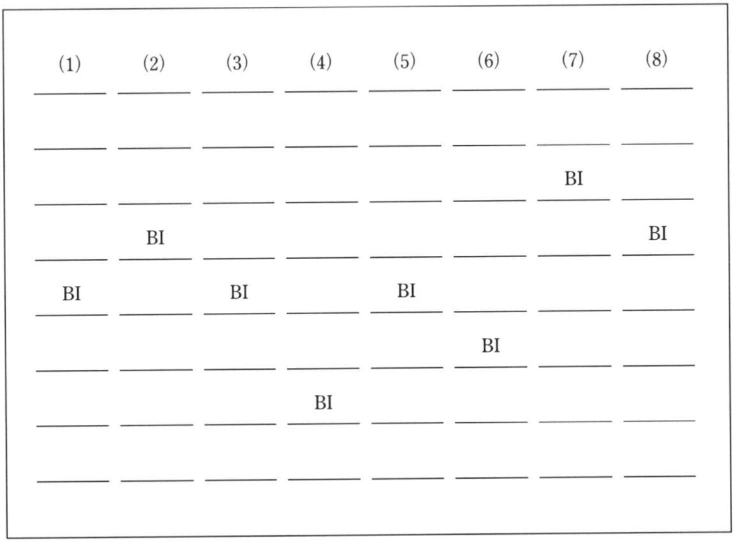

もし私たちが望ましい社会的な目標と，それを達成するために可能な政策手段についてのリストを8つ作るとしよう．各リストを縦に見下ろしていくと，いずれの場合もBIの点が悪いことが分かる．しかしすべてのリストを横に見ていくと，BIは中程度のところにあり，全体的に高得点となって魅力が高くなる．

図3.2　中範囲の効果

10　その例外のなかで重要なものとして「貧困の罠を減らす／除去する」という目的があげられる．これは BI が高得点をつけそうな領域である（第4章をみよ）．

見たときの効果は大きくないが，すべての範囲の目標を考慮した場合には，その効果が大きくなるということを指している．このことは，BIアプローチが他の政策手段，たとえば最低賃金制に取って代わるべきだ，ということを意味するわけではない．しかしながら，BIがこれまで以上に重視されてもよい，ということは示している．

このようにBIが無視されてきたのは，政治家や政策決定者が社会的目標を単独で吟味する傾向があったためである．この点に関していうと，政策過程とはたいていの場合，政策xが目標yに対してもたらす効果を維持することに関係するものであった．もちろんこのとき政策xが目標zに対してもたらす否定的効果の是正は試みられるが．

近年の社会福祉に関する議論の中でBIが重視されているのは，一部に消極的な理由もある．21世紀の福祉国家を近代化する上で重要な福祉改革は，1つや2つの望ましい目標に限定された改革ではなく，すべての範囲にわたる改革である．言い換えると，BIが重要な可能性を秘めているのは，過去における政策決定の多くが無駄であったことを暴露するからである．しかしBIが重要であるということについては，積極的な側面もある．例えば，BIは市民権の原理を社会保障システムに導入する最初のものとなるだろう．もちろん，ベヴァリッジやT.H.マーシャルは，戦後の福祉国家における受給資格（エンタイトルメント）が，最も基本的なレベルにおいて，市民権に基づくものであると主張した（Marshall and Bottomore, 1992）．問題は，彼らが実際に語ったのが男性の市民としての労働者であって，しかもこのような限られた内容の市民権でさえ，現金給付に対しては，不完全な形でしか適用されなかった．実際，保険と扶助の給付は，それぞれ貢献と必要の原理によって組織された．貢献原理の問題は，様々な前提が置かれるため，一定の基準に適合しない人びとを差別することになるということである．このため保険給付には女性を差別する効果があった．女性の雇用は断続的で低賃金であることが多かったからである（Millar, 1996：60）．必要原理もまた排除を伴いがちである．困窮者を判別し，そこに絞って資源を投入するという過程は，容易に，統制と監視のシステムへ転化する（ターゲッティング）（Fraser, 1997：50）．

したがって，社会的公正について真剣であろうとするならば，今後は，市民権の原理が受給資格（エンタイトルメント）にとって大きな役割を果たすことになるだろう．市民権の原理は，それ自体として，BIが正当な制度だと証明するものではない（それは

本節の目指すところではない).しかし,すべての批評者が認めるように,市民権についてのいかなる議論もBIを無視することはできないのである(Commission on Social Justice, 1994：263-5). BIの時代が到来したといわれるのは,このような理由があるからである.

3.6 結論

BIとは,各市民に対して無条件で定期的に支払われる,保証された所得のことである.この場合,無条件とは,雇用上の地位,雇用の記録,勤労の意思,婚姻上の地位とは関係ないということである.現実的かつ有意味なBIとしては,1人当たり週45-61ポンドを支給する部分BIを想定することができる.BIや無条件の給付金といった思想には長い歴史があり,多くの歴史上の重要人物に影響を与えてきた.それにもかかわらず,BIは社会的,経済的論争の主流からは外れたところにとどまっていた.それは主に中範囲の効果と言われるもののためである.しかしながら状況は変わりつつあり,市民権の原理が本領を発揮しつつある兆候が現れている.したがって,いまのところBIの提案が政治的な論争の中心になっていないとしても,BIの論理を無視することはできない.

以上の点についてはすでに述べてきたので,次に,BIの賛成論と反対論を詳細に検討することにしよう.

第4章 弁護人対検察官

4.1 はじめに

　本書の読者は次の3つのタイプに分けることができる．それはBIを支持する者，批判する者，どちらともつかない者である[1]．おそらく，本章はどの立場の者が読んでも，BIという考えの長所と短所の主なものについて適切に要約していると感じられると思う．先に進む前に，ここで私自身の立場を繰り返しておこう．私は社会主義，フェミニズム，環境保護主義の価値に合致する限り，BIを支持する．したがって，「条件付きの支持者」の立場を取っていることになる．同じBIという名がついていても，私にはまったく我慢できないものもある．しかし他方で，今述べたような価値に基づいて新しい福祉制度が導入されるさいには，BIがその過程で欠かせないものであると確信している[2]．
　以上を踏まえたうえで，本章ではBIに関するさまざまな形の賛成論と反対論をできるだけ客観的に検討したい．どのような形であれ，検討するときに偏見が入ると，何気なくBIに反対している批判者たちに対して悪影響を及ぼすだろう．本章は，BIに関する賛成論と反対論のすべてを網羅したものではない（本書の第II部では本章で扱わなかった論点についても扱う）．また，本章は文献を包括的に検討したものだともいえない．しかし，読者が自らの見解を定められるように，議論の中心となる要素については触れている．4.5節から4.7節ではおもにBIへの反対論を取り扱う．BI構想で最も特徴的なことは，給付に当

---

[1] どちらともつかない者はさらに，BIに関する知識を持っている者（この中には，おおむね支持するものの，いくつかの点を批判する者もいるだろう）と持っていない者とに分けられる．
[2] これには留保が必要である．私は実践的な提案に対しては支持も批判もしない．しかし，思想としてのBI（これはおろそかにされるべきでない）については熱心な支持者である．

第4章 弁護人対検察官

たって条件を課さないことだが，これが最も議論を呼ぶところでもあるので，この点については十分に議論したい．本章の前半の4.2節から4.4節では，BIへの賛成論のうち，主なものを取り上げる．

4.2 働き者(クレージー)にならない自由

BIへの賛成論のうち主なものとして，BIは個人の自由の範囲を広げる，というものがある[3]．BIの支持者は，自由民主主義は形式的自由を尊重するが，それが実質的自由を実現するには至っていないという主張が正しいと考えている．例えば，フィリップ・ヴァン・パライスは，「真の自由」という概念について論じている（Van Parijs, 1995：15-29. Barry 1996bを参照）．これは，人がやりたいことをするためには権利だけでなく手段を持っていなければならないということを意味している．ヴァン・パライスは，働き者(クレージー)と怠け者(レージー)の寓話を用いて，真の自由が何を意味するかを探究している．これを用いて自由を単純な形で説明すると，次のようになる．

働き者(クレージー)はお金を重視する．事実，働き者(クレージー)は，高い品物を買うのに十分なお金を稼ぐため，できるだけ長く，熱心に働く．このため働き者(クレージー)は余暇や労働以外のために使う自由時間が少なくなってしまう．しかし働き者(クレージー)は，このことを自分が選択した生活スタイルの結果として受け入れるのである．

怠け者(レージー)は時間を重視する．彼ら彼女らが満喫する時間とは，どう過ごすかをできるだけ前もって決められてない時間のことである．怠け者(レージー)はテレビを見て1日を過ごすこともあるし，読書をして1日を過ごすこともある．またボランタリー・ワークをして1日を過ごすこともあるし，道路建設に抵抗するために体を木に縛り付けて1日を過ごすこともある．怠け者は何よりも自由時間を重視するので，財産やお金はほとんど持っていない．しかし怠け者(レージー)は，このことを自分が選択した生活スタイルの当然の帰結であるとして，受け入れるのである．

働き者(クレージー)と怠け者(レージー)が生活スタイルの両極端だとして，どちらの選択をするかについて社会が中立的であると仮定するならば，図4.1のようになるだろう（第3の人物として，ここではどっちつかず（Hazy）を加えた．大部分の者がこれに当てはまる

---

3 以下では，フリーダムとリバティとを同じ意味で扱っている．

第Ⅰ部　周辺視

と思われるからである）．ヴァン・パライスによると，真の自由を尊重する社会では，個人が働き者と怠け者のカーブのどこにいるかを決める自由が尊重される．しかし，現在の福祉資本主義の社会は，収入を伴う仕事にこだわっており，このような選択の自由は認められていない．現在の社会では，このカーブは図4.2のように，働き者の生活スタイルの方に偏っている．

このため BI が制度改革として支持される．BI は，無条件に給付されるため，仕事に就くか，仕事に就かないかといった選択に関しては中立的である．これは社会が図4.1に近づき始めることを意味する．また，善い生活という概念に関しては，さまざまな考え方が競合するが，そのうちどれを選択するかに関しても中立的である[4]．個人は選択肢の幅を広げることができ，生き方をそれぞ

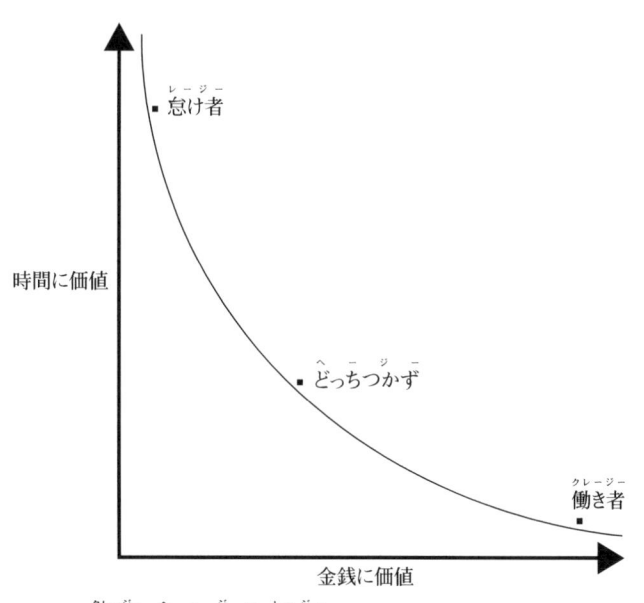

図4.1　働き者，どっちつかず，怠け者

---

[4] 図4.2は現在の社会を表現するうえで限界があることに私も気づいている．例えば，労働市場の外部にいる者は，ほとんど金を持っていないことが多く，したがって有意義な自由時間がほとんどないのである．

第4章　弁護人対検察官

時間に価値

■ それほど怠け者ではない

■ どっちつかず-働き者

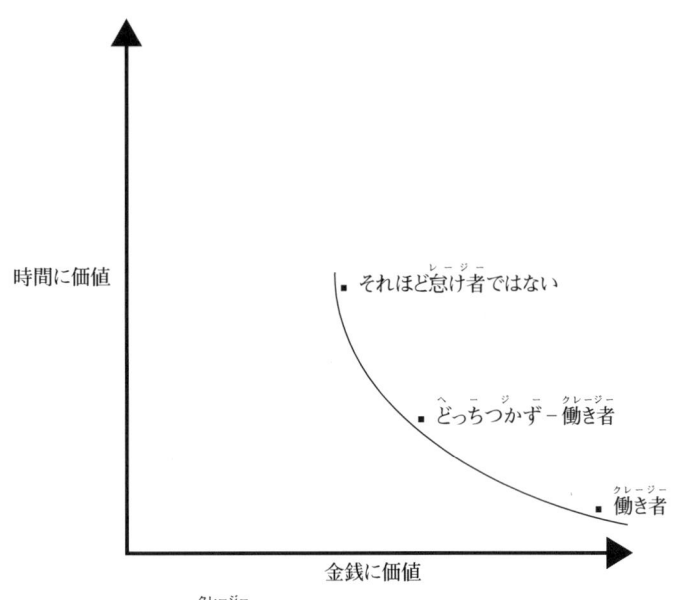

■ 働き者

金銭に価値

図4.2　なぜ私たちは働き者にならざるをえないのか

れの好みに応じて選択することになるだろう．この時，働き者は怠け者の生活スタイルについて理屈にかなった形で不満を述べることができない．なぜなら働き者も自分の生活スタイルを自由に選択することができたからである（働き者も怠け者になろうと思えばなれた）．

　しかし，BIのこのような中立性に関しては，次にあげるいくつかの理由から批判することができる．自由主義者は，図4.2の状態は怠け者を差別しているかもしれないが，図4.1の状態は働き者を差別することになると反対するだろう．働き者にも怠け者にも平等に受給権があるとして，なぜ働き者は自分が稼いだものから，怠け者のBIの費用を出さなければならないのだろうか（Arneson, 1992：507-8；Van Parijs, 1995：93-4）．中立が望ましいとしても，どうしてBIでなければならないのか．

　コミュニタリアンは，そもそも中立であること，ここでの文脈のなかで言えば怠け者の生活スタイルを，福祉資本主義の諸社会が尊重しなければならない義務はない，と反対するだろう（Gray, 1997：44-5を参照）．というのは，これら

の社会は，ひとびとは働かなければならないとの考えに基づいているからである．そして，その働き方はこれまでの歴史のなかで社会的に決められているのである．たしかに，ここでいう仕事が収入を伴うものである必要はないが，それは社会へ参加する義務を反映したものでなければならない．私たちの社会では，完全なメンバーシップを獲得するためには，この義務を果たさなければならないと考えられているのである．一生を通じて毎朝起きた時に何するかを考える自由があるというのは，行き過ぎた自由である．そのような自由はコミュニティの利益と希望に反する．

　自由主義者からの反対に対しては，BI は働き者(クレージー)を搾取するわけではない，と答えることができる．なぜなら，現在の労働だけが現在の社会的財産を生み出したわけではないからである．言い換えると，働き者(クレージー)が怠け者(レージー)の分の BI を拠出するとは限らない．この点については 4.5 節で検討しよう．また，BI 以外の制度に比べれば，BI の方が「中立的である」と答えることもできる．資本主義経済の下では，大部分の人間が自らの労働力を売るか，売るための準備を強いられるため，私たちは働き者(クレージー)であることを事実上強制されている．したがって，労働市場でどのような活動をするかを問わずに最低所得を保証すれば，この強制から解放されるのである．これによって単なる形式的自由ではなくて，実質的な自由を保証することができる．BI は単にある種の（資本主義的な）搾取を別の形態の搾取に置き換えるだけである，という BI に対する反対論があるかもしれない．しかし，この点もまた現在の労働をどう評価するかによって変わってくる．この点については 4.5 節で検討する．

　コミュニタリアンに対する回答としては，次のようなものが考えられる．現に存在するコミュニティの習慣や信念に基づいて怠け者(レージー)に反対するのであれば，同様にホモフォビアや死刑もたやすく正当化されてしまうだろう．コミュニティとは「私たちを超えたところにある」ものではないし，単なる個人の行為の集計でもない．コミュニティとは，自立した平等な個人や集団による反省的で自覚的な相互行為を媒介(メディア)する場である．したがって多数派の専横を確実に回避するため，中立性の原理が要請される．善い生活に関するある観念を持つ者が，例えば人種差別主義者(レイシスト)のように，別の観念を持つ者を迫害することはありうるが，だからといって，すべての観念がそのようなものであるわけではない．怠け者(レージー)が他の者に危害を加えることはありえないのだから，怠け者(レージー)，どっちつかず(ヘージー)，働き者(クレージー)からなる多元的なコミュニティでは，働き者(クレージー)を重視する

コミュニティとは違って，はるかに自由と共同性の両方が尊重されることになるのである．

4.3 公正と効率の回復

BIを導入することによって，次の3つの点で社会的公正を増進することができると思われる．

第1に，BIを導入することで，人びとのプライバシーが尊重される．現在のシステムは困窮者を救済しようとするが，真に救済が必要で，かつ救済にふさわしい者に資源を保証しようとして，申請者と受給者の生活に介入し，行動を監視し，規制している．1980年代以降，不正受給を疑い，報告することが一般大衆にも奨励されている．これに対して，ある者が結婚しているか単身者であるか，同棲しているか独り暮らしであるか，同性愛者か異性愛者か，身なりがきちんとしているか否かといったことをBIは一切関知しない[5]．

第2に，BIを導入することで，現在，違反とされていることがらの多くが合法化される．現在のところ，給付と収入を結びつけるのはきわめて困難である．求職中のひとが失業給付を受けるためには，たいていの場合，有給の仕事をしていないことが条件となる．しかし，もし稼いで収入を申告し始めると，かけた努力に見合わないほど給付が減額される（第2章をみよ）．要するに，(a) いっさい働かない，(b) 報酬がほとんど得られないのを承知で働く，(c) 収入を申告しないで不正受給する，のいずれかの選択を強いられるのである．したがって，もし隣の家の人に20ポンドで壁を修理するように頼まれたら，(a) 断る，(b) 給付が打ち切られて，20ポンドの大部分を失う，(c) 金額を申告せず，法に違反する，ということになる．BIのもとでは，20ポンドは課税されるかもしれないし，されないかもしれない．しかし，BIが打ち切られることはないので，勤労に罰が与えられることはない．

第3に，BIは，全員が最低限の所得を獲得する権利をもつ，という市民権の考え方に内実を与えるものである（Twine, 1994：163-9）．給付システムは，21世紀に入る時も，依然として第2章で論じた福祉の社会的分裂を特徴としてい

---

[5] 1996年から，給付担当の官吏は，申請者が求職する義務をまじめに果たしているのを確かめるために，事務所に出頭してきたことと行動全般について記録するよう義務づけられた．

るだろう（Titmuss, 1958 : 34-55）．所得控除や税額控除からなる財政福祉は，苦しい労働の対価と考えられている．その一方で給付は社会支出を浪費するものだと考えられている．給付は財政福祉よりも削減されやすいので，財政福祉は勤労者と非勤労者の間に実際に存在している社会的距離を拡げるだけでなく，納税者と受給者の間の象徴的な距離までも拡げるのである．「あんたの給付のために私は税金を払ってるのよ」と．BI は市民権の倫理に沿うような形で，さまざまな影響を及ぼすであろう．とくにそれが目指すのは次の 3 つである．第 1 に給付と税の減免や控除を統合して，福祉の社会的分裂を打ち破る．第 2 に，すでに多くのひとが何らかの形で基本的な所得を受け取っているという事実を合理化する．第 3 に，ひとによって国家から受け取る所得の額が異なると人びとのあいだの社会的距離は広がるが，BI は全員に同額の所得を与えるので，そのようなことがない．

　以上で述べたことに対しては当然異論がありうる．もしかしたら，極貧層に資源を投入するためには，個人のプライバシーを犠牲にする必要があるかもしれない．もしかしたら，例えば週に 50 ポンドの給付を無条件で与えるよりも，週に 100 ポンドの給付を条件付きで与える方がいいのかもしれない．給付は，最も必要とするひとに，そして/または，最も受給するにふさわしいひとに与えられるべきである．このことは，これらのどちらも満たさない者を排除するということを意味する．本当に悪意がなく，遵法精神を持ち合わせているひとのプライバシーを侵害するのは好ましくない．しかしこれは必要悪である．たしかに，不正受給を探し出すシステムには，より苦痛を伴わないものも存在しうるだろう．しかしそのシステムを完全になくすことはできない（BI システムのもとでも，収入を申告せず，課税を逃れようとする者を探し出す手段が，何らかの形で必要となる）．そして資源を極貧層に振り分けるためには，税の減免のような他の所得移転とは行政上も概念上も区別される給付が用いられなければならない．困窮者と非困窮者とのあいだに実際に存在する社会的距離を減じるためには，象徴的な距離をある程度維持する必要があるかもしれない．

　社会的公正に関する以上の議論とは別に，BI は次の 3 つの点で効率的であると考えることができる．

　第 1 に，BI を導入することによって行政コストをかなり削減できる．第 2 章で見たように，1995/96 年において，社会保障制度の管理費は 35 億ポンドであった．ここまで費用が高くなるのは，官僚が，法で規定された条件に従っ

て給付を実施する必要があるためである．しかし，もし BI がすべての者に自動的に支給されるのであれば，条件付きの給付と併存する部分 BI システムであっても，年におよそ 10 億ポンドで運営できるだろう．

第 2 に，BI を導入することにより労働市場が柔軟化し雇用率が上昇する（Vobruba, 1991；Sherman and Judkins, 1995；Pioch, 1996）．柔軟性（フレクシビリティ）という語は，1990 年代に入ってから耳にする常套句の 1 つだが，これは賃下げや一番の弱者の労働権を制限するためによく用いられている．BI は，労働市場を柔軟でありながら人にやさしい形に再構築することができる．例えば，現時点では技能や資格を更新するための「機会費用」は，労働の対価を失うなどの形で自己負担となっている．BI は，収入を伴う仕事をしているひとと，訓練あるいは教育を受けているひととを区別しないから，訓練や教育にともなう機会費用——こんにちの技能志向のグローバル経済のなかで最も重要な特徴——を減らすことができる．

同様に，BI によって生活費が得られるならば，賃金の影響力は低下する．賃金によって見苦しくないだけの収入を確保しなければならないとすると，使用者に余分な負担を強いることになり，その結果，使用者は雇用水準を引き下げてしまうだろう．BI は賃金と給付を結びつけて考えることができるので，BI が導入されると，使用者は賃金コストを引き下げることが可能となり，その結果多くの労働者を新たに雇い入れることができる．ただし，この点に関しては注意が必要である．BI は最低賃金に反対しアメリカ流の低賃金経済〔職に就いていても貧困の状態にあるひとが多い〕を導入するためのものだと解釈する者がいるからである（Parker, 1991b；Haveman, 1996 を参照）．部分 BI の下では，使用者が賃金を大幅引き下げる口実として BI を利用することを防ぐため，見苦しくない水準に設定された最低賃金制が必要となるだろう．しかし，もし完全 BI を導入することができるようになったら，賃金水準が下落しても悲惨な結果を招くことはない．さらに，もし人びとが労働市場の外で生活費を得ることができるならば，薄給のやりたくもない仕事を強制されることもない．したがって，このような仕事の賃金水準はもっと魅力的な水準まで引き上げられることになるはずだ．

最後に，BI が導入されると，「悪性の回転」（malignant churning）（チャーニング）がなくなるだろう．回転とは，国家が一方で徴収しながら，他方では還付するプロセスである．長年，困窮者は収入の大部分を税金として徴収されてきたため，給付

システムによって課税後の所得を引き上げることでバランスを取る必要があった．しかし給付のかなりの部分が税として徴収されたため，最終所得が大きく引き上げられることはなかった．悪性の回転は，課税と移転の両システムがうまく調整されていないことによって生じた結果である．この2つのシステムを統合することによって，良性の回転——すべての者が同額のBIを受給し，収入から同率の税金を払う——を導入することができる（Parker, 1989：63-4）．

しかし先ほどの議論と同様に，これらの議論に対しても批判はありうる．条件付きの給付は高い行政コストをともなうかもしれないが，その方がBIより優れているならば，そのコストは払えばよいだけのことである．悪性の回転を取り除くために，税と給付の両システムを調整することが望ましいとしても，2つのシステムを完全に統合するのは不当である．さらに言えば，BIを導入しないで収入と給付を結合することも可能である．結局のところこれが，WFTC〔勤労世帯税額控除〕を導入する根拠となっている．

効率の問題については，フェミニストからの反論もありうる（第8章をみよ）．BIには，既婚女性の依存を助長する危険があるというのである（Hewitt, 1996）．現在，既婚女性は職に就いても，国民保険の保険料を大して払う必要がないか，まったく税金を払う必要がない．しかしBIを支給して，所得に課税するようになると，既婚女性は労働市場での活動を減らし，夫にますます依存するだろう．さらに言えば，公爵夫人に事務所の清掃係と同じ額のBIを払うのが効率的か，ということにもなる．

前の節についても言えることだが，読者諸氏はこれまで見てきた議論に沿った形で，BIについての見解を定めることもできよう．私は，個人的には，BIによってプライバシーが保たれ，困窮者が犯罪視されなくなることは非常に良いことだと考えている．もし，貧困を撲滅しなければならないのならば，困窮者と非困窮者との間にある現実の，そして象徴的な社会的距離も克服しなければならない．片方の問題を解決しないでもう片方の問題を解決できるとは思えない．あまり練られずに導入されたBIは，社会的不公正を拡大させる危険を伴うことを考慮する必要があるだろう．しかし，この問題について先験的に判断を下すことはできない．それは，既に述べたように，どのイデオロギーに重きをおくかということと，BIが他の社会改革とどのような関係を取り結ぶかによって変わってくる．

既婚女性が労働市場から退出する可能性がある点については第8章で論じよ

う．公爵夫人に，〔最低生活を保障するための〕最後の木の実であるBIを支給するのか，という反対論が引き合いに出されることがよくある．しかし，これまで公爵と公爵夫人に税額控除として支払われていた額よりも，2人のBIの合計額の方が少なく，しかもBIが職場の清掃係の所得を引き上げるならば，公爵夫人にBIを支払うのは問題ないと思われる．実際，課税と給付を個人単位で考えるならば，フェミニストの立場からもBIを正当化しうるだろう！　現在のところBIに最も近い給付である児童給付は，普遍主義であるにも関わらず（あるいは普遍主義であるゆえに？）極貧の女性にとってかなりの支えとなっているのである（Pascal, 1997：220）．

4.4　罠，誘因，捕捉

ここで取り上げるBIの賛成論は，前節で行った議論に深く関連しているが，それ自体としても議論する価値がある．

第2章で記したように，失業と貧困の罠は，既存の給付システムの帰結として生ずる，と言われることが多い．失業の罠は，賃金の水準が給付の水準と近いために，人びとが給付申請をやめて働こうとは思わない状態である．例えば，週に100ポンドの給付を受けている者は，100ポンドより相当高い賃金の職を見つけ出さなければならず，週100ポンドの職では働くに値しないということになる．貧困の罠は，賃金の低さを資力調査付きの給付によって補う結果として生ずる．このように低賃金を給付によって補うときには，低賃金の職も魅力的になりえるし，失業の罠も部分的には軽減される．しかし問題は，賃金が上昇すると給付が減額されるために，給付の効果が帳消しになってしまうところにある．1ポンド多く稼ぐごとに，給付が0.8ポンドや0.9ポンドも減額されるのである．このことは，低賃金労働者が事実上80％，90％，あるいは100％近くの「減額率」（withdrawal rates），あるいは実効限界税率に直面することを意味する．失業と貧困の罠は，職に就く意欲を妨げるという点で重大なものである．

BIを擁護する根拠は，働けば働くほど収入が増える，というところにある．BIは賃金の最低限（フロア）であって，賃金の補充ではない．BIが導入されれば週100ポンドの仕事であっても就職する価値が出てくる．BIは失業期間に一時的に支給されるものではなく，収入に追加されるからである．失業の罠を克服する

ことによって，貧困の罠を招き寄せることもない．なぜなら，資力調査付きの給付と違って，手元に残る収入が増えるからである（Parker, 1989：329-30；1995）．資力調査付きの給付のもとでは，所得が増えると低賃金労働者が受け取っている給付はかなりの割合で減額されるわけだが，BI システムのもとでは給付が減額されることはなく，増えた所得に対して税が課されるのである[6]．現在の実効限界税率は 80 % 以上だが，BI が導入されると，その水準がどれくらいになるかにもよるが，大体 35 % から 50 % にまで引き下げられるだろう．したがって，BI は，就労のインセンティブを高め，収入増のインセンティブを高めることになる．

さらに言えば，BI の受給資格は市民権に基づいているので，有資格者のほぼ 100 % が実際の給付を受け取ることができる．何十年にもわたって改善が試みられたにもかかわらず，資力調査付きの給付は，受給者にスティグマを与え，しかも複雑で理解しづらい．このため受給資格を持つ者のうち 3 分の 1 が申請に至っていない（Fitzpatrick, 1999）．

以上の点に対しては次のような反論がありうる．なるほど BI は就労や稼得のインセンティブにはプラスの影響を及ぼすことができるかもしれないが，無条件に給付されるためマイナスの影響が出てくるかもしれない．勤労の有無に関係なく所得が保証されると，労働市場から退出する者が出てくるだろう．退出者が相当数生じたら，BI に充てるための歳入が減って，十分な BI を維持することはできない．したがって，一方で，貧困の罠を軽減するために困窮者に対する税率を引き下げる必要があるが，他方では，アメ（就労へのインセンティブ）とムチ（怠惰であることへのディスインセンティブ）を維持するため，必要以上に税率を引き下げるべきでない，ということになる．

たしかにジェームズ・ミード（Mead, 1995：55-6）のような BI の提唱者は，この種の批判を酌んで自らの BI 構想を修正した．この修正は，労働市場から撤退する可能性をなくすとともに，税率が低いために高所得者が「恩恵をこうむる」ことがないようにすることを目的としていた．BI を導入すると，次のような最悪な事態が生じるかもしれないからである．すなわち BI に充てるために高率の課税を行うにも関わらず，それによって支給される BI の額が，他

---

[6] 少額の税金を徴収するのはコストの面から効率的でないので，収入が若干増えたとしても，課税されることはないだろう．

に所得を得られない者にとっては十分でないという状態である．こうした状態が生じると，市民権に基づいた一律の給付ではなくて，相対的に捕捉率が低い資力調査付きの給付を再び導入しなければならなくなってしまう．

BI がインセンティブ（就労意欲）を改善するか悪化させるかという議論を抽象的な形で行うのは困難である．それは個々の BI 計画の詳細によって異なるだろう．また，究極的には，小規模な実験計画を立てて，インセンティブの効果を検証することになる[7]．しかし，金銭的な利得のためだけに人は働くのではない，と指摘することもできよう．週に 50 ポンドの BI を受給する者は，その分だけ労働市場での活動を減らすだろうとする議論は，人がある行動をとる理由を，狭い経済的な知見からとらえているのである．さらに言えば，BI はインセンティブを高める効果と弱める効果の両方を有しているのかもしれない．現在の非自発的失業者のなかには，労働市場からの退出を願う者が明け渡す仕事を手に入れるために，労働市場に参入する者もいるだろう[8]．もし課税ベースが縮小し始めるのであれば，インセンティブ効果とディスインセンティブ効果の両者のバランスを守るために，BI の水準を調整することも可能である．いずれにしてもこの議論は，経験的な調査からの証拠を待たねばならないものである．

4.5　フリーライダーをするサーファー

この論点は BI への反対論のなかでも最も重要なものであり，じっさい最も頻繁に引き合いに出される．無条件ということが BI の明確な特徴である以上，この種の反対論がずっと続くのであれば，構想全体が致命的なダメージを受けることになる．それでも参加所得のような BI の変種を支持することは可能かもしれないが，そうすると BI それ自体の理論的根拠が失われてしまう．その重要性に鑑みて，この反対論については詳しく議論したいと思う．

私が「サーファー」への反対論と呼んでいるものはきわめて重要なものであるが，以下のように簡単に言い換えることが可能である（Barry, 1996a）[9]．BI

---

[7] しかし，そのような実験をしたとしても，必ず結論が出るとはかぎらない（第5章をみよ）.

[8] もちろん，このような撤退の可能性そのものに異議を唱える者もいるだろう．これは，BI が許容する自発的失業が，(a) 現時点での非自発的失業と，(b) 今後実現に向かうであろう非自発的就業のシステムよりも好ましいと考えるか否かにかかっている．

とは「ただでもらえる」所得のことである．健常者であっても社会に対して一切貢献をする必要はない．それどころか，何もしないことを選択した場合でも，BIを受給できるのである．市民権という概念が無意味でないとするならば，そこには権利と義務とのあいだのある種の互酬性が含まれていなければならない．しかし，どのような義務（賃労働，ケアワーク，教育・訓練のうち，どれであるかは問わない）であっても実際に果たす必要がないのであれば，BIはこの互酬性を破っているわけだから，義務を伴わない形で福祉の給付を行いうると言っているに過ぎない．そのようなBIを導入するのであれば，誰かが生産のために払った努力に，別の者がただ乗りするのを助長し，経済的な意味での社会の持続可能性に脅威を与えるだけだろう．BIは，人が社会のなかで生産的かつ有益な行動をしているか否かを判断する基準を撤廃するように見える（Roche, 1992：184；Gray, 1997：44-5）．

サーファーの例を用いたBIへの反対論は直感に強く訴えかける．しかし，これに対しては，さまざまな形で再反論を行うことができる．そのなかで最も説得力があると思われるものは，次の4つである．

- 自然からの授かりもの説
- 雇用レント説
- プラグマティックな議論
- プライスタグ説

4.5.1 自然からの授かりもの説

サーファーへの反対論がとる前提の1つとして，社会的な共同基金に何も投じない者にはそこから一銭たりとも受け取ることを許すべきではない，というものがあげられる．しかしこの前提は，現在の労働（第一義的には賃労働とケア労働のことを意味する）が既存の社会財（social assets）のストックに対して行って

---

9 これはジョン・ロールズがいう「浜辺のサーファー」のことを差している（Rawls, 1988）．ロールズは，何もしないで一日中サーフィンばかりしている者がいると仮定した上で，そのような者にもBIが支払われることを根拠に，BIに反対している．しかし，サーファーも何らかのことを行っているのだという指摘がすぐに返ってくるだろう．彼または彼女はサーフィンを見て楽しむ人に娯楽を提供しているのだ，と．

第4章　弁護人対検察官

いる貢献を過大に見積もっている．

　私たちのグループが無人島に漂着して，これから生きていくためには魚を食べていかなければならないという運命に陥ったとしよう．そして，50 パーセントの入漁税を徴収することに合意したとする．このことは，各個人が日々捕まえる魚の半分を取って，残りの半分を保険としてプール（もちろん駄洒落）の中に入れ，魚を少ししか捕れなかった者に分配するということである．このとき，サーファーへの反対論は，次のようなことを言っていることになる．生産的なことを何もしない選択をした者は，この蓄えに対する請求権がないのであり，したがって基本的魚手当（ベーシック・フィッシュ）は怠けるのを助長しているのである，と．

　しかし私たちの社会は本当にこのようなものに譬えることができるのだろうか．そうではないと思われる理由が2つある．

　第1に，社会財が現在存在している程度にまで増えたのは，社会の成立以前から天然資源が存在したからである．私たちが今享受している富は，すべての者の共同財産である天然資源から得たものである（Cohen, 1985 ; 1986）．だから，たとえサーファーが生産的なことを何一つしていなかったとしても，サーファーは依然としてこの天然資源の共同所有者なのである．このことは，捕まえようと努力しなくとも，毎日一定数の魚が浜辺に打ち上げられている島に住むことができる幸運と似ている．ゆえに，これは，他人が行った漁によって基本魚手当（ベーシック・フィッシュ）が可能になっているのではなく，島のおかげだということになる．このような環境のもとでは，サーファーはフリーライダーとはいえない．天然資源が存在するおかげでその共同所有者として入手できるものを収用する者すべてがフリーライダーである．この議論がペインとスペンスが2世紀前に行ったものと似ているのは明らかである（第3章をみよ）．言い換えると，生産的かつ有益な労働は社会的活動であり，天然資源は社会の成立以前から存在していたものであって社会的な協力の産物ではないから，「何もしていない者」であっても，すべての者が手に入れられるようになった天然資源，すなわち自然からの授かり物の分け前を無条件で受給する資格があるのである．

　しかし，サーファーへの反対論を行う者の中には，天然資源を社会財にするためには労働が必要である，と指摘する者がいる．たとえ魚が浜辺に打ち上げられていたとしても，それを誰かが運んで料理しなければならない．サーファーは働かないという選択をする以上，魚が天然資源であっても，他人が生産に力を貸した分については受給権がないことになる．

この点で，自然の恵みに関する議論は，社会は上述のアナロジーとは異なるという疑問に対して，第2の根拠が必要となる．現在の労働だけでは，天然資源を社会財に変えるためになされた労働のうち，ごく一部しか説明できない．事実，私たちがこれまでに蓄積されてきた富を享受できるのは，大部分，過去の労働のおかげなのである．話を島に戻すと，社会財とは，島に漂着した祖先が残してくれた宝物——そのままで食べられる魚——のようなものだと言える．あるいは，ガル・アルペロヴィッツが言うように，現存する富の90パーセント以上は今日の労働者の努力の結晶というよりも経済的な授かり物——これまでに進歩した技術や知識からなる——なのである（Alperovitz, 1994）．過去の世代に対する責任がありえない以上，サーファーとサーファーではない者の間には，経済的な授かり物を受け取る権利という点でほとんど違いがない．BIはこの点からも正当化できる．
　それでも，私たちに残された宝物は有限であるという反論もあり得るだろう．それによれば，サーファーではない者は宝物を食いつぶさないように貢献しているのに対して，サーファーは魚の蓄えを食いつぶし，過去の世代というよりも，未来の世代に対する責任に反する行動を取っているというものである．
　未来の世代に対する個人的・集合的な責任の問題については第9章で検討する．しかし，私たちが子孫に対して何をなすべきか，ということは不明確であると指摘しておく．もし未来の世代が物質的な富を常に前の時代よりも高い水準で受け継ぐ必要があるのならば，有限の資源を食いつぶしているだけのサーファーは世代間の責任に反していると言ってよいだろう．その一方で，資源が本当に有限で，環境問題が深刻なことが疑いないならば，食いつぶす主な原因は物質主義的かつ成長志向のエートスということになるから，サーファーたちは大量消費のための大量生産をしないということによって，今ある資源を守ろうとしていることになるのである．
　要するに，自然からの授かりもの説によれば，既存の社会財の大部分は，(a) 現在の労働の産物というよりは，(b) 自然と過去の経済からの授かりものである．BIは，(a) から見ればフリーライダーになるが，(b) から見ればそうはならない．ヴァン・パライスが，ある一点を除けばBIは正当化されうるとしていることに（Van Parijs, 1995：99-106），スチュワート・ホワイトが同意しているのは，この点からである（White 1997a：320-1；1997a：320-1）[10]．

4.5.2 雇用レント説

　サーファーへの反対論は，事実上以下のような不満の形で要約できるだろう．それは，「どうして，職についている私たちが，職についていないあなたたちにお金をあげなければならないの」というものである．ケアワークのような活動は高く評価される．しかし市場社会がとりわけ重視するのは賃金の稼得である．ヴァン・パライスは，天然資源だけでは高い水準の BI を維持するための資金を賄えないとの結論――私はこの結論に疑念を呈した（注10をみよ）――を下し，非ワルラス派的な経済のもとでは仕事が主要な資源（アセット）であるから，BI は賃金稼得者を搾取することになるとの反対理由に基づいて，立場を変えようとした（Van Parijs, 1995：106-25）．

　ワルラス派的な経済，すなわち純粋な意味で競争的でかつ柔軟な経済のもとでは，時給4ポンドのロジャーを首にして，時給3ポンドで働くというサラを雇う方が，私にとっては利益になる．しかし，そのようなことは現実的ではないという議論もある．ロジャーを解雇して，サラを雇って訓練するためにはコストがかかる（「インサイダー・アウトサイダー」効果）．また，たとえ長期的に見ると私が節約できる時給1ポンド分の方がこの種のコストより大きくなることがあったとしても，賃金が低いと熱心に働こうとする動因や誘因が損なわれるので（「効率賃金」の効果），ロジャーよりもサラの方が優れているということにはおそらくならないだろう．要するに，私たちが実際に生活している，柔軟性を欠いた非ワルラス派的経済のもとでは，このようなリスクはとるに値しない．

　したがってロジャーは雇用レント（雇用の差額地代）を独占していることになる．雇用レントとは，ロジャーが現に受け取っている収入と，純粋な意味で柔軟な経済を想定したさいに受け取ることができる収入との差額のことである

10　私は彼がなぜこのような主張をするのか当惑している．ヴァン・パライスは，自らが擁護する真にリバタリアン的な立場から次のように述べている（Van Parijs, 1995：100-1）．本当の問題は，「‥‥外的な手段はすべて，それが天然のものであるか作られたものであるかにかかわらず，各自が善き生活であると考えるものを追求する能力に影響を与える」というところにある，と．ところが天然資源に関する議論は，低い水準にある BI を引き上げるための財源として贈与と遺産に課税するといった議論に矮小化されてしまった．これとヒレル・スタイナーの次の議論とを比較してほしい．「‥‥すべての人間は，当初は誰にも所有されていなかったもの，すなわち，もともと所有されていなかったもの（天然資源）と，（放棄と死亡によって）所有されなくなったもの，に対する原初的権利を当然に有する」(Steiner, 1994：268)

（私が挙げた例では1ポンドに相当する）．したがって，ロジャーがサラ（職探しをあきらめたサラ）に対して，「どうして私が何もしていないあなたのためにBIを払わなければならないの」といったようなサーファー反対論を唱えるならば，サラは次のように応酬するだろう．「非ワルラス派的な経済の下では，仕事が一番大事な社会財(アセット)なんだから，あなたが雇用レントを独占した対価として，私がBIを無条件でもらったっていいじゃないの」と．天然資源と同様に，社会財の価値はすべての者に平等に分配されるべきである．また，非ワルラス派的な経済のもとでは全員に職を与えることができない以上，社会財の価値を平等に分配するための次善の策は，BIということになるだろう．ヴァン・パライスは，天然資源とは異なり，社会財の場合はこれを平等に分かち合えば，高い水準のBIの財源をまかなうことができると信じている（Van Parijs, 1995：108）．

そうなると，もはや誰がフリーライダーなのかはっきりしなくなる．職探しをもうしていないサラなのか，雇用レントを独占しているのにBIのためのお金を払いたくないロジャーなのか．

当然，議論は次の2点に収斂するだろう．第1に，非ワルラス派的な経済学を正確に記述し説明するとどうなるのか．「インサイダー・アウトサイダー」効果や「効率賃金」の効果は，労働市場に本質的に存在する特徴として捉えるのではなくて，除去すべきものとして捉えるべきなのだろうか．第2に，社会財の価値を平等に分かち合うと言ったとき，それは無条件に分かち合うことを意味するのだろうか．ロジャーに参加所得のようなものへの拠出を求め，サラが一定の条件を充たして参加所得の資格を得ることになれば，ロジャーとサラが2人ともフリーライダーになることは回避できるのだろうか．参加所得の提案については第6章で検討する．

4.5.3 プラグマティックな議論

プラグマティックな議論は，BIがフリーライダーを生むことは認めるが，これを不可避の代償と考える．なぜこれを必要な代償として捉えるかについては2つの理由がある．

第1に，フリーライダーとそうでない者とを見分けるのが単に厄介だからである．この種の議論としては次のようなものがありうる．人が社会に対してさまざまな形で貢献することを認める給付システムを設計するとしよう．この場合，職に就かない形での貢献を認めるとするならば，給付の濫用を回避するた

第4章　弁護人対検察官

めに人びとの行動を事細かに監視し続けなければならないのではないか．そうだとすると，国家が市民を監視下におくという倫理的なコストに加えて，行政管理のために支出する財政的コストも相当な額に及ぶだろう．そのようなことはすべきでないと考えるなら，無条件に所得を保証する道を歩んでいくことになる．それならば，なぜ単純にBIを導入することにならないのか．フリーライダーはいるだろう．しかし彼ら彼女らを排除するコストの方が，彼らを歯ぎしりして放っておくコストよりも大きい．したがって，BIを他の改革構想と比べるならば，フリーライダーを許容するという欠点よりは，すべてのひとに分け隔てなく給付するという利点の方が大きい．

　この種の議論は，ブライアン・バリーとロバート・グディンによって行われている（Barry, 1996b）．

> ……すべてのことを考慮してみると，対象者別の社会保障政策の失敗によって真に就労不可能な者への給付が行われないよりも，救済に値しないろくでなしがベーシック・インカムを受け取っているという事実を受け入れることの方が好ましいと判断される（Goodin, 1992 : 208）．

　もし受給に値する者が顧みられない可能性がある条件付きの社会保障制度と，フリーライダーが生じうるが無条件で最低所得を保証するBIのどちらかを選ばなければならないならば，最悪の状態を回避するために後者を選ぶべきだろう．傷つきやすく，恵まれない人たちを排除するリスクをおかすよりは，サーファーには波乗りをさせておいた方がよい．

　フリーライダーが受け入れ可能な代償だとする第2の理由は，実際，BIのフリーライダーとなるにはコストが高くつくということである．私は前の章で，実施可能なBIの額について述べたが，これは，1998/99年価格で週に約45から61ポンドの間であった．これは贅沢な生活を営むには十分な額ではない．したがって住宅給付のような条件付きの給付か，稼得収入による補足が必要となるだろう．BIだけで生活しようとする者が，贅沢に暮らすのは無理である．BIでは足りない分を何らかの方法で補おうとする者のことをフリーライダーと呼ぶことはできないだろう．グディンの「ろくでなし」は，非常に低い所得で生活するという重荷を背負うか，稼ぐなど他のさまざまな重荷を背負って，ろくでなしであることをやめるかのいずれかである．

しかし，このプラグマティックな議論の第2の部分は，BIに対する別の反対論を招くことになる．これについては4.6で論じる．

4.5.4 プライスタグ説

スチュアート・ホワイトが提唱したのが「プライスタグ」説である．彼は，BIがフリーライダーを誘発するのではないかという問題に取り組んだ政治哲学者である．ホワイトは平等主義を擁護しているが，その平等主義は3つの原理から成り立っている（White, 1997a）．そのうちの最初の2つはここでは関係ないが，3つ目の「互酬性原理」は重要である．なぜなら互酬性原理は，平等主義の政治を守ることを目的としており，フリーライダーの出現に反対しているからである．ホワイトは，ある島の例で説明する．この島では900人が灯台を建てるための費用を出したが，残りの100人は出さなかった．費用を出さなかった100人は，負担をまったくしていないにもかかわらず灯台から利益を得ているわけだから，フリーライダーということになる．フリーライダーは，すべての市民が平等な価値を持つという原則を無視しており，彼ら彼女らの存在は平等主義に反する．互酬性原理によれば，

> ……社会的な協同によって得られる経済給付を自ら進んで受け取る者は，給付を提供する協同的なコミュニティに対して，能力に応じた生産的な貢献をする義務がある（White, 1997a：63-4）．

このような理由から，ホワイトは当初BIに対して非常に批判的であった．というのは，BIは「……一見したところ，互酬性の原理にとって好ましくない」と考えられるからである（White, 1997a：78）．

しかしその後，ホワイトは社会政策に対する自らの態度を変えて，BI改革に賛同するようになった．当初はBIを限定的に支持しているに過ぎなかったが（White, 1997b．Van Parijs, 1997を参照），次第に強く支持するようになった（White, 1996）．BIによってフリーライダーが生まれることをホワイトは否定しない．しかし，今では，BIが次の3つの理由で互酬性にとって好ましい効果をもつと信じている．

BIは雇用の機会を増やすので，第1に「仕事の機会」を広げる効果がある．BIは，ケアワークのような一定の活動の認知度を現在よりも高め，また社会

第4章 弁護人対検察官

貢献の範囲を非常に広くとらえるため，第2に「社会賃金」としての効果がある．最後に「エンパワーメント」の効果もある．というのは，BIは総所得に占める賃金の割合を引き下げることによって，遺産相続人が資本主義のフリーライダーになることや，（主として）男性が家庭のフリーライダーとなることを阻んでいるからである．

BIは損失よりも互酬的な「利益」の方が大きいことを論じるため，ホワイトは，「逆転の議論」と呼ばれるものを用いる（White, 1996：9）．ホワイトは，上述の議論には問題が2つあることを認めている．1つの問題は，3つの効果の大きさを実際に評価することは困難であるため，BIを導入することで互酬的な利益がもたらされるということの根拠は薄弱である，というものである．もう1つの問題は，BIがもつ欠点をひとつももたないにもかかわらず，上述の利点をすべて備えた政策手段が他にもあるかもしれない，というものである．例えば，参加所得（第6章をみよ）は，浜辺のサーファーのような何もしない者に対して支払われることはないが，社会的にみて生産的だと考えられるものの範囲を大きく広げることになるだろう．

しかし，ホワイトによれば，互酬性原理に強く訴えなくてもBIへの賛成論を展開することが可能である．これが「プライスタグ」説である．それによれば，BIは生きるということ，すなわち個性や社会の多様性についての実験を促しているのであるから，ある程度のフリーライダーの存在は，私たちが受け入れなければならない代償である．上述の3つの効果があるから，実際の代償はそれほど深刻ではない．ホワイト自身は，このプライスタグ説が説得力のある議論だと信じている．しかしそれは，究極的には個性や多様性の価値と互酬性の価値とのトレード・オフをどう考えるかによって変わる．

ホワイトの立場は，前の節の議論とは異なるものである．プライスタグ説はBIを最もうまく擁護したものだろうか．率直に言って，私はそのような確信を持ってはいない．ホワイトのアプローチは議論の単なる出発点であり，BIをこれとは別の形で正当化できないかどうか探るため，以下のコメントを提示しよう．

灯台の例に戻ろう．ここで彼は，「……社会的な協同によって得られる経済給付を進んで受け取る者」は，協同の義務を負うと述べた（White, 1997a：63-4）．ここでの問題は，ホワイトが，この「進んで受け取る」という表現が実際には何を意味しているかということに無頓着であるということである[11]．公共

財から社会的・経済的な利益を受けない者はほとんどいないが，それは利益を受けないという選択肢が存在しないからである．互酬的な義務が成り立つためには，給付を受け取るか否かについて制限や条件が課されることなく，相当広い範囲で自由選択が認められていなければならない．公共財の生産の可否についての発言権がなかった場合でも，公共財から利益を受けることがあれば，そこには義務が伴うと言うことができるだろうか．現代社会から抜け出すことは事実上できないから，公共財からの利益を受け取ることを拒否しようとしても，それはできない．このような場合でも，依然として義務があると言うことができるのだろうか．100人の非貢献者は，灯台の建設に対してどのような発言権があったのであろうか．他の900人の島民が勝手に決めたことではないのだろうか．非貢献者がフリーライダーとして非難されるのは，彼ら彼女らが灯台の建設に賛成したにもかかわらず，建設に従事することを拒否した場合に限るという方がよいのではないだろうか．

　要するに，ホワイトは本質的な問題，すなわち，経済給付を進んで受けたと言えるためには何が必要かという問題を無視しているように思われる．強い互酬性は，経済的利益を受け取れば，それだけで義務が生まれるということを意味する．ホワイトが擁護しようとするのは，この種の互酬性である．これに対して，弱い互酬性は，義務が生まれるのは，自分がその生産および／または維持をコントロールすることができるような財によって得られる利益を進んで受け取るときだけであることを意味する．したがって強い互酬性に基づく平等主義には，個人の自由をないがしろにするリスクがあり，そこにはホワイトが導入するトレード・オフは当てはまらない．しかし弱い互酬性に基づいた平等主義的な自由主義——平等主義それ自体ではなく——の場合，自ら進んで受け取るということが言えるためには，（協力活動に参加するか否かについての）無条件の権利が最初から存在していなければならない．このため非BI社会とBI社会は，次の点で異なる．非BI社会における協力活動は，署名を拒否することの

11　私が知る限り，ホワイトは，「進んで受け取る」ということの意味を十分に検討していない（White, 1997a : 318）．もし A と B が X を生産するために協力するとしよう．この X を生産する時に，意図せざる結果として，Y も生産されたとする．この時，C が X の消費を控えて Y を受け取った場合，C がフリーライダーかどうかははっきりしない．ここまではいいだろう．私が主張したいのは，C（100人の島民）が X（灯台）の建設に発言権がなかった場合には，X を消費したからと言って，フリーライダーとして非難することはできない，という点である．

できない契約のようなものであるのに対して，BI社会では自発的な協定が重視される．なぜなら人びとは（他の所得がすべてなくなったとしても）保証される所得に常に頼ることができるからである．非BI社会では，「フリーライダー」というものは，いくぶん曖昧模糊としたものである．なぜならそこでは全員が，自らが貢献していない財から一定の利益を受けとっているからである．これに対してBI社会では，フリーライダーと見なされるのは，当初自発的に同意したにもかかわらず協同活動へ貢献することを拒む者に限られる．

　ホワイトは，フリーライダーを必要悪であり，協同社会を不可避的に蝕む病の徴候であると考えているが，私は，フリーライダーを自由な社会の証しだと考えている[12]．ここで問われている問題は，自由社会における寛容についての議論に似ている．寛容こそが自由主義の原理であると主張するひとがいる一方，寛容は自由主義を擁護する価値としては弱すぎると主張するひともいる（Mendus, 1989）．ホワイトと私との違いは，ビルとベンの違いと同じなのかもしれない．ビルとベンは2人ともxが好ましいものだとは考えていない．しかしビルがxを我慢するのに対して，ベンはxの存在を健全で多元的な社会の証しとして受け入れる．ビルにとってのxは，放置しておくべき寄生虫だが，ベンにとってのxは，宿主が健康であるために必要な存在である．ホワイトは平等主義的な互酬性にコミットしており，この文脈のなかに無条件のベーシック・インカムを導入しようとするが，私はむしろこの文脈を修正したい．基本的で無条件の権利を導入することによって，平等自由主義社会のなかに協同的で互酬的な活動が次々と行われるような空間を築きたいのである．

4.6　費用効果的でないという反対論

　BIに対する主要な反対論の第2は，給付としての効果に関するものである．この反対論を簡単に述べておこう（Alcock, 1993：237）
　BIは，水準が低すぎて効果がないか，水準が高すぎて実現できないかのい

---

[12] フリーライダーが増えると，最終的には自由社会が脅かされるところにまで行きつくことは明らかである．しかし自由社会を擁護する価値の多くについても，度を過ぎると同じような結果が現れることになるだろう．しかしこのことは，そのような価値が擁護するに値しないということではない．

ずれかである．給付システムの目的は，働いていないときに何らかの社会的保護を提供することである．部分 BI は週に 45-61 ポンド（これに補足的な加算が行われる）に過ぎない．これでは低所得者に対して十分な社会的保護を提供することができず，中・高所得集団の購買力を引き上げるにすぎない．事実，BI は訓育手段，すなわち極貧層を労働市場へ参入させるための手段と解釈されることがある．また，BI の水準を引き上げようとすると，とても納められないほど高く，また，政治的に不人気な税率となる．BI が普遍的かつ無条件に給付されるためには，個人の個別的な必要や個別的な事情は無視される．これは資源を集中的に投下するうえでは非常に非効率的な方法である（ターゲッティング）．さらに悪いことには，社会的分裂を深めるかもしれない．BI が導入されると，労働倫理がすでに相当弱まっている若年層のなかからは，社会へ参加する活動を止めてしまうものが出てくるかもしれない．BI が導入された社会では，インフォーマル・セクターで BI に頼る者と，フォーマル・セクターで賃金を稼ぐ者との間の対立が起きやすくなるだろう．

　この反対論に答える方法は 2 つある．〔第 1 は〕技術的な分析である．例えば，BI を含むさまざまな提案の再分配効果を推計するのである．これによって，どの提案の再分配効果がいちばん大きいかわかる．しかし，このような技術的な分析は，基本原理に関する議論の代わりとはならない．したがって，〔第 2 に〕費用効果的でないという議論の基本的なところに立ち戻ってみよう．

　100 人からなる社会があったとしよう．そしてそこには望み通りに分配できるお金が 1,000 ポンドあったとする．最も安直な分配方法は全員に 10 ポンドずつ与えることである．しかし上述の反対論によれば，この分配方法は個人の置かれた環境を無視するため，困っているひとのところに必要なものが届かないことになる．これは，飢えの度合いが異なる人びととの間でケーキを等分することに等しい．

　それでは選別主義的に分配すべきだろうか．おそらくお金のうちの 3 分の 1 は障害者に振り向けられるだろう．身体的・精神的能力を明白なカテゴリーに区分し，各障害者を医学的な診断をもとに各カテゴリーに分類し，適切な水準のカテゴリー別給付を提供することができよう．また 3 分の 1 は，在職中に定められた保険料を支払っていた失業者に振り向けることができよう．残りの 3 分の 1 のお金は資力調査を条件に，必要であることが証明されたが，カテゴリー別給付と保険給付のどちらの資格も持たない者に振り向けることができよう．

第4章 弁護人対検察官

　単純に考えると，費用効果的でないとの理由からBIに反対するひとの大部分はこのシステムを支持する．しかし，このシステムには欠点はないのだろうか．初めに資力調査付きの給付を，次に資力調査を伴わない給付について検討しよう．

　資力調査がうまくいくためには，次の3つのことを行わねばならない．それは，対象を定め(ターゲット)，狙い撃ち，仕留めることである（Atkinson, 1995a：223-61を参照）．第1に，対象を定め(ターゲット)なければならない．しかし，必要を判定するよりも前に，困窮(ニーディ)とはどういう状態であるのかという点について，何らかのイメージを持っていなければならない．つまり必要判定の基準は，発見すべきものをあらかじめ前提してしまっている．したがって資力調査には，私たちが置いている前提のもとでは困窮と見なされない人びとを見逃してしまうというリスクがある．例えば，資力調査によるスティグマを避けるために，受給資格を得るのをみずから放棄するひとは，このカテゴリーに入るだろう．第2に，定めた対象を正確に狙い撃ちしなければならない．しかし撃ちそこなう危険がある．世帯が判定の単位（狙い撃つ対象）となっており，女性は「男性の扶養家族」と定義されてきたため，女性は給付の対象となりにくかった．最後に，対象(ターゲット)をうまく仕留めなければならない．ところが資力調査付き給付が悪名高いのは，貧困の罠によって被援助者の自立を妨げるからである．以上の理由から，資力調査は対象を定める(ターゲッティング)ための方法としては，よく言われるほどには効果的でない．

　これに比べると保険給付は問題が少ないが，これも必要とされるだけの拠出を行えない者を排除してしまうという問題点を抱えている．さらに失業の罠という問題もある．すなわち，保険給付は従前所得を代替するように設計されているので，受給者は，就職によって給付が停止されても収入減とならないように，給与の十分高い職を見つけ出さなければならないのである．カテゴリー別給付は肯定的にとらえることができる．しかし問題は，この種の給付の水準が，援助対象者にとってはつねに低すぎるということである．

　一般的に言って，選別主義システムによるセーフティネットは，BIによるセーフティネットよりも給付水準が高いと言えるだろう．しかし失敗に終わる可能性も高い．これに加えて，選別主義的なセーフティネットは，そこに乗っかるひとを，蜘蛛の巣のように，罠にかけがちである．しかしBIは収入が上がっても減額されないので，トランポリンの働きをする．

　もちろん，このような荒削りの比較では，各システムのなかにも良いものと

悪いものとがあるという事実が無視される．資力調査も，よりスティグマが少ない形で行うことはできる．資力調査付き給付や保険給付も，受給者の範囲を包摂的なものとすることができる．しかしBIのシステムをより寛大で包摂的にすることについて語ると，突然，費用効果的でないとの議論が頭をもたげ始めるのである．要するに，BIは効果的な給付を行う上では水準が低すぎ，実現に移すには費用がかかりすぎるという反対論は，考えうる給付システムすべてについて当てはまりうる．BIは数々の反対論から逃れることができない．しかし，それ以上に，現実に存在する，あるいは，存在することの可能な社会保障システムのいずれもが同様の反対論から逃れることができない，ということをBIによって知ることができるのである．これも中範囲の効果である．BIの利点は広範囲にわたるにもかかわらず，コストははっきりと目につき，明瞭な形で示される．反対に，他のシステムは，利点がはっきりと分かるが，コストはしばしば隠蔽され，秘匿されている．

　したがって社会支出が少なければ少ないほど，提供される給付は寛大ではなくなる．逆に給付が寛大であればあるほど，社会支出は高くなる．45-61ポンドの部分BIは少なく見えるが，現在不利な状態に置かれている者（とくに女性）に「ねらいを定めて」いる．また，極貧層のあいだでは減額率〔限界税率〕を引き下げることになる．したがって，どのシステムが最善かということは政治的，イデオロギー的に決定されるのであって，技術的に決定されるのではない．したがって，BIが訓育メカニズムとして機能したり，社会的分裂を拡大したりする可能性についての反応も政治的に決まる．本書は，全体を通して，BIはイデオロギー的な真空にあると見ることはできないし，したがって見るべきではないとの前提を取っている．BIがこのような結果をもたらすかどうかという問題は，BIが制定される社会的コンテクストにかかっている．もしBIの支持者が，BIは社会悪への万能薬ではないことを認めることができるならば，BIの批判者も，BIが必ずしも患者をミイラ化するものではないことをきっと認めることができるだろう．

4.7　政治的支持に関する反対論

　BIに関する主な反対論として，政治的な実現可能性を最後にとりあげたい．この反対論によれば，BIの無条件性が理論的に正当化されることや，BIが費

第4章　弁護人対検察官

用効果的であることを認めたとしても，依然として実行困難な理由が3つある．

第1に，BIを当然支持するような政治連合がない．BIには，どのような政治的立場からも支持されるという魅力的な特徴があるわけだが，まさにこのイデオロギー的な多様性が，BIを実際に導入するうえでの障害となる．BIには一種の・知・的・な支持母体はあるが，団結しているわけではないので，現実の政策決定に影響力を発揮するまでには至ってない．私たちは，例えば最低賃金の利点については，現実的あるいは潜在的な政治的支持勢力を念頭に置きながら議論することができるが，BIについては同じことが当てはまらない．

第2に，選挙でBIの支持を取り付けるのがむずかしい．抽象的な議論によって，BIの無条件性を正当化することはできよう．しかし有権者の家の玄関先でそのことを説明してみよう．常識的に考えれば，対価なしに得られる所得は間違っており，哲学論争の結論によってもその常識を覆すことはできない．イギリスの自由民主党は，1992年の選挙でBIを支持したが，その時の経験から，2年後には提案を撤回することになったのである！　要するに，BIに対しては・心・理・的な反発があり，人びとのあいだでは，正しいか間違っているかは別として，働いても働かなくても貰える給付を素直に支持するだけの心の準備はできていない．

最後に，たとえ主な政党がBIを支持し，選挙での支持を得られたとしても，部分BIを導入するのに10年ほどかかるとの指摘がある．これはイギリスの議員の任期で言えば2期に相当する．これではBIの立法は，行われないか，行われても原形をとどめないものとなってしまう．1960年代のアメリカで，最低所得保証の提案がなされた時に何が起きたかを考えてほしい（第5章をみよ）．BIの導入は，短期的には効果が乏しいし，長期的にはリスクを伴う．

この反対論はすべての反対論のなかで最も単純で理解しやすいが，それだけに最も厄介である．BIは，例えばイギリスのNHSの導入時のように，強い政治的意志がなければ実現できないだろう．ブライアン・バリーが指摘するように，BIが仮想の提案であるあいだは，広範囲のイデオロギーから支持を受けられるという強みがあるが（Barry, 1996a），しかし実践の手段として真剣に検討され始めると，本書が検討しているようなある種のイデオロギー的な不一致が表面化する．

私は，BIを他から切り離して扱うことに対して繰り返し警告を発してきたが，同じことをもう一度繰り返しておこう．BIが国家による福祉の民営化と

関連づけられる時と，高水準の最低賃金と関連づけられる時とでは，得られる含意が明らかに異なってくる．言い換えると，BI は単独で論じられるべきではなく，包括的な政策パッケージの一部として位置づけられるべきである．したがって BI だけを目的とした政治連合を形成しようとするのは間違っている．むしろ私たちが考えるべきことは，どのようにしたら現実に存在する政治連合のなかに BI を浸透させ，政治連合を再編することができるかということである．これが達成されうるかどうかは，読者が第 II 部の議論を読んだ上で判断する事柄である．さしあたり，BI が潜在的に持っている政治的な支持に関して，早まった判断をしないよう注意を促しておこう．

　この反対論の他の 2 つの要素についても，恐らく同じ形で注意を促すことができよう．これはまさに，BI を導入するには時間がかかるので，有権者の玄関先ですぐに解決する必要がないからである．私たちが思い描いている長期にわたる過程は，図 4.3 の形で表すことができる．

　言い換えれば，長年にわたって有権者の玄関先を再訪することもあるわけだから，社会政策に関する政治的な論議が行われる時に，有権者が自らの考えを変えることもかなりの程度期待できるのである．そして，前節の要点をそのまま繰り返すならば，政治的な論議が変わるのかどうか，そしてどのように変わるのかという問題は，技術的な問題ではなく，原理に関する議論から導かれるのである．もし政治的意志があるのならば，社会改良が真に不可能であることはまずない．単に変化が困難で，現時点では望まれていないというだけの理由で変化が望ましくないと主張することはできない．X に対する支持がないから X を支持しないというのは自己成就的予言である．結局のところ，完全であれ，限定的であれ，あなた方が支持するということが，X を実現するための方法である．BI が非現実的でないのは，1908 年以前の国家年金や，1948 年

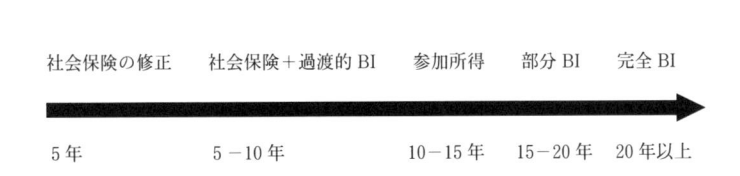

社会保険の修正	社会保険＋過渡的 BI	参加所得	部分 BI	完全 BI
5 年	5 − 10 年	10 − 15 年	15 − 20 年	20 年以上

図 4.3　ベーシック・インカム改革の移行過程

以前の無料医療が非現実的でなかったのと同じである．これと同じように，BIは決して非現実的なものではない．保守的な現実政治（レアルポリティーク）の下では，BIが政治的議論の対象となることは永遠にないかもしれない．しかし社会進歩の政治は，不可能なことを可能なことに変えていくことに関心があるのである．

4.8 結論

　この章には2つの目標があった．〔第1に〕BIについての賛成論と反対論を要約することであり，〔第2に〕BIを批判する人たちに，彼ら彼女らが時々考えるほど簡単には，BIを葬り去ることはできないということを納得してもらうことである．BI支持に転向する者が現れるならば結構なことであるが，それはBIについての議論が，転向した者と批判する者の間の一方的な罵倒合戦でない形で展開されるという前提での話である[13]．私は他の改革モデルにコミットする者であっても，BIには無下に否定できない重要な面があることをせめて示せればよいと考えている．

　以上で，イギリスの社会保障制度の歴史や，その成り立ちに関する可能な解釈を素描した．またBIとは何か，BIは何と関連しうるのかについて説明し，そして考えることのできるBIの長所や短所について論じた．いまや私たちは本書の後半に進む体制が整った．ここまでの検討は，大部分が抽象的な形で行われた．そうすることは避けられなかったが，やや不自然だった．これから先は，どのイデオロギーの覆面をかぶるか〔イデオロギー的立場に立つか〕によって，BIの特徴や社会的含意がいかに変化するかを明らかにしたい．そして，BIにはさまざまなイデオロギーの表情や顔色があるということ，BIについて何も言及せずに，私たちがどの覆面をかぶるべきか〔どのようなイデオロギー的立場に立つべきか〕について論争することが不毛であることを示したい．

---

[13] もし反BI派に転向した方がいるのであれば，理由を書いて私にお伝えいただきたい！

第Ⅱ部
誰にとっての自由か？誰にとっての保障か？

ベーシック・インカム（BI）論争のイデオロギー的側面

　残りの5章の目的は，BI論争のイデオロギー次元を検討することである．このため各章は，以下の5つの問いに答えるべく，5つの節を含む．

- このイデオロギーは市民権をどのように定義しているのか？
- このイデオロギーは福祉国家をどのように批判しているのか？
- このイデオロギーは給付システムをどのように批判しているのか？
- 以上を踏まえたとき，BIの主な利点と欠点は何か？
- このイデオロギーは，どのような種類のBIを支持するのか？

　これらの問いに答えることによって，例えば，急進右派はなぜ，いかに負の所得税に一番魅力を感じるのかといったことが明らかとなるだろう．
　しかし本論に入る前に，少なくとも2つの点について断っておかなければならない．第1に，これから見ていくのは傾向であって絶対的なものではない．負の所得税の提案はさまざまな政治的立場の人間から幅広い支持を集めることができるが，ここではこのような可能性を取り上げない．イデオロギーと社会政策改革を結びつけるときは，一般的な結びつきやつながりを見きわめることが重要である．また複雑な議論をハンディーサイズのモデルに還元できると思ってはいけない．ここで論ずるのは蓋然性であって必然性ではない．第2に，ここでの分析はBIやそれに類する改革に限っている．したがって給付システムの改革に関する最近の論争を包括的な形で要約しているわけではない．負の所得税は急進右派が最も好むBIの変種だと言ったからといって，急進右派はそれを支持しなければならないとか，実際に支持していると主張しているわけではない．それどころか負の所得税の提案の全盛期は過ぎ，現在ではそれがワークフェア制度の支持に取って代わられたと言うこともできる．その代わりに，ここでの目的は，もしかりにイデオロギーがBI論争に適用されたならば，このイデオロギーの支持者はこのタイプのBIに親近感をもちそうだと指摘することである．各章の最後の節では，それぞれの改革の包括的な意義についての評価を下すことになるが，誤解を招くことがないよう，以上の点について明らかにしておいた．

第5章 急進右派
普遍主義的資力調査

5.1 市場化しうる市民

　急進右派の思想の新しさは述べられた内容にではなくて，この思想が当てはめられた経済的環境の方にあった．F．A．ハイエクが自由市場を礼賛しても，1929年以降のできごと〔世界大恐慌〕を見誤っていたために相手にされなかった．ところが1970年代になると，基本的には同じ分析が，世界中の人びとの注目を集めた．福祉資本主義があのような経済的打撃を受けることがなければ，ハイエクたちの思想が大きな影響力をもつことはなかっただろう．ところが実際にはそうならなかった．いまや急進右派の口調や語彙がほとんどどこででも聞かれるようになっている．

　急進右派は，それよりも前から存在していたニュー・レフトと同様に，次のように主張する．国家管理型の資本主義が現実性を失っているのであれば，戦後の合意——政府による継続的な所得政策，管理されたコーポラティズム，社会支出の増大など——は解体されなければならない．しかし，もし合意が解体されるのであれば，その後の新しい社会はどのような形で統合を保つのであろうか．左派が経済の民主化を好むのとは対照的に，急進右派は経済の自由化を好む．自由化されれば競争的な個人と企業は市場によって調整される．その結果，経済の効率と社会の安定が保たれる．市場がその力を自由に発揮することができれば，自分の選好を極大化しようとする諸個人は，国家によっては与えられない繁栄と自律を期待することができるのである（Friedman, 1962；Hayek, 1973；1976；1979；Nozick, 1974；Joseph and Sumption, 1979；Friedman and Friedman, 1980；Murray, 1984；Barry, 1987；King, 1987；Seldon, 1990）．急進右派は，本質的に，自由と市場の自由を同一視する思想である．また，社会の再道徳化

を要求する思想でもある．このため人びとは利己的であると同時に，社会的に責任ある行動をとることが求められる．

この，市場に基づく道徳的個人主義の学説がもたらした影響を過小評価してはいけない．急進右派の思想は多くの国に直接的な形で影響を与え，そうでない場合でも間接的な影響を与えたからである．次章で検討する福祉集合主義（ウェルフェア・コレクティビズム）は，民営化，デフレ経済，市場の規制緩和，所得税減税，サプライサイドの改革などによって一斉に攻撃され，大打撃を受けた．自由と平等がゼロサムゲームの対立する2つの要素と考えられるようになるにつれて，平等主義的政策はほとんどあらゆる場所で守勢に立たされた．急進右派の影響が最も強かったところでは，不平等と相対的貧困が深刻化した．収奪された者に対する憤慨や同情が生まれたこともしばしばあったが，平等主義的な政治経済学は失地を回復することはできなかった．1990年代に入ってから急進右派の覇権は若干衰えを見せた．しかし，その後のグローバル化と共産主義の没落は，自由市場資本主義の必然的な大勝利であると見なされている．

急進右派の福祉国家批判を概観する前に，自由主義経済にとって最もふさわしいのはどのような市民かという点について議論しておく必要がある．これによって，5.4節と5.5節で，急進右派のBIに対する態度を評価することが可能となる．第1章では，市民権を，政治共同体を構成する者全員が平等に持っている地位と定義したが，この定義の具体的な形態は政治思想によって異なってくる．

急進右派にとって，地位の平等と社会的公正はほとんど関係がない．地位の平等は，政治的平等，法的平等という点から考えられるものであって，物質的な平等から考えられるものではない．ハイエクにとっては，機会の平等でさえ自由社会の理論的根拠と矛盾する（Hayek, 1976 : 9）．社会的公正に対するこのような敵意は，公正とは集合的な状態とは無関係な徳であるという考えに由来している（Hayek, 1976 : 27-38）．公正であるか不公正であるか言うことができるのは行為に対してのみであって，他人が自分と同じことをすることを妨げることなく，自分の欲求と選好を充足しているのであれば，その個人の行為は公正である．ハイエクによれば，社会の自生的秩序は，市場における個人の行為と交換の意図せざる結果である．意図がないのだから，そこで公正を云々することはできない．市場経済に由来する給付や負担が計画的に生み出されたものであるならば，それぞれが公正か不公正かを考えることができるだろう．しか

し市場の秩序には計画的な配分は含まれていない．したがって，社会的公正に関する諸理論は，配分メカニズムが存在しないところに配分メカニズムを見出そうとする見当違いの試みを行っている．貧困の除去は社会的公正の目的の1つであるが，皮肉なことに，国家が主導して物質的な平等を作り出すことを試みたことによって，この目的は挫折したのである．急進右派によれば，自分の好きなものを市場で手に入れることができるという意味で，すべての個人は平等である．

したがって急進右派にとっての正当な要求とは，市場の働きを促進する，あるいは少なくとも妨げない，ということである．市民的・政治的権利を要求することは正当だが，その一方で社会的，経済的，産業的権利を要求するのは正当ではない．社会的権利を保障するということは，国家が理想的な分配状態を実現するために本来の役割——法の支配を保証し，法を単に執行する——を超えたことを行うことであり，諸個人の自由を侵害することである（Hayek, 1976：101-6）．このため権利と権力は概念上区別されなければならない．富は強大な権力を伴うが，これによってより多くの権利が与えられるわけではない．貧乏人も金持ちも橋の下で眠る権利，あるいはホテル・リッツで食事をする権利を平等に持っている．そして，金持ちが強大な権力を持っているからといって，これによって貧乏人の社会的メンバーシップが損なわれるわけではない．自由はつねに形式的なものであって，財の物質的な分配とは一切関係がない（Hayek, 1960：87）．つまり市場には階級がない．このため急進右派のなかには，物質的不平等はいくら大きくてもよいと考える者もいる．なぜなら物質的不平等は，平等な権利と地位を持つ諸個人間の自由な交換の結果として生じたものだと解釈できるからである．

権利と権力が区別されるのと同様に，義務と権力も区別されなければならない．所得が少ないからといって，義務も少なくなるわけではない（Mead, 1986）．そう考えないと，個人の自己責任という道徳が損なわれてしまう．例えば犯罪を失業と不平等のせいにすると，犯罪的な活動をさらに誘発する．急進右派にとって，社会の構成員が平等な地位を持っているということは，全員が，市民的・政治的権利だけでなく社会的・道徳的義務を平等に持っているということである．このように義務へコミットすることと，選好の充足を強調することとは，どのようにして釣り合いをとるのだろうか．その方法は簡単である．急進右派によれば，1つは，個人が自制心をもって自らの選好を市場のなかで充足

第5章 急進右派

することである．他の1つは，社会的ネットワーク（核家族など）——際限ない市場の遠心力によって社会が断片化されるのを防いでいる——によって充足することである[1]．急進右派の定義によれば，社会とは責任ある諸個人や安定した家族——すなわち柔軟で，可動的で，独立した経済的アクターと社会組織を育む強力な家族やコミュニティ——の，市場を基礎にした結合である（Novak, 1990；Willetts, 1992）．マーガレット・サッチャーが，社会などというものは存在しない，と言った時，彼女は，政治共同体はいまここに，すなわち市民社会の近隣関係のなかにあるのであって，ある種の抽象的で概念的な空間のなかにあるのではない，との見解を表明したのである（Green, 1993；1996）．

　以上から，急進右派の考える市民権とは，市場を基礎にした市民社会のなかで，同等の市民的・政治的権利と社会的・道徳的義務を有する諸個人が，選好を充足するさいの形式的平等であるとの結論を下すことができる．これは，市民であるとはどういうことかについての解釈だが，そこにはかなりの緊張が含まれている．急進右派の市民は，消費至上主義的な「いますぐ自分に」という本能を抑圧すべき時があることを知らなければならない，あるいは知ることを教えられなければならないため，いくぶん矛盾した状況に置かれる（Heelas, 1991）．言い換えると，急進右派の市民は，市場における交換の場では利己的で権利を主張する個人とならなければならないが，しかし市場経済自体が成立するための社会的条件を豊かにするためには，利他的で義務を遵守する個人とならなければならないのである．例えば，街示的消費（使って，使って，使いまくる）は，非街示的な非消費（倹約に倹約を重ねる）によって支えられていなければならない．要するに，自由市場資本主義における理想的な市民とは，市場の無政府性に対して柔軟に反応するとともに，社会秩序の安定的なヒエラルヒーのなかでは分を弁えていなければならない存在である．

　このような市場の利己性とコミュニティの利他性との不安定な結合は，リバタリアニズムと権威主義——急進右派の大部分はこちらの方を好むが——の間の妥協の産物である（図5.1をみよ）[2]．リバタリアンの過激派は「なんでもあり」の道徳を選好する．彼ら彼女らは何にもまして権利を強調し，ヘロインの

---

[1] 資本主義市場にはジェンダー化された側面があり，女性は（限定付きの）自由しか与えられていない．
[2] ここで取り上げている急進右派の間では，リバタリアニズムと権威主義が結びつく傾向にある．しかし，このことをもって急進右派の思想のすべての伝統を言い表せると主張することはできない．

合法化を支持することさえある．権威主義の過激派は行動やライフスタイルに対し，道徳的な制約を強力に課すことを力説する．両派の違いは次の事実のなかに示される．すなわち前者はゲイやレズビアンの権利に対しても好意的であるが，後者はこのような提案が異性愛核家族の「自然さ」に反するとして攻撃する．とはいえ大部分の急進右派は2つの極の中間に位置づけられる．そして急進右派の社会政策を検討すれば，そこでは経済的自由主義と社会的保守主義が結びつけられようとしていることがわかる．

5.2 悪意の解釈

本節では，急進右派の福祉国家に対する異議申し立て（私はこれを「悪意の」解釈と呼ぶ）を扱う．そして次節では，これを社会保障制度への異議申し立てに当てはめてみる．

ピアソン，ジョージ，ワイルディングによれば，急進右派が国家福祉のシステムに対して行っている批判のうち，主要なものは，以下の通りである (Pierson 1991：40-8；George and Wilding 1994：20-35)．

5.2.1 福祉国家は不経済である

福祉国家は，成功への報酬を減らし，失敗による負担を軽くして，市場の規律を損なうことによって維持される．国家福祉が支配的な社会では，提供されるサービスが非常に高い水準の課税によってまかなわれているため，純粋な市場社会に比べて資本を投資しようとする意欲や諸個人が労働しようとする意欲が弱くなる．このため人びとは繁栄の恩恵を受けない．また福祉国家は，市場で競争に負けた人びとを人為的に保護するため，上述の急進右派の市民権の概念に含まれる，自助や自己責任の倫理を損なう (Gilder, 1981)．現代経済のダイナミズム，すなわち技術革新，成長，生活水準の恒常的な上昇は，自由市場におけるアメとムチによってもたらされるにもかかわらず，パターナリズムの

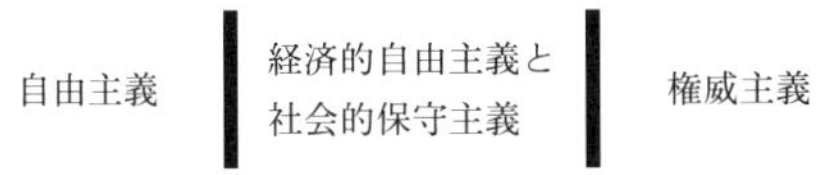

| 自由主義 | 経済的自由主義と社会的保守主義 | 権威主義 |

図5.1　急進右派の3学派

国家は，このような競争を抑制するため，不況によって停滞した社会しかもたらさない．急進右派が主張するこの分析は，1970年代における景気後退を念頭に置いていた．

5.2.2　福祉国家は非生産的である

非生産的な公共部門——コストが増大傾向にある——の拡大によって，生産的な民間部門は縮小する．国家福祉が支配的な社会では民間部門の資源が不足する．このため富を創造する生産者が収奪され，富を浪費する非生産者が放置される (Bacon and Eltis, 1978)．公共部門の労働者は善意の存在かもしれないが，彼ら彼女らはGDPに対して相対的にわずかな貢献しかしていない．また，急進右派は，イギリスの戦後経済について，公共支出がいかに収入以上に支出されてきたかということを指摘している (Barnett, 1986)．歴代政府は「成長を促進」することによって，このような超過に対処しようとした．しかしインフレ圧力やそれに続いて起こる失業の連鎖反応を引き起こすだけだった．

5.2.3　福祉国家は非効率である

福祉供給を国家が独占することで，サービスの供給や制度の効率性の面で，不適切な点や失敗がもたらされるのは避けられない．公共部門の労働者があらゆる形で「声」を上げるので，国家は彼ら彼女らの必要や利益に対してだけ反応する．消費者にはそこから「脱却する」自由，すなわち国家以外の供給形態を選択する機会はほとんどない．公共選択理論によれば，得票を求める諸政党は，選挙民の心証をよくするために公共部門を拡大することに関心を払う (Buchanan, 1986)．これに対して官僚や行政官たちも特殊利益を追求する集団となって資源を消費する．しかも彼ら彼女らは他の特殊利益を追求する集団の名のもとにこれを行う．その結果，福祉システムは過剰な負担を抱え込み，硬直的で，病的なものになってしまう．このシステムにおける国家は，市場に比べて非効率的であり，個人の自己利益に対応したり，その行き過ぎを抑制したりすることができない．

5.2.4　福祉国家は無力である

福祉国家を擁護する人たちは貧困の本質や原因を取り違えている．急進右派によれば，貧困と不平等は混同すべきではないし，これらを抽象的な「構造的」

現象に帰属させるべきではない．むしろ持たざる者の個人的特徴や性格に焦点を当てるべきである．社会的に排除された者は，ある意味では，人びとの能力を奪う福祉システムに対して合理的な反応をしているのである．あまりにも過剰で寛大で快適なセーフティネットの提供は，福祉システムへの依存を助長するだけである．このような「モラル・ハザード」は福祉への依存や世代的な剥奪のサイクルを生み出す．このため合理的で受給に値する困窮者だけではなくて，非合理的で受給に値しないアンダークラス——通常の社会から自らを排除し，やや犯罪的なライフスタイルに溺れる者たちが経験する，通常とは異なった貧困の型（Murray, 1990）——も生まれる．

5.2.5　福祉国家は専制的である

集合的パターナリズムは，よくても乳母国家（ナニー）——当事者にとって善いことを当事者よりもずっとよく知っていると言い張る——を，ひどい場合には，独裁的かつ専制的な社会を生み出す．これはハイエクの有名な言葉でいうと「隷従への道」である（Hayek, 1944）．どちらの道をとるにしても，共通善に基づく平等主義的な政治は，個人の自由や自己決定の余地を狭める原因である．市民社会が公的領域の内部に包摂されるようになり，市民が中央集権的で強大な専制国家の顧客（クライエント）として階層的に組織されるようになると，個人の自律はますます困難になる．市場改革には，意思決定の分権化と，したがって，国家の過ちと強制の可能性を減らすという意味あいがある．

5.2.6　福祉国家は放縦である

福祉国家は責務，義務，責任よりも権利や受給資格（エンタイトルメント）を強調する（Mead, 1986）．権利の強調は「タダ酒を飲む」ような態度を社会生活のあらゆる領域に浸透させ，結果として，政治的・道徳的権威を傷つける．コミュニティと相互責任の倫理が弱体化しているのは，福祉国家がこれらを十分な形で要求しないからである．私たちは働くか税金を払うだけで，お互いの義務を果たせると考えている．集合主義は依存を助長しており，私たちは国家に対してさまざまなことを期待し，福祉の源泉としての家族や地域をまったく顧みなくなっている．このため家族と市民的コミュニティの紐帯が弱まっている．人びとは決して自らの行為の結果を説明する必要を感じないし，自ら説明しようとも考えない．社会の文化はアパシー状態となり，受動的な心理状態が広まっている．

第5章 急進右派

　悪意の解釈によれば，福祉国家は不経済で，非生産的で，非効率で，無力で，専制的で，放縦的である．自由市場福祉システムにおける国家は，主として規制者であって，資金調達者となるのは時々だけであり，供給者となることはめったにない．これらの批判の正しさや一貫性について，ここでは検討しない．ただし，以上で概説した思想の多くが，急進右派が政策形成の実践にかなりの影響をふるい始める前に形成されていたため，影響力を持ち始めてから微妙に強調点がシフトされてきたことについては指摘しておこう．前節における市民権の議論がそうであったように，この点を指摘することによって，急進右派のBIに対する反応をよりよく理解することができるようになる．

　以上で検討した批判の多くは，急進右派の思想の早期の段階，すなわち，経済的自由主義が席巻する以前の時期にまで遡ることができる．フリードマンの影響のもとで，国家福祉が社会に対して及ぼす害悪への万能薬として，市場が非常に強調された（Friedman, 1962）．しかし政府に入った急進右派の経験から，社会問題とその解決を経済学的に解釈するだけでは視野が狭すぎると考えられるようになった．国家が関与する領域を狭くするだけでは十分ではない．おそらく急進右派の政治家たちは，急進右派の学者とは違って，そのようなことができるとは信じていなかった．もちろん右派のなかには経済的自由主義が有効でないと主張する者はほとんどいなかった．実際，上述の批判はイギリスの社会政策改革――NHSの市場化と給付システムの脱集合主義化――に相当な影響を及ぼした．しかし，たとえそうであったとしても，急進右派の思想には大転換が見られる．人びとを市場に導くことだけで福祉資本主義の欠陥に対応できるとはもはや考えられなくなった．市場に参入したくない者や，市場に長くとどまりたくない者がいるかもしれないからである．このため社会と福祉の再組織化のためには，積極的で高圧的な方法が必要だと考えられるようになった．この方法はある意味で，ハイエクが反民主主義的な政治・憲法改革と評したものである（Hayek, 1979）．ところが今日の急進右派は，一般に，市場を基礎にした自由を強調するだけでない．急進右派が元々批判していた以上に国家の権威主義的な役割が強まることになったとしても，社会的義務を強調するのである．

　要するに，初期の急進右派は市場を強調していたが，次第に，彼らは「市場と道徳的権威」を強調する戦略をとるようになった．そしてこれこそが前節で急進右派が経済的自由主義と社会保守主義の両方を取り込んでいると述べた理

由である．この理論的統合が BI 構想に対して与えるインプリケーションは，急進右派の社会保障制度に対する考えを見ていくことによって明らかになるだろう．

5.3 社会保障

　上述の批判を給付システムに当てはめると，何が分かるだろうか．基本的には，急進右派はベヴァリッジ主義の社会保障プログラムに対して，大別すれば，経済的反対論と道徳的反対論を展開している．

　経済的反対論は過度に寛大な給付システムが国民の富を枯渇させるだけでなく，労働市場の硬直化をももたらすという側面に注目する．完全に柔軟な経済のもとでは，すべての市場が透明である．すなわち，X に対する需要がそれ以上の供給をもたらさなくなる点まで，X の価格は下落する．もし X が労働であるならば，それ以上の雇用が創出されなくなる水準まで賃金は下落する．なぜなら賃金が完全に労働力の需給関係によって決まる労働市場では，非自発的失業が消滅するからである．しかし給付が寛大すぎると，賃金が市場価格の水準にまで下落することはない．これをきわめて単純に言おう．もしサラが週に失業手当を 100 ポンド受給できることを知っていたら，どうしてそれよりも少しでも賃金の安い職につくことがあるだろうか．この反対論が言っていることは，給付（所得代替率）が賃金の水準に比べてあまりにも高すぎるので，もっと低い水準の，より柔軟な給付システムの創出を目指すべきだということである．そのシステムの下では，賃金の水準は労働力の需給関係によって決まり，失業は一掃されている．もっとも急進右派のなかにも，給付システムを完全に潰そうとする者はほとんどいない．ハイエクでさえ，彼が「最低保証所得」と呼ぶものに賛成していた（Hayek, 1976：87）．

　経済的反対論のなかでも「モラル・ハザード」に関する議論は，道徳的反対論との区別がつきにくい．モラル・ハザードとは，y に保険をかけることで，かえって y が生じてしまう，ということである（Parker, 1982）．あるいは，前に述べたことを繰り返すならば，寛大なセーフティネットを人びとに提供すると，彼ら彼女らがそれに飛びつく可能性が実際に高くなるだろう，ということである．その結果，そのシステムは依存を助長していると非難されることになる．困窮の回避を目的として設計された制度であるにもかかわらず，この制度

が人びとを「困窮」に追い込んでしまう．ベヴァリッジ・システムは，個人を能動的な形でエンパワーメントするのではなくて，労働能力の欠如や所得の損失を受動的な形で補償するためのものである．この問題を解決するためには，たとえるなら，人びとの松葉杖を蹴り飛ばす必要がある．これは短期的に見れば冷酷だが，やがては真に自らの両足で立つことを可能にする．

最後に，給付システムは反・家族的であるとして非難される (Morgan, 1995). ひとり親に給付を与えることによって，児童給付を普遍化することによって，また，親が 2 人一緒に暮らしている世帯よりも別居している世帯へ事実上多くの給付を払うことによって，ベヴァリッジ・システムは家族の解体を助長している．これらの給付は離婚のコストを引き下げ，ひとり親家族に対して報奨を増やしているからである．このため家族を尊重した給付改革が必要となる．

急進右派が本来の形で支持を表明できる，単一の改革戦略はあるのだろうか．5.5 節で見るように，フリードマンの NIT 構想は，事実上，他の給付のすべて，あるいはほとんどに代替する，普遍的資力調査を伴うシステムである．この種の大改革は，1960 年代や 1970 年代を通して急進右派に人気を博した．しかしその後は，選別主義のうち，より穏健なアプローチが好まれるようになった．アメリカでは EITC が，イギリスでは家族クレジットが創設された (Pressman, 1992 ; Myles, 1996). 5.5 節ではその理由を説明する．また，急進右派の政府は，給付申請を煩雑にし，給付水準の引き下げ・凍結を行った．最近では，急進右派のなかに，個人を市民的コミュニティ，あるいはデイビッド・グリーンのいう「市民的資本主義」(civic capitalism) の能動的なメンバーとして再道徳化させる試みもあり (Green, 1996), 彼ら彼女らは単なる経済的な解決法を超えた解決法を模索している．とはいえ，この「道徳的」アプローチも，たいていは経済的な解決法を掲げている．例えば，ほとんどのワークフェア計画では雇用倫理が強調されるとともに，未熟練の安価な労働力が簡便な形で提供されている．

以上で，理想的な自由市場を素描し，急進右派の福祉国家やベヴァリッジ主義の給付システムに対する批判の概略を示したので，次に，彼ら彼女らの BI への態度と解釈を検討していこう．

5.4 急進右派にとってのベーシック・インカム[3]

　急進右派にとって，BI には主な利点と主な欠点がそれぞれ 3 つずつある[4]．

　第 1 の，そしてもっとも重要な利点は，BI が導入されると，市場価格の水準まで賃金を引き下げることができるというものである．BI を導入すると，なぜ賃金が下落するのだろうか．その答えは，BI と既存のシステムとが本質的に違うというところにある．後者は主に，稼得および/または稼得力が喪失したときに，これらを代替するものである．ところが，BI は無条件で給付されるという性質を持っているため，賃金の下支えとなる．

　前章で記したように，週に 100 ポンドの給付を受けている者が，失業給付から抜け出すためには，給付水準よりも相当高い賃金の職を見つけなければならない．労働と関係するあらゆるコスト，例えば交通費や育児費を考慮に入れる時，時給 3 ポンドの職につくことは，おそらく経済的には意味がない．給付システムがあるために，人びとは市場の外部で自分自身の値踏みをする．このため純粋市場に比べて，雇用のコストが全面的に押し上げられ，創出される雇用の量は少なくなる．逆に，BI があれば，労働者に金銭面で損させることなく，低賃金の職の市場を成立させることができる．無条件で週に 50 ポンド給付される BI と，時給 3 ポンドで週 40 時間働く職とを合わせると，総収入は 170 ポンド（50+[40×3]）になる．このように，労働者がほどほどの賃金の職でも就きたいと思うようになれば，使用者にとっては雇用を確保するのがいっそう容易になる．しかし，このような単純な計算で，この問題が解決できないのも明らかである．既存のシステムでは，住宅給付や家族クレジットで低い賃金を補うことが可能であったが，BI による所得引き上げと雇用創出の効果は，計画の詳細，すなわち税率と BI の水準次第である．にもかかわらず，自由市場に肩入れする者の中には，BI 改革が潜在的には市場原理を貫徹させる効果を

---

[3] さまざまなイデオロギー的立場が扱われる第 II 部では，それぞれが BI について持ちうる賛成論と反対論を見ていくことにする．最初に賛成論を，次いで反対論を論評し，そして両者の間の論争を検討する．

[4] 部分 BI について具体的に言及することもあるが，本章および後続の諸章の該当の節では，BI の原理についてのみ議論することにする．

第5章 急進右派

有することを，一応は事実であると認識している者も少なくない（Rhys-Williams, 1989；Duncan and Hobson, 1995；Roberts, 1995）．そして政治的な左派がBIを恐れているのは，まさにBIに市場原理を貫徹させる効果があるためである．しかし，急進右派のBIの支持者は，BIの効率性は必ずしも非情なものとはいえないと主張している．この点は，BIの第2の潜在的な利点につながる．

サミュエル・ブリタンの言葉によると，BIの利点は，「人間の顔をした資本主義」を創出するところにある（Brittan, 1995. Brittan, 1998；Klimt, 1993；Roberts, 1995を参照）．ブリタンは，「不労所得をめぐる誤解のなかで重要なものは，不労所得を得ている者はわずかしかいない，と考えられていることである」と述べて，BIについて通常見られる道徳的反対論を一蹴している（Brittan, 1995：243）．彼は上で述べたような，市場原理の貫徹をめぐる議論にも関心を持っているが，しかしこちらの方がより広範にわたって重要度を持つと考えている．

> ヨーロッパの経済政策と社会政策の鍵となる問題は，柔軟なアメリカ流の労働市場の利点を，いかにしてアメリカ的な貧困やゲットーを伴うことなしに実現するかということである．BIを保証すると，低賃金者の所得は補足されるので，低所得者にとっても仕事を続けることが割に合う．この点で，BIはヨーロッパ流とアメリカ流の双方の利点を備えている（Brittan, 1995：243-4）．

言い換えると，ブリタンはBIを，アメリカ的な柔軟性（フレクシビリティ）とヨーロッパ的な社会的保護（ソーシャル・プロテクション）という，それぞれの最良の特徴を集約する戦略の一部としてとらえているのである．BIは労働貧民（ワーキング・プア）〔働いているにもかかわらず貧困の状態にある者〕を生み出すことなく，低賃金の職を創出する．それゆえに資本主義は経済的かつ道徳的に高い位置を占めることができる．低所得の職に確固たる支えが保障されることによって，人びとはより進取の気性を増すだろうし，より進んでリスクを取るようになるだろう．これこそが資本主義が要求し，また必要とするものである．したがって自営業の増加も期待できる．ブリタンがBIを支持するのはまた，彼が1970年代に初めて表明した信念――国有企業を民営化するとき，株式は民間企業に売却するのでなく，すべての成人市民に対して平等に与えるべきである――とも結びついている．この点で，ブリタンのBIは

利害当事者（ステークホルダー）への市民配当[5]という考え方の先駆である．

　急進右派にとって，第3の，そして最後の，最大のBIの魅力は，いわゆる「世帯の中立性」と関係がある．現在の給付システムは，申請者の給付に対する権利を，世帯の全所得と預貯金をもとに判定している．これは，もしジャックとジルの間に婚姻上の問題が生じたら，以前一緒に暮らしていたときよりも，離別して別々に暮らした時の方が国家からより多くの給付が得られることを意味する．したがって，現行のシステムによって，人びとは離ればなれになることを強いられているということはないかもしれないが，他のシステムに比べると，離別して1人で暮らすことを魅力的なものとしているといえる．BIの利点は，個人に支払われるところにある．ジャックとジルは，離別しても一緒にいても同額の所得を別々に受給するので，離別へのインセンティブのうち，給付システムによって高められた分は取り除かれる．このことを根拠に，BIはファミリー・フレンドリーなものと解釈されるのである．

　上で述べたものは変種もあるとはいえ，急進右派のBIに対する賛成論のうちの，主なものである[6]．前節であげた問題を思い起こすならば，BIは多くの点で理想的に見える．BIは「物質的な最低限」を作り出すが，物質的な平等を作り出すわけではない．分配上の理想を社会に強いるわけでもない．なぜなら人びとは自分のBIを受け取った後は，自分の仕事をできる限り進めるよう委ねられているからである．自由市場という文脈のなかでは，BIは，個人は自分の好きなことをしてよいが，自らの責任は引き受けるよう要求する．すなわち，BIはハイエクの言う最低保証所得を与えるが，間違いだらけで抑圧的な乳母（ナニー）国家が市民を絞め殺すようなことはしない．BIは，現在の福祉国家とは異なり，市場の規律を損なうことはないし，財政的な援助によって低賃金の職を創出するのを可能にする．このため依存文化は克服される．BIは労働市場の柔軟性を容易に生み出すことができる．

　しかし，BIにはまた，急進右派の目から見ると，3つの弱点を考えうる．

5　ブリタンの言うBI自体は，第7章で論ずる，市場化された社会主義経済での社会配当と，少なくとも何らかの形の類似性がある．ブリタンは自由市場資本主義を擁護することによって――彼がどの程度一貫して擁護しているかは別だが――，資本主義か社会主義かという伝統的な選択はもはや成り立たないことを主張する．かれは左派／右派という区別には意味がないことを，かなり前から主張していたのである（Brittan, 1968）．

6　例えば，BIはノージックのいうリバタリアン的なユートピアと調和しうる．

第5章 急進右派

　第1に，BIは無条件に給付されるため，雇用倫理を強調する急進右派には不安が残る．BIの給付によって人びとが働かなくても済むならば，いくら人びとに職を提供しても無駄である．BIは，何の負担もなしに国家を当てにして生活することが可能になるような，政府からの究極の施し物であるため，人びとは労働市場からの退出を選んでもおかしくない．そうなればBIは，相当な勤労意欲の減退を生むことになる．もちろん，それはすべて，給付されるBIの水準次第である．もし私たちが週20ポンドのBIについて話しているのであれば，反対はかなり弱まるだろう．しかし週45ポンドから61ポンドの部分BIについて話すのであれば，多くの人がベッドで横になる機会について話すことが想像できるだろう．たしかに，急進右派の視点からすると，BIは福祉への依存者を通常の社会へと再統合するというよりも，彼ら彼女らが嫌う，怠惰で労働嫌いのアンダークラスを援助しているように見える．BIには経済的利益があるかもしれないが，義務，責務，責任について何も言及していないので，それらがひどく蝕まれてしまうだろう．BIは自由と市場の自由との概念的な結びつきを切断するという意味では，あまりにもリバタリアン的すぎる．すなわち，急進右派によれば，自由とは，自由市場資本主義が要求し創出する活動や財にほかならない．ところが，BIは非市場的な自由の余地を生み出すように思われるのである．

　第2に，急進右派は，控え目なBI計画のコストに対してでさえ，青ざめる傾向がある．福祉財政が実際に膨張して制御できないのだとしたら，同じくらい高くつく改革を行うことを，どのように正当化できるのだろうか．この後には，福祉の底なし沼に稀少な国富を吸い取らせる手段をもう1つ制度化するよりも，節減することが課題であるはずだ，という議論が続く．このことは，より選別主義的になるということであり，より普遍主義的になるということではない．言い換えれば，条件をよりたくさん付与することであり，条件を少なくすることではないのである．しかし，多くの問題は，BI構想の詳細のいかんによる．例えば，すでに述べたように，BIが効率的かつ生産的であるならば，それによる高コストはそれがもたらす経済的な利得によって相殺されるかもしれない．にもかかわらず，急進右派に属する者の多くは，もし社会支出が高額になるのが避けられないのであれば，少なくとも近い将来については，資金は，ワークフェアのような義務を強化する諸政策を進めるために用いるべきだと考えている．

最後に，たとえ BI が既存のシステムほど反・家族的ではないとしても，このことをもって自動的に，十分に親・家族的であることを意味するわけではない．個人の諸権利に焦点を当てる社会政策は，諸家族を真に1つに束ねる諸要因を無視している．パトリシア・モーガンは次のように述べている．

> 母親に自分の「ベーシック・インカム」がある所では，子どもにも自分の「ベーシック・インカム」があり，そして男性にも自分の「ベーシック・インカム」がある．したがって，BI 以外に個人的な報酬があろうがなかろうが，他の者に対して，分配したり与えたりする責任は誰にも生まれない．この政策は相互扶助や相互依存を損ない，家族政策の成功に真っ向から対立する（Morgan, 1996：44）．

　モーガンにとっては，家族政策が成功するためには，給付の権利と税金の評価の両方を世帯別に判定しなければならない．急進右派のなかには同意しない者もいるかもしれないが，最近の急進右派内の道徳的な論調と，家族やライフスタイルに関する BI の中立性とは明らかに相いれない．

　要約しよう．BI は急進右派の思想のうち，リバタリアン的，自由市場的側面に対して訴えかける傾向があるが，より保守的で権威主義的な側面を考慮に入れると，右派にとって魅力は少なくなる．急進右派にとっては，BI は利点と欠点とがある．しかしあらゆる美徳を備え，BI がもつ欠陥がまったくないような給付システムは存在するのだろうか．そのようなシステムは，経済効率を促進すると同時に，それ自体が効率的かつ費用効果的でなければならない．また，働くことや自己に対して責任を持つという道徳的義務を含むことをはっきりさせる一方で，市場資本主義が道徳的に優位な立場に立つことを示せなければならない．さらに，伝統的家族を優遇しなければならない．これらの基準を満たすような給付モデルはいくらでも作り出すことが可能である．しかし長い間，たぶん 20 年かそれ以上にわたって，急進右派に属する者の多くは，フリードマンの提案である NIT に満足すべきだと考えてきた．今から見ていくように，NIT は簡単に定義することができる．きわめて単純に言えば，それは資力調査を普遍的に行うシステムのことである．

第5章 急進右派

5.5 負の所得税

　本節では NIT の基礎を説明し，この計画の歴史について概説する．そしてなぜ NIT が急進右派にとって本質的に魅力があるのかを検討し，なぜ NIT と BI が同じではないのかを分析するとともに，NIT をめぐる賛成論と反対論を検討する．NIT の基礎について説明するために，移転システムが適切な形で改革された社会を想像してみよう．

　あなたは落ちぶれているとする．事実，いまはセーの法則について学んだ経済学の入門書まで売ってしまって，もう売るものが何も残っていない．そこで，なんとか生活費を得るため，街角でマッチ棒を売る決心をした[7]．

　図 5.2 を参照すると，この時のあなたの総所得は斜線上の点 A で表される．NIT による移転を全額受給でき，純所得 a が与えられる．あなたは他の街角に立つマッチ売りたちよりも安売りをするので，見苦しくない生活を送れる金額の半分ほど稼げるようになっており，斜線上の B 点に達した．今のあなたは前よりも NIT の受給額が少なくなるが，総所得が前よりも高いので，最終所得は b となる．これは a よりも明らかに高い．あなたの商売が景気づいて，マッチ棒が町の噂になると，間もなく斜線上の C 点に達する．ここまで来ると，あなたは NIT を少ししか受給できないが，このことはほとんど問題にはならない．今やあなたの最終所得は c であり，以前よりも裕福である．そして，政府の融資により，あなたはマッチ売りの店を創業した．突然あなたの総所得が D になり，ややぞっとするが，あなたはもはや負の所得税を受給する資格はないのである！　代わりに，あなたは正の所得税を払わねばならない．あなたの所得 D は最終所得 d にまで減額される．売り上げが増えれば増えるほど，また店の数を増やせば増やすほど状況が改善する，ということがなくなる．事実，あなたの税負担は重くなり，あなたの総所得が E に達する頃には純所得は e に減額される．

7　セーの法則によれば，供給が需要を作り出す．

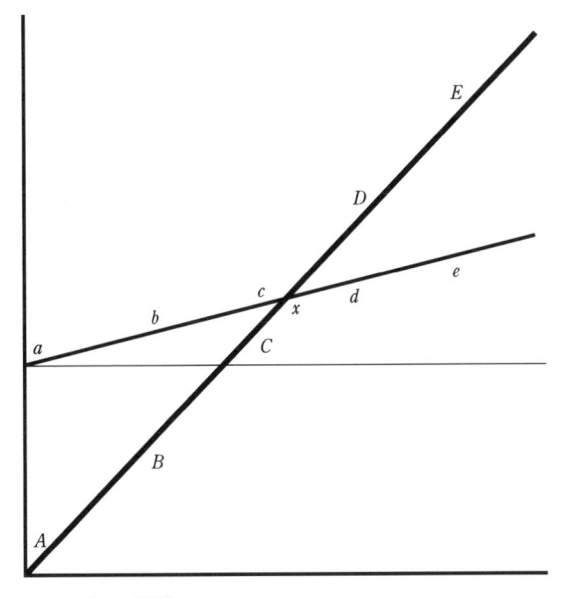

第Ⅱ部　誰にとっての自由か？誰にとっての保障か？

図5.2　負の所得税

　このような不公正をあなたはもう受け入れられないので，地域選出の下院議員のもとを訪れて，自分の労働の成果や，労働したことによる生産物を全部取得するのが拒まれるのはなぜか，説明を要求するだろう．彼女は税金と移転をめぐる何らかのシステムがなくてはならないことを辛抱強く説明し，しかもNITが，実施できるシステムの中で最善であることを話すだろう．NITが導入される前は，非自発的に失業しており，しかもそのことを自ら証明できた者に対して，最低所得が与えられた．そのことはその時点では筋が通っており，人道的であると思われた．しかし，これには（a）失業の罠を生み出す効果があった．失業の罠のもとでは，何もしないでも受けられる失業給付よりも，実質的に高い給料が支払われるような職を見つけられない限り，人びとは働かないだろう．また，これには（b）貧困の罠を作り出す効果もあった．貧困の罠のもとでは，手取りの給料を高くすることが難しい．彼女はあなたに対して，所得階層の底辺にいる者の勤労意欲を高めなければならず，NITは実行可能ななかで最善の選択肢であると言うであろう．なぜか．資力調査を行うことで，貧困

第5章 急進右派

から脱出するうえで最も効果的なステップが提供されるからである．

あなたは首を横に振って、古いシステムのもとでも法外な税金を支払ってきた、どこが違うのだろうか、と指摘する．下院議員はこれに対して、古いシステムはあなたを依存に追い込んだことを思い出してほしい、と答える．もしあなたがマッチ棒を売りに外に出ると、あなたのわずかな稼ぎの大部分が国家によって取られてしまうか、申告しないで法を破ることになるかどちらである．あなたが結局は職を得ることになるにしても、いまよりはもっと大変なものになるのは明らかだ．だからあなたの今の立場はNITのおかげである！

したがって、NITは、・一・定・の・水・準・を・下・回・る・所・得・の・者・に・、・「・負・の・」・税・を・支・払・う・た・め・の・、・税・と・移・転・の・調・整・シ・ス・テ・ム・である．図5.2をもう一度見ると、水平線は、それを下回る者が理論上はいないような最低保証額を表していることが分かる（もっとも、これが必ずしも正しいとは言えないことをすぐに見ていくが）．xが基準になって、xに近づくにつれてNITの額が次第に少なくなっていき、xに到達した後は従来からの「正の」税を支払うことになる．NITの給付効果は3つの要素に依存している．それは、NITが提供する最低所得、NITの減額率、NITの財源調達のための課税水準である．最低保証額が週に50ポンドで、1ポンド稼ぐごとに0.40ポンドのNITが減額されるとしよう．これは表5.1のようになり、収入が125ポンドに達したときに、NITはゼロになる．

したがって、長年にわたってNITが急進右派に非常に人気があったのは、最低所得水準を定めたうえで資力調査を実施した点にある．これによって人びとは勤労意欲を損なうことなしに、極端な困窮から解放された．にもかかわらず、なぜNITに対する支持は下がったのだろう．この問いには、NITについてのアメリカの経験を見てから、答えを出さなければならない．

表 5.1 負の所得税による最終所得

勤労所得	NIT	最終所得
－	£50	£50
£10	£46	£56
£20	£42	£62
£30	£38	£68
£60	£26	£86
£100	£10	£110
£120	£2	£122

5.5.1 歴史

　ミルトン・フリードマン（Friedman, 1962：191-4）は，負の所得税を払うことを最初に考案した人物ではないが（Stigler, 1946を参照），この計画の最小限の構想を示した最初の人物である．彼は，極貧層への金銭的支援が市場の働きを妨げるものであってはならず（最低賃金についても同様である），社会保障のコストをはっきりさせ，勤労意欲を保ち，政府の介入の行政的な負担を減らすべきだと主張した．これらすべてを考慮に入れたうえで，彼はNITがもっとも優れていることが証明されたと信じた．フリードマンの計画では，NITは，勤労所得（＋その他所得）と免税点との差額の50％相当額であった．例えば，課税最低限が600ドルであるにもかかわらず，500ドルの勤労所得しかない人は50ドル（(600－500)÷2）のNITを受け取る資格がある．フリードマンは，現行の福祉支出を社会の最貧の20％の者に集めれば，年に3,000ドルの現金補助を行うことができると試算した．1960年代の初頭においてこの額はアメリカの公的な貧困線の約半分に相当した．

　フリードマンが自らの提案を行った『資本主義と自由』が急進右派のバイブルとなったことを考えると，親資本主義的な勢力が再興するまでの間に，フリードマンがNITの展望に対する自信をかなり喪失してしまったのは奇妙なことである（Friedman and Friedman, 1980：152-6）．なぜこうなったかを理解するためには，この間に起きたことについて理解しなければならない．

　1960年代の半ばまでに，アメリカは奇妙な立場を取るようになった．一方では，大規模な福祉プログラムの必要性や望ましさに関する議論への理解がより深まった．動乱，待望，妄想（パラノイア）の1940年代の後で，冷戦下での豊かさの1950年代が訪れ，ニューディールの精神が再び主張され始めた．実際は，1960年代の社会政策を動機づけていたのは，部分的にせよ，人種的緊張，都市暴動，市民的無秩序への恐怖であった．たとえそうであったとしても，その時期にあった真の理想主義を過小評価するのは誤りだろう．「リベラル」という語は，それから20年間のような汚らわしい言葉になってはいなかった．しかし他方で，アメリカは，市場資本主義や露骨な個人主義との情事を続けた．ヨーロッパ諸国の，国家に管理された資本主義は，アメリカの経済・政治エリートにとって，たいていは忌まわしいものであったから，政策立案者は，貧困の諸原因との戦いをせずに，「貧困との戦い」を望んだ．このこと以外に，NITの計画がここ

第5章　急進右派

まで人気を博した理由は思いつかないのである．

この計画は当初，勃興していた急進右派（Green, 1967）だけでなく，社会主義者（Theobald, 1966）や自由主義者（Tobin, 1966）にわたる，幅広い政治的イデオロギーから関心を博した．そして，しばらくの間，アルビン・スコール（Schorr 1966）のような批評家——彼は，NIT は救貧法の伝統への逆コースを意味すると論じていた——は黙殺された．1968 年には，1,300 人もの経済学者が全国レベルでの所得保障と補足の制度を導入するように促す請願を議会に行った．ただしフリードマンはそこで提案されている所得水準があまりにも寛大すぎることに不満を抱いて，これへの署名を拒んだ．議会も一般大衆もとくに感銘を受けたわけでもなかったが，1969 年にリチャード・ニクソンは NIT の変種である家族扶助プラン（FAP）を導入しようと試みた．これは子どものいるすべての家族に対して所得支援を導入するものであった（Moynihan, 1973）．保守派が最低所得を保証するという発想を嫌い，リベラル派がワークフェア的要素を嫌ったために，FAP は結果的に挫折した（Harrington, 1984：32-4）．しかしその提案は NIT が検討課題（アジェンダ）となる一助となり，1970 年代の大規模な諸実験のきっかけとなったのである．

とても長い話を短くすれば，これらの実験は 1968 年から 1978 年にかけて積み重ねられたものであるが，実際は NIT の死を知らせる鐘に聞こえたのである．なぜなら，NIT があまりにも〔運営するのに〕金がかかりすぎるとともに，勤労意欲を損ない，家族の解体を促進すると多くの人が判断したからである（Neuberg, 1995 を参照）．この結論が正しいか否かの議論は，果てしなく続いているが（Rees and Watts, 1975；Boskin, 1975；Andersen, 1978；Bishop, 1980；West, 1980；Garfinkel, 1982；Munnell, 1989；Parker, 1989：145-55；Roche, 1992：183-4），NIT の展望に関して否定的な評判が生まれたことは否めない．政治的な中道や左派に属する者の多くが支持しなくなってからかなり経って，急進右派も，NIT は従来のシステムに比べて成果が非常に少ない，高くつく手段であると感じ始めた．1980 年までに，フリードマンの NIT への確信がさらに揺らいだことは疑いない．事実，その時にイギリスやアメリカに登場した急進右派の政府は，給付システムをビッグバン的に置き換えてしまうよりも，漸進的な改革を好むようになった．このため，先に記したように，勤労所得税額控除（EITC）や勤労世帯税額控除（WFTC）のようなものが生まれた．このことをもって NIT が広範な政治的イデオロギーを背景とする支持者たち（例えば，Minford,

1987; Haveman, 1988; 1996; Pechman, 1989) の支持を失っただとか，影響力が薄れただとか主張しているわけではない．彼ら彼女らがかなり守勢に立たされていると言っているのである[8].

5.5.2 NIT の擁護

急進右派にとって，NIT は，BI がもつ短所をまったくもたずに，長所をすべて提供してくれるものなのだろうか．第 1 に，NIT は労働市場をより柔軟にする余地を与える（Lambsdorff, 1996 を参照）．右派は，底辺労働者に生活が可能な賃金を与えると，実業界の負担になるという理由から，最低賃金制度は不適切だと断じる．しかし，NIT のもとで使用者は安心して賃金水準を下げることができる．というのは，最低賃金労働への補助金は公の財布から支払われ，NIT がどれくらい減額されるかにもよるが，勤労意欲が維持されている，ということを知っているからである．事実，NIT は家族クレジットを拡張したものとも考えることができる．なぜなら，家族クレジットは子どものいる勤労世帯に対して，資力調査を行ったうえで行われる給付であるのに対して，NIT は働いている者に対する補助金という〔家族クレジットの〕原理をすべての低所得グループに対して拡張するからである．したがって，急進右派は，経済的な不利や社会的排除の問題，すなわち人間の顔をした資本主義の問題に関心があると主張することができる．

第 2 に，NIT を受給するためには，賃金を稼ぐか，例えば重度の障害といった，不可避の事情によって働くことができない，ということを示す必要がある．したがって，NIT がフリーライダーを拒む上で弱点があるわけではないし，納税者が仕事嫌いの人間を援助することになる可能性も回避できる．NIT は自由市場市民権に含意された勤労の義務に対して，暗黙のうちに価値を置いているのである[9].

しかし，NIT が当初想定されたほどの節約にはならないと分かったとき，

---

8 NIT がイギリスの右派にかなりの影響を与えたことを読者は記憶してほしい．経済問題研究所（The Institute of Economic Affairs）は逆所得税（Reverse Income Tax）を 1970 年と 72 年に提唱した．ヒース政権は薄められた NIT であるタックスクレジットの導入を提唱した（Lees 1967; Christopher et al., 1970; Atkinson, 1973; Clark, 1977）．

9 NIT が必ずしも最低所得保証にならない理由はここにある．すべての資力調査付きの所得保障システムと同様に，セーフティネットから脱落してしまう者が生ずるのが避けられないからである．

第5章 急進右派

NITへの支持をやめた右派は多かった（Meinhardt *et al.*, 1994）．もちろん，それはすべて，負の所得税の水準と減額率〔限界税率〕のいかんにかかっている．1970年代の後半に，フリードマンは，ニクソン大統領とカーター大統領が考えていたNIT計画がいずれも寛大すぎるため，より控え目な負の所得税を考えなければならない，と不満を漏らしていた．要するに，その計画のコストは，経済的に決定されるのではなく，政治的に決定されるのである．

最後に，NITは急進右派が望むように親・家族的であるかどうかを検討しておこう．一見したところは，否である．1970年代の経験から，他の制度よりも家族解体を招く率が高くなったように思われたからである．NITによって，福祉に依存する者が，必ずしも労働の規律を再び守るようになるわけではない，と心配する者もいた（Phelps, 1997）．しかしそれでも，NITシステムは，適切に構築すれば，急進右派が恐れる類の傾向を打ち砕くだろうと主張する者もいた．パトリック・ミンフォードは次のように述べる．

> このシステムのもとでは，非嫡出子のいる者が割を食うことになるので，人びとは非嫡出子を生もうとしない．子どもがたくさんいる家族は，子どもの少ない家族よりも，1人当たりの所得が少なくなってしまう．子どもの数は，子どもを持つ費用と便益によって決まるので，人びとは自分たちが扶養できる以上の大家族をもとうとはしない（Minford, 1987：81）．

大部分の者は，無責任な行動の結果に対しては，納税者がお金を払って支援してくれないことを知っているので，責任を持って行動することになるだろう．

したがって，NITが費用効果的かつ十分に親・家族的かという問題は残っているものの，NITはBIの長所を持つ一方で，その欠点は持っていないように思われるのである．もし急進右派の理想が資力調査を普遍的に行うシステムにあるならば，NITはその機能を果たすことができるように思われる．たとえ急進右派の政府がそれを推し進めるのをためらったとしても．

5.5.3　BIとNITは，どこが違うのか

NITについての賛成論と反対論を吟味する前に，はっきりさせておかなければならないことが1つある．それはBIとNITは同じではないということであり，この点は，ジェームズ・ミードが最初に指摘した（Meade, 1972）．この論

争を初めて知った者は，これら2つは混同されることがあるし，じっさい混同されてきた（例えば，Mitschke, 1995. Pioch, 1996；Pelzer, 1996；Van der Ploeg, 1996bを参照）ということを知って驚くだろう．とはいえ，BIとNITには重要な違いが3つある（Parker, 1991aを参照）．

第1に，支払い方法に違いがある．NITはいわゆる事後の給付形態を取っている．言い換えると，負の所得税による受給額は，勤労所得と課税最低限との差額を求め，所得が増えるにつれて負の所得税が減るような形で計算して決まる．これに対して，BIは，他の収入とは無関係に，各人に自動的に支払われるという意味で，事前の給付形態を取っている．したがって，BIはNITが提供できない程度の保障を提供する（以下をみよ）．ブリタンは，NITが減額されていく割合がBIを運営していくために必要な税率と同じであるならば，最終所得はどちらも同じになることを指摘しており，この種の論法に異議を唱えている（Brittan and Webb, 1990）．例えば，BIが50ポンドで税率が40％の場合，最終所得は表5.2に示したようになり，表5.1とまったく同じ数値が得られる．そのような場合は，NITとBIは基本的に同じである．

しかし，ブリタンのように最終所得に焦点を当てると，社会保障システムにとって肝要なことをとらえ損なうことになる．それは，現金がどのように与えられるのかということは，いくら与えられるのかということと同じくらい重要だということである．BIにとって重要なのは，自動的に給付され，ひも付きではないという性質である．BIは最低限度の所得を確実に保障するが，既存のシステムやNITはどちらにも落とし穴があるため，下りのエスカレーター

表5.2　ベーシック・インカムによる最終所得

勤労所得	BI	最終所得
—	£50	£50
£10	£50	£56
£20	£50	£62
£30	£50	£68
£60	£50	£86
£100	£50	£110
£120	£50	£122

を駆け上がろうとするのと似たことになってしまう (Van Parijs, 1995 : 35).

　第2に，NITは資力調査を伴うシステムであるため，低賃金労働者にはニンジンを与えるのではなくて鞭をふるうことになる．これに対して，無条件に給付されるBIは，低い賃金にペナルティを課すのではなくて，高い賃金に報酬を与えることを強調する．さらに，もしNITが世帯所得にもとづいて算出されるならば，他に所得の源泉がいっさいない世帯はどうなってしまうのだろうか．おそらくNITはワークテストつきの社会扶助によって下支えしてもらわなければならなくなるだろう．このことはコリン・クラークの結論でもある (Clark, 1977). ということは，NITは大量に雇用がある経済のもとではうまくいくように思われるが，ひとたび失業が増え始めたときには古いシステムの要素を導入しなければならないということである．これこそがおそらく，急進右派が資力調査の要素を縮小したシステムを選択した理由なのであろう．

　最後に，給付を査定する単位に違いがある．NITは裕福な家族のなかの，低い賃金しか払われないメンバーに対して負の所得税が支払われる可能性を回避するために，個人というよりも困窮世帯に的を絞っている．もちろんスチーブン・ウェッブのような人たちは，同様の理由からBIも世帯単位で給付すべきだと主張している (Webb, 1991). しかし短期間でも，富裕世帯の専業主婦にはBIが支払われないということになれば，無条件に給付されるというBIの特徴は取り払われてしまう．もしBIの支給額が世帯の所得，そして/あるいは財産によって異なるのであれば，第1に，BIが無条件だとはいえない！　言い換えれば，ウェッブはブリタンのように世帯を単位とした最低所得保証計画に肩入れしているので，BIを論じているというよりはNITについて論じているのである．第4章を思い出すならば，BIの提唱者たちは，無条件の個人ベースの給付に賛成していた．なぜなら，そのような給付こそが市民権や自立といった資質を高めることになるからである．そして裕福な世帯が厳密には必要としてない資源は税制によって「回収する」ことができるからである．

5.5.4 賛否両論

　最後に，NITの利点と欠点について要約しよう[10].

　第1の利点は，NITが税制と所得移転を体系的に連携させることである．細

10　似たような評価が参加所得（第6章）と社会配当（第7章）に対しても行われる．これらの評価

分化された給付システムを，ベヴァリッジが1つの一貫したものに変えたのと同じように，国家福祉と財政福祉のすべてにわたって，同様のことを行う必要性が長年にわたって議論されてきた．NIT は，給付と手当がつぎはぎになった現行のシステムに代わる，シンプルで魅力的な選択肢と考えることができる．

第2に，受給権（entitlements）と納税の義務（tax liabilities）とが同じ尺度で評価される．すべての者が，収入が免税点を上回っているか下回っているかに応じて，プラスかマイナスになる．戦後の予想——完全雇用によって受給者の数が最小限にまでが減少する——がいまだに実現していないため，最終的な受給者と最終的な納税者との間の大きな断絶が，現行のシステムによって維持されている．図5.2を再度見ると，NIT のもとでは，たとえ高さは違っても，すべての者が同じ坂の上にいる．受給者と納税者との間の象徴的な隔たりを減らすことによって，NIT は市民権の倫理を促進するものだと考えうる．

しかし，NIT にはまた，いくつか欠点もある．これは，とくに NIT の急進右派的な特徴に共感しない者にとってのものである．

第1に，NIT は結局，市民権の倫理を促進することはほとんどない，といえる．NIT はすべての者を同じ坂の上に置くかもしれないが，坂の一番下にいる者の減額率〔限界税率〕と，一番上にいる者の税率とを比較するのは簡単である．NIT は，一種の慈善による受給資格を体現したものだが，これは，拠出や保険に基づく給付の「稼得された権利」に比べて劣っている．したがって，捕捉が不十分であるという問題を解決することにはならない．これまで考え出されてきた他のすべての資力調査付きのシステムのように，正の所得税を拠出する者が「払ってやった」負の所得税を受給する者には，スティグマがつきまとうことになる．

第2に，負の所得税が事後的に払われるとすれば，NIT の受給権を算出してから実際に支払われるまでの間に，タイムラグが生ずるのは避けられない．たとえコンピュータ化が進んだ社会に住んでいると仮定しても，何千万人もの税の査定が週単位で行われていれば，タイムラグの問題は依然として解決されない．ちょっとした臨時の仕事を木曜日と金曜日にすることで，60ポンドを稼ぐことのできる労働者を想像してみよう．後で26ポンドの NIT（表5.1をみよ）

は私自身の価値観——リベラル社会主義的フェミニスト的エコロジスト！——にもとづいている．読者はこの点を配慮して，賛否を判断してほしい．

第5章 急進右派

を受給する資格があるので,週の所得が86ポンドに引き上げられても,それはまったくお金が入ってこない月曜日から水曜日までの生活の助けにはならない.あるいは,突然首になって,これまで受けていた額よりも高い額のNITがすぐに必要な低賃金労働者を想像して欲しい.事後払いのシステムでは,失業したことを確認する以外の理由がなかったとしても,失業してからより高い水準のNITを受けるまでには時間がかかるだろう.

最後に,リスク社会のもとで,福祉を実現するためにますます保障が必要となっているが,以上を踏まえて言えば,NITは保障の程度を上げることに貢献できないだろう(Fitzpatrick, 1996を参照).ヴァン・パライスが指摘するように,NITは「……事後的な調整を行うという不確実な約束であって,しっかり手元にあって十分当てにすることのできるお金ではない」(Van Parijs 1995:36).NITは貧困の罠をひどくするかもしれない.というのは,短期間しか利得は自分のもとにないのではないかという不安に駆られて,人びとは,高賃金の職につくことを思いとどまるかもしれないからである.

もちろん,急進右派の価値前提のもとでNITを支持している場合は——本章は右派が立脚する前提とNITとの間に強い結びつきがあると想定してきたが——,ここであげてきた欠点は取るに足りないものであろう.それどころか,ある程度経済的な効率性を犠牲にすることがあったとしても,貧しい者を不安定な状態に置く方が望ましいということになるのかもしれない.おそらく,市場の規律による鞭が打たれるためには,低賃金労働者はスティグマと「下りのエスカレーター」の両方に向き合っている必要がある.もし急進右派が社会問題の個人化を目的としているのであれば,NITは,極貧層に,貧困化の原因が自らにあると考えさせるうえで非常に効果的な方法であろう.したがって,急進右派の原理に異議を唱える者は,NITを支持する前に時間をかけて真剣に考えるべきなのである(Block, 1996を参照).紙幅の制約で,本章と次章以降では,問題になっているイデオロギーの批判を引き続き行うことはできない.しかし,社会的公正を放棄することに基づいた社会政策には,本質的に何かしら不愉快なところがあるように思える.もしNITが自由市場資本主義を人間の顔にさせることがあったとしても,その顔立ちは非常に醜いものとなるだろう.

5.6 結論

　NITの全盛期はもう昔のことになってしまったが，このことは，完全な改革が容易に考えうるようになる時まで，NITは社会政策史の教科書にゆだねるべきだということを意味しているのだろうか．私はそのような結論に対して警鐘を鳴らしたい．ある意味でNITはディケンズの小説に出てくるミスヘイヴァシャムに似ている．彼女は往年の財産に囲まれて暮らしており，現在の出来事に悩み続ける隠遁者である．給付の改革に抽象的な青写真を作るようなことは，1960年代に比べるとありそうにない．なだらかで漸進的なアプローチを好むという意味において，今日の私たちはより保守的であり，あまりユートピア的ではなくなっている[11]．政府高官にNITの導入を提唱する人が少ないため，NITは実践的な提案としては消滅したと考えるのが合理的かもしれない．しかし，認めるかどうかはともかく，頭の中で理想的なモデルを考えている者によって，既存の提示された諸政策のベンチマークとして作用するものとして，事実上の改革が遂行されている．資力調査を極端に普遍化したシステムとして，NITは理想的である．1970年代末から，給付対象の絞り込み(ターゲッティング)がイギリスとアメリカの両方でより広く行われるようになった．そしてNITは右派の検討課題(アジェンダ)から脱落したが，このことはNITの基本的な思想が検討課題に影響を与えなくなったことを意味するのではない．すでに記したとおり，勤労所得税額控除（EITC）と勤労世帯税額控除（WFTC）はNITの縮小版と考えうる（Haslett, 1994を参照）．なぜならそれらは賃金稼得能力の喪失・欠落を補填するというよりは，賃金稼得行動に対して「報酬を与える」働いている者へのクレジットであり給付だからである．もしこのアプローチが人気を集め続けているとすれば，背景に漂っているNITの着想から想像力が大きく飛躍することはないだろう．すでに記したように，労働党政府は1999年にWFTCを導入することを計画している．これはヒース政権が1970年代はじめに賛成したタックスクレジット（第3章をみよ）の最新版としての役割を果たすだろう．これに対しては，1970年代半ばにアトキンソン（Atkinson, 1975: 231）がタックスクレジットを「統合された」NIT計画であると言及している．

11　これがまさに，多くの者がBIを検討課題(アジェンダ)から外している理由でもある。

第 5 章　急進右派

　急進右派に関する限り，NIT は依然として将来計画と目標に関係している．フリードマンらがかつて想像したほど，NIT は万能薬ではなかった．また，NIT は右派の何人かが好んだような義務志向のものでもなかった——パトリック・ミンフォードはそうではないことを証明しようと努力したがたとえそうであっても，NIT はその時代がきっとまた来るビッグアイディアでありつづけている．急進右派が 1980 年代のサッチャー時代に絶頂だった権威をまた生み出すだろう．NIT とワークフェア構想とが結合した改革戦略は思いもよらないものではない（Bestley and Caste, 1995 を参照）．

　要するに，NIT をその時代が過ぎ去ったものだとして退けるにはまだ機が熟していないということである．NIT の最も慈悲深い側面は，政治的に中道左派に属する者を，福祉国家を現代的にする役割を果たすものとして，納得させるかもしれない．福祉の供給が賃金の代わりをすべきではなく，賃金を上げるべきであるという考え方は，西洋の精神の中に完全に根付いている．NIT の影響は重大であるし，その影響力が持続しているのは明らかである．

第6章 福祉集合主義
選別主義的な保険を超えて

6.1 保険化された市民

　戦後福祉国家と呼ばれるものは，多様なイデオロギー的起源から生まれた．私たちは，20世紀を通し，福祉諸制度が誕生し，発展するうえで一国保守主義者，社会自由主義者，社会民主主義者のすべてが，大きな影響を与えてきたことを確認できるだろう．社会主義の影響を別に扱うとしても（第7章をみよ），それ以外に中道イデオロギーの政治思想が多数存在する．それらを1つの名前で呼ぶことは難しい．社会政策の文献では，それらにふさわしい名前をつけようとさまざまな努力がなされてきた．いくつか例をあげると，産業主義（Titmuss, 1974），消極的集合主義（George and Wilding, 1976），制度主義（Mishra, 1977），新重商主義的集合主義（Pinker, 1979），改良主義（Taylor-Gooby and Dale, 1981），中道（George and Wilding, 1994）となる．私自身は，本章のタイトルの一部分となる名称を支持している．福祉集合主義という語は，マクミラン，ケインズ，ベヴァリッジ，バトラーといった人びとの見解の総称であり，クロスランドなどの社会民主主義者から大きな影響を受けている．

　しかし便利な名前が見つかっても，政治的中道派のイデオロギーの輪郭を描くのは，けっして簡単なことではない．たとえば左派-右派の政治的スペクトルを，主要な成分へ分解すると何が起こるだろうか．私の分類を近年の比較社会政策の2つの分析，すなわちエスピン・アンデルセンやノーマン・ギンズバーグのものと比較したとき，どこが異なるのだろうか（Esping-Andersen, 1990；Ginsburg, 1992）．

　福祉集合主義は，第5章と7章で取り扱う政治思想の両方と重なることが分かる（図6.1をみよ）．このことは，社会保守主義と社会民主主義のどちらに重

第6章　福祉集合主義

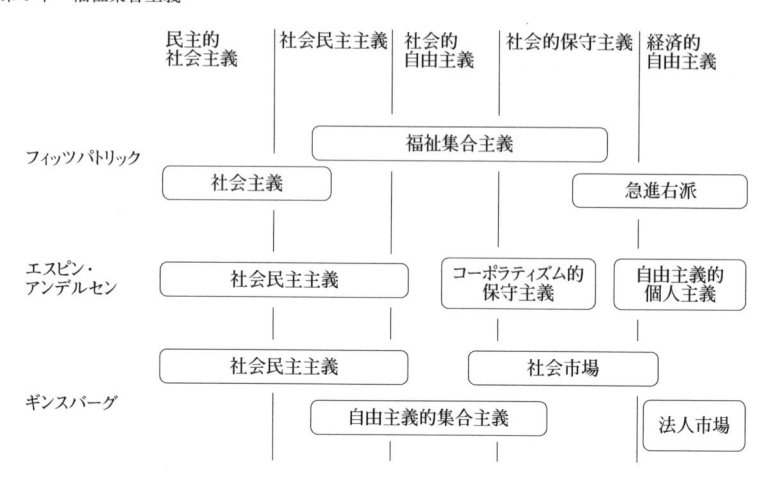

	民主的社会主義	社会民主主義	社会的自由主義	社会的保守主義	経済的自由主義
フィッツパトリック			福祉集合主義		
	社会主義			急進右派	
エスピン・アンデルセン		社会民主主義	コーポラティズム的保守主義		自由主義的個人主義
ギンズバーグ		社会民主主義		社会市場	
		自由主義的集合主義			法人市場

図6.1　福祉レジームの分類

きをおくかが，それぞれが適用される文脈によって変わることを示している．また，政治的中道派と私が分類したものが，エスピン・アンデルセンやギンズバーグによるものよりも広いことに気づくだろう．このことの利点は，古典的福祉国家（すなわち，そのほとんどが西欧で見られるものである）が，いかに複雑で，しばしば矛盾をはらむ原理や目的から成り立っているかを知ることができることである．このことの欠点は，私たちの分析に，これらの諸要素のすべてを組み込むわけではないため，分類が不適切になってしまうことである．したがってBIに対する現実の，あるいは，ありうる反応という観点から福祉集合主義を論ずるさいには，この点を注意しなければならない．

　福祉集合主義の思想が大幅に再編される最中にあると認識するとき，問題はより複雑になってくる．単純化を恐れずに言えば，中道左派の政党は，1980年代よりも1990年代の方が選挙で善戦している．その理由の一部は，これらの政党が長年敵対してきた政策を薄めた形で採用するようになったことにある．私の考えによれば，このため政治的中道派は右傾化し，「伝統的福祉集合主義者」と呼ぶことのできる，戦後福祉国家の古きよき時代に回帰しようとしている人びとは，「市場集合主義者」，すなわち属は同じだが，種は多くの点で完全に異なっている思想が新たに誕生するのに直面することになった（Fitzpatrick, 1998b）．要するに，福祉集合主義を論ずるためには，一括して論ずるのが難し

い多様な理論的な事項を1つに束ねる必要がある．

　第Ⅱ部のすべてについて言えることだが，市民権についての議論をすることで，イデオロギーそのものと，BIに関係のあるテーマや問題とが効率よく橋渡しされる．それでは福祉集合主義は市民権をどのように定義するのだろうか？

　急進右派と違って，福祉集合主義者たちは，社会的公正や物質的平等という面での地位の平等を，積極的に規定する（Plant *et al.*, 1980）．なぜなら，すべての者には基本的な必要を充足する権利が与えられていると，彼ら彼女らは信じているからである[1]．たとえば，すべての者に関係がある基本的な必要の1つとして，最低限の尊重を受ける必要というものがあり，これがないと自分の潜在的な能力を発揮しようとする個人の努力は損なわれてしまう（Williams, 1962）．制約のない市場は本質的に最低限の尊重を提供できないために，大きな不平等と不衡平を生み出してしまう．資源が一定水準──社会全体の富の量に依存するとともに，社会全体の富に比例する──を下回った者は，自尊心をもつことができないし，他者から尊敬されることがない．すべての市民がさまざまな「社会的基本財」（自由，機会，所得，富）を入手し，すべての者に与えられている「自然的基本財」（健康，知性，才能）を発揮できるように保障するために，市場はある種の集合的統制のもとで運営されるべきである（Rawls, 1972）．このとき，平等な地位とは，単なる形式的なものではなく，実質的な平等の概念のことを指す．そこでは，すべての者が最低水準の物質的資源を所有する正当な請求権を有するので，社会的公正の原理が侵犯されない限り社会的諸条件から排除されない．

　急進右派が選好や欲求を根本原理と考えるのに対して，福祉集合主義者たちは基本的必要を優先する．自由市場で行われた分配は，抽象的かつ非市場的な基準による評価に従うべきである．そしてもし自由市場がこの基準を充たすことができないのであれば，規制すべきである．物質的条件を平等化することは，すべての者が基本的必要を充足するうえでの必須条件である．もっとも，このような平等化はいつまでも続けるべきではない．基本的な自由が脅かされる前の段階で止めるべきである．

　したがって市民的・政治的権利だけでは十分ではなく，ある程度の水準の福

1　社会的公正と基本的必要の議論については，ミラーやドイヤルとゴフをみよ（Miller, 1976；Doyal and Gough, 1991）．

第6章 福祉集合主義

祉と保障に対する権利も正当化される[2]．このことは生産手段の所有の相違に由来する体系的不平等，すなわち階級的不平等が考慮されなければならないことを意味する．しかしより左翼的な者とは違い，福祉集合主義者の多くは，階級的分断を克服するためには必ずしも生産手段を共同所有して階級システムを廃絶する必要はないと主張している（Crosland, 1956を参照）．つまり所有の格差が存在していても，財の分配が不公正な結果にならなければ，社会的権利を保障することができるからである．市場資本主義経済に対する国家介入によって階級的分断は市民権の倫理に置き換えられなければならないが，かといって生活を良くするという個人の勤労意欲を損なうことがあってはならない（Marshall and Bottomore, 1992）．T．H．マーシャルによれば，市場経済を機能させる報酬と功績のヒエラルヒーを損なうことなく，市民としての私たちの民主的価値と，市場価値とを区別すべきであるし，また区別することができる．取り除かなければならないのは，個人の努力以外の要因によって生まれた不平等である（Marshall, 1981：119. Barbalet, 1988；Held, 1989：193-206を参照）．要するに，被用者は，彼/彼女の使用者と同じように，社会の平等な構成員でありうる．しかし，自由市場における交換を推進するということは，労働組合を含むすべての者が市民権の義務を受け入れなければならない，ということである．したがって福祉集合主義によれば，社会権は共同所有とは関係ない．社会権とは，基本的必要の充足を功績に基づいた権利と結びつけることを可能にする手段である．欲求，選好，「努力」は，すべての者の基本的必要が充たされてはじめて，意味をもつ（Williams, 1997）．

したがって政治共同体は市場秩序と結びつけられるべきだが，両者を同一視すべきではない．そうではなくて政治共同体は市場経済の範囲，作用，活動を一定程度統制するのである（Keynes, 1954）．ハイエクは，自生的秩序が自由に働く以上のことは何もすべきではないと主張したが，福祉集合主義者たちは，政治共同体が市場経済に従属しているとともに，市場経済を支配していると信じているのである．管理する国家は，市場の力の現実の流れそのものをなくすことはできないが，その速度と方向を変えることはできる．市民社会を市場交

---

2 これは福祉への平等な権利——平等な権利では高価な物を好む者を無視してしまう（Dworkin, 1981；Arneson, 1989）——ではなくて、最大限の水準の福祉に対する権利——全員に対して保証することができる——である。

換の没人格的な連鎖と等置することはできないが,それらが何らかの形で結びついたものではある.政治共同体は市場資本主義から相対的に自律しているにすぎない.これが福祉の供給に関するマーシャルの理論の出発点である.彼は福祉の供給を

> ……それによって個人が(社会から孤立せずに)社会に受け入れられ,集合体の福祉から恩恵を受けると同時にそれに貢献するための(Marshall, 1981:91)

手段であると定義した.

したがって,社会権は市場の内部での権利ではあるが,市場に抗する権利ではないように思われる.結果として,福祉集合主義者は市場秩序への義務と責務を強調する.私たちが以下でみていくように,このことは,社会福祉の組織にとって重要な含意がある.

結論として,私たちは次のことが言える.福祉集合主義者とは,自由市場が貧困層から社会のなかで生きていくために欠かせない基本的必要を奪っていると主張して,自由市場を非難する者のことである.すべての人が平等な地位を達成するためには,市場が特定の形態の政治運営に従うことが必要である.また,社会的公正を達成するには,市場自体が許容する以上に公平な基準に基づいて,市場がもたらす給付と負担を分かち合うことが必要である.社会的諸条件の平等化は,管理的な国家が市民権のなかの社会的権利をすべての者に提供することによって達成される.しかしこの社会的権利が取り除くのは,不当な不平等,すなわち,自由な市民の自発的努力とは無関係に生じた不平等だけである.私たちは経済の力をある程度制御できる政治共同体の構成員として,社会権を市場環境のなかで所有している.したがって,これらの社会権は社会的義務と密接に結びついているのである.福祉集合主義によれば,市民権とは物的諸条件の平等化を通してもたらされる,基本的必要の充足のことを指しており,したがって個人の地位は市場価値と同等ではない.また,社会権は,互酬的な社会的義務に応じて,市場経済内部における財の不適切な分配から私たちを保護してくれる.

6.2 善意の解釈[3]

福祉に関する善意の解釈は，貧困のような集合的な問題に対処する時に，国家が社会に対して良い影響を与えうると考えている．それは，無規制の資本主義がもたらす不衡平に関して言われていることを踏まえたものである．もし私たちが善意の解釈を，その構成要素に分解すると，どのようなことが分かるだろうか．

6.2.1 福祉国家は基本的必要(ベーシックニーズ)を充足する

基本的必要には自然なものもあり，そして普遍的といえるもの（肉体的・精神的健康，情緒的安定）もある．他方，社会的なものもあり，これらは特定の空間や時間と関係する（尊敬，仕事や所得に関連する経済的保障，コミュニケーション能力，社会的相互行為，自己決定，合目的的活動）．福祉集合主義者は，福祉国家を，基本的必要を充足するか，満たすことを可能にするものとして描き出してきた．これは，広範な社会政策・公共政策・経済政策とともに，福祉制度が，そのような必要に直接対応するからである．あるいは基本的必要が充足されない状態が続いているということは，たとえばホームレスの場合のように，回避することが可能であるだけでなく不当であると考えるような社会環境や公共文化が福祉制度によって生まれるからである．

もし，上で掲げたような基本的必要を脅かす社会問題が1つあるとするならば，それは貧困であるに違いない．現代社会から貧困を除去できるのは福祉サービスだけである，と考える福祉集合主義者はほとんどいない．しかし，集合主義的な手段を通じて個人や家族は，最終的には困窮の根本的な原因に立ち向かうことができるだろう．反貧困戦略の理論的根拠は，どの種の福祉集合主義を検討するかによって異なってくる．自由市場経済を拒む社会保守主義者は，社会の安定と階級の調和のためには，社会的排除が解決される必要があると信じているからこそ，自由市場経済を拒むのである（Macmillan, 1938）．社会自由主

---

[3] 以下の記述は，福祉集合主義者が国家福祉に対して行う解釈に相当する．しかしこれは，戦後福祉国家が，以下の節で描かれているほど慈悲深いものだったと主張しているわけではない．その理由は以下の3つの章で見ていく．

義者は，個人の自由と公共財に対する給付に焦点を当てる（Galbraith, 1962）．社会民主主義者は，労働者階級の利益が政治的に優位に立つことが明らかな，新しい資本主義の時代に移行していることを強調した（Crosland, 1956）．しかし理論的根拠が何であれ，福祉集合主義者たちは国家福祉を反貧困戦争と結びつけた．これがまさに，1960年代の貧困の「再発見」が，時代の自画像にあそこまで打撃を与えた理由なのである．

6.2.2 福祉国家は多元主義的である

いましがた記したように，国家福祉のシステムが社会と個人の福祉（well-being）のための十分条件と見なされることはめったにない．福祉集合主義は国家集合主義と同じものではなく，集合主義の制度とサービスは供給の自発的，商業的，家族的形態を支えるものである．もちろん，1970年代と80年代において，福祉多元主義を唱える者は――しばしば，右派の観点からそうしていた（たとえば，Hadley and Hatch, 1981）が――戦後期の国家中心主義と中央集権化を過剰に強調する傾向があったが，そのような表現がベヴァリッジ・システムの現実とどのように対応するのかということは，決して明らかではなかった．ベヴァリッジ自身，中央集権的な行政に対して，過度に支配的な役割を与えることに警鐘を鳴らしていた（Beveridge, 1948）．また，非政府組織が集合主義の福祉制度の準パートナーであったにも関わらず，とくに1950年代を通して，非常に強大な国家に従属していたと考えるのは単純化のしすぎである．

多元主義へのこのようなコミットメントは，資本主義経済の基本的価値と目的に対する継続的なコミットメントからもたらされる（これはまさに，マルクス主義の理論家たちが，戦後改革を福祉資本主義のシステムを創始するものと特徴づけた理由である（Habermas, 1975））．資本の私的所有と，国家所有，および/または，大規模産業と自然独占に対する規制とは結びつけることが可能であった．私的所有は福祉にとって必要な経済成長を生み出すのに対し，国家所有，規制はそれを，純粋資本主義市場が行うよりも衡平な原理に基づいて分配した．同様に，「福祉の混合経済」を生み出すために，国家はその他の福祉セクターと協働しうるし，協働すべきである．そのもとでは，公的・民間営利・民間非営利・非公式部門の相互作用から人びとは利益を得る（Gilmour, 1978）．さらにまた，保守主義・自由主義・社会民主主義的な批評者のうち，誰が批評を行うかによって強調点は変わるが――事実，クロスランドのような戦後社会民主主義者は，伝統

的に定義されてきた資本主義は完全に死滅したと考えた——，彼ら彼女らの基本的なテーマは同じなのである．

6.2.3 福祉国家は条件を整備する(イネーブリング)

さらに福祉集合主義には，それが個人の自己責任や努力を支持することに関心を持つという共通の特徴がある（Keynes, 1927）．福祉集合主義者は急進右派と異なり，社会問題には構造的原因があると考え，ひいては集合主義的方法で解決しようとする．しかし個人主義への支持も根強い——保守主義者が主張する国民という文脈における個人主義か，社会民主主義者が主張する階級という文脈における個人主義かは別として．いったん集合主義の枠組が採用され，貧困の改善に向けた条件が打ち立てられたあと，個人は提供されている機会を利用するよう期待される（Beveridge, 1942）．すべての福祉集合主義者は，すべての者が労働市場のなかで賃金を稼ぐこと——あるいはそれを支える活動（たとえば家事労働）やそれに類する活動（たとえば求職，ボランタリー活動）——が最も徳の高い活動形態であると考えている．この意味で福祉集合主義者は雇用倫理にコミットしている．前節で見たように，互恵的な，市場に根ざした義務と連携しない社会権は，無意味なものと見なされてしまう．

福祉集合主義者の多くは，個人が自立できるようになるために必要な機会が，完全雇用によって与えられると考えてきた（Beveridge, 1944）．国家は高水準かつ継続的な形で雇用を創出する義務を持つとともに，（男性の）個人は40～50年の間にわたって，常勤(フルタイム)の職に就く責任があった．今日では，このようなことが可能，または望ましいと信じる論者が少なくなっているのは明らかである．新たに出現した市場集合主義者たちは，以前に見られた社会権と義務の考え方に対して，少なくとも3点ほど，重要な修正を行った（Fitzpatrick, 1998b）．第1に，彼ら彼女らは完全雇用よりも完全な雇用可能性（employability）を強調する．これは，グローバル経済のなかで投資を国内に誘導するためには，雇用を創出するために政治家が金をかけるのではなくて，労働の質と供給を改善するために政府と個人が協力しなければならないことを意味する．第2に，諸個人は，新技術と経済環境に対して柔軟に対応することを通してのみ，労働市場に継続的に参入できることに気づかなければならない．最後に，伝統的福祉集合主義者たちは，国家の義務は個人の義務に先立つと言ったが，市場集合主義者たちにとっては，個人の義務が集合体の義務に先立たなければならない．この

ことは，例えばワークフェア制度のように，集合体が個人に義務を守らせるための道徳的権威を有していることを意味する．

近年，中道の思想に以上のような修正が加えられたが，福祉集合主義者の思想には「条件を整備する」(enabling)という考えが一貫して流れている．

6.2.4 福祉国家は普遍主義的かつ再分配主義的である

最後に，福祉国家は，普遍主義と再分配主義の目的との間にある不安定な緊張を常に維持してきた．普遍主義を強調すると，最も必要とする人びとに投入するための資源が少なくなる (Le Grand, 1992)．再分配主義を強調すると，非貧困者を排除することになり，したがって前節で論じた市民権の倫理が働きづらくなる．この緊張は福祉集合主義の左派と右派が，お互いを近づけつつ，離そうとする傾向から生じている．どちらの側も普遍主義の望ましさには同意している．社会民主主義者にとって，普遍主義は豊かな階級の協力を得るための手段であった．保守主義者にとって，普遍主義は連帯，社会的凝集を表現したものである．同様に，極貧者の利益を増進し，権力を強めようとする社会民主主義者や，市場システムへの下層階級の忠誠を獲得し，あらゆる社会内闘争が生ずる可能性を抑制しようとする保守主義者とともに，どちらの側の集合主義者も，ある程度の再分配は支持してきた．

福祉国家がこれまで維持し，今も維持し続けている均衡作用がこれからもうまくいくかどうかは，これらの目的を調和させることができるかどうか，ということとともに，さまざまな福祉集合主義者たちが生み出してきたさまざまな理論的根拠へ訴えかけることができるかどうかにかかっている．次節でみていくように，保険原理はこの点で重要だった．というのは，保険システムは，少なくとも理論上は，すべての者が拠出しすべての者が利得を得るかもしれないが（普遍主義），理念的には稼得能力の欠如/損失に対して最も脆弱な者を最も援助する（再分配）からである．

したがって善意の解釈によれば，福祉国家はすべての者の基本的必要の充足に関係しており，他の福祉セクターとの協力関係にあるという意味で多元的であり，普遍主義と再分配の目的の両方を含む，条件整備的な国家 (enabling state) である．さて，この解釈が初期の市民権に関する議論とどのように関係するかをみていこう．全員の地位が平等であるということは，福祉システムが

全員の自然的・社会的な基本的必要を考慮に入れているということによって内実を与えられている．物質的条件の平等化は，社会的公正から要請されるが，これは，無規制の資本主義経済がもたらす最悪の被害を回避するための，再分配の普遍主義的なメカニズムを通してもたらされる．しかし，福祉国家は，完全に別の所有形態を推進するというよりも，多元的な福祉セクターという文脈のなかで，個人の責任を強調し続ける混合経済に寄与する[4]．したがって福祉集合主義は社会権と互酬的な社会的義務──しかし実質的には市場に基づいた義務──とが相互に関連する，条件整備的な国家を導くことになる．したがっていまや次のように問うことができる．この善意の解釈は，社会保障システムとどのように関係するだろうか．

6.3　社会保障[5]

　人びとは年金や給付への権利をただ与えられたいとは思っていない．彼ら彼女らは保険料を支払うことによって獲得したいと思っている（DHSS, 1969：12）．

　この言明は一見単純であるが，社会保険の原理が，過去と現在の福祉集合主義者の間でなぜここまで人気を集めているかをうまく表現している．もし「稼得された権利」の形態を取るのであれば，現金給付を擁護するのは簡単であるように思われる．権利を稼得するという論理は，他の福祉サービスの大部分については，当てはまらない．しかし，扶助が現金で後払いの形で与えられるとき，政治家や大衆の心理は，他の形態〔の給付〕を希望するように思われる．
　しかしすでに指摘したように，保険原理の潜在的な誤りは明らかである．それは，そのような権利を稼得できなかった者がどうなるのか，ということである．実際，保険給付のシステムは，立案者が望んだほど普遍的ではなかった．したがって福祉集合主義者が現在直面している──何十年間もの間直面してきた

---

[4]　今日の市場集合主義者は，混合経済よりも規制された経済に言及する．
[5]　保険について論ずるときは，無保険者用の扶助を受給する層についても留意しなければならない（第2章をみよ）．

第Ⅱ部 誰にとっての自由か？誰にとっての保障か？

——課題は，社会保険の当初の立案者が思い描いたような普遍的適用範囲(カバリッジ)をいかにして創出するか，ということである．

最初に保険計画を導入したビスマルクの当初の意図は巧みに表現されてきた．彼は，個人すなわち男性労働者を資本主義市場の暴走から保護し，社会主義思想の誘惑から引き離したいと考えていた (Rimlinger, 1971 : 112-21)．ドイツ社会民主党 (SPD) はこの戦略の本質を認識していたが，それに反対することはできなかった．たしかに最初は反社会主義的な措置であったかもしれないが，SPDは，社会保険を中道左派に欠かせない原理として採用するにようになった．後のイギリスでは，社会保険は，一部には過去をある程度継続するという理由から，またそれだけではなく，国庫の枯渇を回避するとの理由から導入された．

> ……保険は窮乏の問題に対する資本家の回答であった．窮乏を減らすことによって，保険原理は社会主義者が貧困の根本原因と考えるものを隠蔽するのである (Fraser, 1984 : 150)．

> ……保険はイギリスの生活様式のなかに根を下ろし，福祉国家の基礎をなした (Fraser, 1984 : 150)．

ベヴァリッジ報告が出されたときはすでに保険原理が定着していた．第2章でみたように，完全雇用が社会連帯と経済成長の推進力となるから，給付はナショナルミニマムを確立するための一時的救済と考えればよく，しかも均一でよかった．しかし給付が均一であるとすると，衡平(エクイティ)の原理から，拠出も均一であるべきことが要請される．そしてもし拠出が定額であるならば，低賃金労働者が拠出できる程度にその額を低く抑えなければならない．保険料を支払可能な水準に引き下げれば，給付もこれに応じて低くなる．結果として国家扶助に頼る者は増えることになるが，ベヴァリッジはこの点を過小評価していた．彼は保険システムがより普遍主義的になるとともに，資力調査を伴う給付に頼る者の数がより少なくなると信じていた．福祉集合主義者にとっての問題は，ベヴァリッジの設計図の欠点を修正しながら，社会保険システムをどのようにして擁護するか，ということであった．

以上から明らかなように，社会保険は，市場個人主義と国家集合主義との一

種の妥協である（Ogus, 1982）．その主たる強みと弱みはどこにあるか．

プラスの側面としては5つ挙げることができる．第1に，社会保険原理は人びとを市場の失敗のリスクから保護する．いかなる市場システムにおいても，本質的に集合的かつ社会的なリスクが存在する．社会保険は強制加入であるから，低リスクの個人を加入させることによって，社会保障に必要な歳入を維持することができる．第2に，社会保険は再分配的である．大部分の再分配は水平的なものである（第2章をみよ）．理論的に言えば，社会保険は拠出と給付の関連がはっきりしている．このため社会連帯と互酬性の原理がともに促進される（たとえ実際に存在する保険システムが，必ずしもこの理想を実践しているわけではないにせよ）．第3に，社会保険はパターナリスティックである．もし諸個人が自らの創意工夫にゆだねられたら，対策が不適切な形でしか行われなくなるからである．第4に，政府にとっては，歳入を増やすのが比較的容易である．正しいか間違っているかはともかく，人びとは保険料を自分自身の福祉のために拠出していると信じこんでいるため，保険料の値上げは増税ほど不人気ではない．最後に，社会保険は，競争的な私保険の仕組みよりも，管理が単純である（Creedy and Disney, 1985）．

しかしながら，以上で述べたものよりも潜在的には重要な欠点がある．そのうちの主なものについては，すでに言及した．保険原理の目的は，適用対象が普遍的でないと大きく損なわれる．もちろん完全雇用の経済のもとでは，ベヴァリッジが想定したように，大部分の女性が夫の拠出によってカバーされていれば，適用範囲が不十分でもそれほど重大ではない．しかし経済が完全雇用ではなくなったときには，システムの亀裂が広がりはじめる．1980年代初め以降，より多くの人びとが資力調査付きの給付に頼り始めた（Walker, 1993）．保険原理が維持できるかどうかということは，実のところ，以前よりも臨時の，周辺的な，低収入の，短期雇用の職がより一般的になった経済に対して，どのように適応させることができるかということにかかっている．

加えて，社会保険の目的そのものが持つ，イデオロギー的な前提に異議を唱えるひともいる．左派のなかには，社会保険が階級的不平等の源泉と程度の両方を隠蔽するやり方に異議を唱える者もいる（例えば，George, 1973；Kincaid, 1973. Heidenheimer et al., 1976：199を参照）．この観点からは，ベヴァリッジのような福祉集合主義者は，自由主義の諸価値を資本主義市場の命令に売り渡しており，市民権に特有の倫理を実現していないとして非難することができるので

ある．右派のなかには，社会保険が強制加入の性質を持つことと，現実には通常とは別の形態で徴収される税金となっているという事実に異議を唱える者もいる．なぜなら，実際は，拠出と給付との間に相互に深い関係があるわけではないからである（例えば，Beenstock, 1987）．

これらの反対論の正否はともかく，社会保険システムが福祉集合主義者のあいだでなぜ人気があるのか，もうお分かりだろう．社会保険は基本的必要を提供するとともに，自助と個人責任の原理を損なうことなく，平等な権利をすべての者に対して認める．少なくとも原理のうえでは，社会保険は普遍主義的であり，ある程度の再分配効果がある．その一方で，混合経済と両立するとともに，他の形態をとる福祉供給に損害を与えることがない．社会保険は稼得された権利であるため，そこには社会的かつ市場に基づく義務という概念と密接に結びついた社会権が含まれている．

第Ⅱ部の他の章についても言えることだが，福祉集合主義者が支持する可能性のある社会保障改革のすべてを検討することがここでの目標ではない．基本的には，福祉集合主義者たちは社会保険の原理を維持することを要求してきた．また過去に失われてきた普遍的な適用範囲をもたらすために，システムの運営範囲を拡張することも要求してきた（例えば，Lister, 1975；Meade Committee, 19798；Hills, 1988；Hill, 1990：165-7；Brown, 1990；Commission on Social Justice, 1994）．このアプローチは「新ベヴァリッジ派」と呼ぶことができる．例えばフランク・フィールド（Field, 1995）は，社会保険原理を擁護する者の1人だが，政府から独立した機関の下で全員が個人勘定の口座を開設できるように，システムを改革することを主張している．新ベヴァリッジ派の思想には後ほど立ち戻ることとして，次の2つの節では，BIを福祉集合主義者に売り込むためには何が必要かを理解することを主な課題としたい．

6.4 福祉集合主義者にとってのベーシック・インカム

BIは以下の4つの点で福祉集合主義にとっての利点がある．

第1に，BIは他の給付では到達できない部分にまで手が届く．BIは無条件に給付されるため，ほぼ100パーセントの高い捕捉率を期待できる．したがって社会保険や資力調査付きの扶助の給付よりも確実なセーフティネットを提供するだろう．これに対して社会保険や資力調査付きの給付は，それぞれ異なっ

た方法でなされるが, 何百万人もの人びとを実質的に排除する. 例えば, 社会保険はしばしば, 労働や生産的活動についての男性中心主義的な考え方を偏重していると批判されてきた. なぜなら, 保険の受給資格を得るためには, 継続的かつ長期間にわたって, 十分な額の拠出を行った記録が必要とされるが, いまだに女性は男性に比べてそのような記録を有していないことが多いからである (Lister, 1992). BI は (無拠出の) 市民権に自動的に基礎づけられているので, 家庭での無償労働の価値を認めるとともに, つねに広がり続けている社会保障のセーフティネットの穴をふさぐことができる (Lister, 1990a を参照). したがって BI は, 他の手段以上にすべての人の基本的必要を充足することができるだけでなく (Needham, 1996), すべての人が平等な地位にあることを保障する (Vilrokx, 1993).

第 2 に, BI は失業や貧困の罠を解決するので, 人びとが市場に基づいた義務を果たすことを容易にする. この義務は, 福祉集合主義者たちによって社会権と結びつけられている (Bowen and Mayhew, 1990). すでにみたようにポスト完全雇用経済の出現によって, ベヴァリッジが直面しなかったような問題が生まれた. 扶助によって支えられた保険システムが労働市場の事故をすべて扱っているわけではないが, 保険システムがそうした事故へ給付することによって貧困や失業の罠が生まれている. とはいえ福祉集合主義者は急進右派のように依存者の欠点を非難するのではなく, システムの欠点の存在を認めようとする. BI が福祉集合主義者にとって魅力的であるのは, BI が急進右派のようなスケープゴート作りを思わせる方法で貧困者を罰することなしに, 勤労意欲を引き上げ有償労働の道徳的美徳を強化するからである (Ashdown, 1989). したがって BI に対しては, 社会的公正に対する雇用に基づいたアプローチを支援することを期待できる (Kesenne, 1993. de Jager et al., 1996 ; Dore, 1996 ; Delsen, 1997 ; Van der Linden, 1997 を参照).

第 3 に, BI は税と給付のシステムを合理化する (Social and Liberal Democrats, 1989). 例えば, 多くの戦後改革の抱える問題は財政福祉, すなわち富裕層に対する税の減免や控除を放置してきたことである. これに対して, 法定給付システムについては, たとえ財政難に陥っていなかったとしても, 解決しなければならない問題だと考えられてきたのである. このことによって納税者と「依存的な」申請者との間の分断が広がる一方, 非貧困者に対しても「給付」の特権が与えられた. BI は, 納税者と申請者との間の区別と, 財政福祉

と法定福祉の間の区別を事実上取り払う．また，BI は保険／扶助のシステムよりも効果的に，保守主義者が強調する社会的凝集と，社会自由主義者が強調する自由と，社会民主主義者が強調する再分配とを結合する．

最後に，これは先ほど述べた第 2 の点と似ているが，私が市場集合主義者と名付けた，福祉集合主義者の伝統の後継者は，その先駆者よりも経済の供給サイドを強調する傾向にあった．グローバル経済のなかでは恐らく，需要よりも供給を改善することによって，雇用が高い水準で創出される．訓練と柔軟性は，それ自体が，未来の雇用政策にとって欠かすことのできないものである．したがって BI は転職によるリスクを軽減するところが魅力的である．また BI が存在すると，人びとは技能を向上させるために休暇を取ることが容易になる．今のところ，労働市場が課す機会費用が高いため，このような供給サイドの諸戦略は弱められている．BI は最低所得を無条件に保証するので，この費用を軽減することができる．BI によって機会費用がゼロになるわけではないが，1980 年代と 90 年代の「雇ってはクビにする」といったエートスと違った方法で，労働市場を柔軟にするのである（Dahrendorf, 1994）．

以上の点は明らかにすべて反論が可能である．また，福祉集合主義者が BI を拒否するかもしれない理由を 3 つ指摘することができる．

第 1 の，そしておそらくもっとも重要な反対論は，BI が保険原理を放棄しているということである．BI は受け取る給付を支払われた拠出と関連づけるというよりも，直接税から財源を確保し，すべての者に対して定額で給付される．BI を批判する人たちにしてみれば，BI は稼いでもいないのに権利が与えられる点で，一種の制度化された慈善と変わらない．言い換えれば，保険原理には，社会・個人の福祉には市民権に基づく行為が要請されるという含意があるのに対し，BI は，生活のなかでコミュニティに参加する必要がない，受動的な市民に対して現金を与えるのである（Gray, 1997：44-5）．

これに対して，BI の支持者は，保険原理がその理想通りに働いたことはなく，とくにイギリスではまったく働いてこなかったと指摘している．そして，このように市民権に基づく行為が要請されることによって，ヴィクトリア朝の救貧法の要素が近代社会保障の核心に実質的な形で残存しているとも指摘している．なぜなら，要請された行為を行わない者は，受給にふさわしくない者というレッテルが貼られ，スティグマが付与される屈辱的なワークテストを受けさせられたからである．社会保険の擁護者も，保険原理が過去において，いく

ぶんフィクションであった——重要なフィクションであったが——ことは認める．しかし，保険をより普遍主義的かつ包摂的にするための改革を主張する時は，依然として市民権に基づく行為を前提にしている．

>……私たちが提唱する新しい社会保険制度は，人びとの支持をよりいっそう獲得する．また，人びとが自らの稼ぎや貯蓄を通して構築できるような有効な土台を提供する (Commission on Social Justice, 1994：263).

　福祉集合主義者からの第2の反対論によると，運営可能なBIの水準は，基本的必要を充足するには十分ではない (Dahrendorf, 1995：86-7)[7]．例えば週100ポンドの部分BIについて議論するとしても，これは住居，食料，基本的な物資に対して，かろうじて支払えるだけである．45～61ポンドのより現実的な部分BIに至っては，いっそう不十分である．もちろん，不十分なBIを，基本的必要を充足するに足るレベルまで引き上げるための給付の2階部分——例えば資力調査付きの住宅給付は残存しうる (Parker, 1989)——を設けることは可能である．しかし，これでは現在のシステムの多くが残存することになるから，次のような問いに直面することになるのは明らかである．それは，そもそもなぜ，BIについて思い悩むのか，ということである (Hill, 1990：165)．そしてもし私たちがより寛大な水準のBIの導入を考えるのであれば，そのために必要な増税は単に政治的に見て非現実的である，という反対論に直面することになる．

　BIの擁護者たちは，部分BIが基本的必要の充足には十分でなくても，BIが失業・貧困の罠をなくすので，現在のシステムに比べれば，諸個人が最低保証所得を引き上げることが容易になる，と指摘することが可能である．あるいは，すべての者の基本的必要を充足するうえで十分な額の，完全BIの導入に向けて，力を注ぐという別の方法もあると議論することもできる．例えば，ドーア (Dore, 1996) は，最初に年金受給者に対して完全BIを導入し，次に完全BIを成長率や経済環境に応じたタイムスケールで，より若い年齢層に広げていく

---

[7] これは第4章で検討した一般的な批判の1つを繰り返したものである．この批判は，福祉集合主義者以外にも，さまざまなイデオロギー的立場を採る者が行いうるが，福祉集合主義者が必要を重視することを考えると，たぶん，彼ら彼女らに最もよく結びついた批判であろう．

ことを提唱している（Purdy, 1994 を参照）．たとえそうだとしても，福祉集合主義者の多くは，BI 福祉国家に移行するのがあまりにも大きすぎる変動であると感じている．

最後に，BI は既存の社会的分裂を強化する，として BI に反対する者がいる．BI は社会的に排除された者を市民権の理念（エートス）によって再統合するというよりも，〔社会に〕不満を持つ者や疎遠になっている者を完全に脱退させることを許容する．また，このことが勤労意欲を二重に損なう．労働の習慣や利益へと組み込まれてこなかった若者のことについて，とくに心配する人もいる（Commission on Social Justice, 1994：262；Van der Bellen and Kitzmuller, 1996）．アンダークラスがフリーライダー階級になることを恐れる者もいる（Brown, 1990：236-9；Cuvillier, 1993：453）．BI の提唱者は，この反対論が，急進右派による，被排除者の欠陥や，労働倫理を強化する規律的な政策の必要性に関する議論に依拠しているようだと主張するかもしれない．しかし，この問題は，何らかの方法による大規模な社会的実験によってのみ，解決できそうである．

福祉集合主義は BI に関して，ある種の曖昧さを示していることが分かる．BI はすべての者に平等な地位を与えるとともに，真に普遍主義的である．しかし，BI は，関係する個人や社会全体に対する社会的義務や市民権に基づく行為の価値を無視する．基本的必要，物質的平等，再分配，自己責任に関して BI が与えそうな効果を，アプリオリに判断することは困難である．したがって，福祉集合主義者の多くは，BI システムの導入は，当座は非現実的であると結論づけている．しかし，長期的な視野に立てば，BI の導入を完全に除外することはできないことを認めて，この結論に修正を加える者もいる．この理由を理解するためには，福祉集合主義者の原理と目的に，最も密接な形で合致するような種類の BI について検討しなければならない．それは参加所得である．

6.5　すべての者にとっての真の参加

参加所得について論ずるのは，NIT について論ずるよりも簡単であるとも言えるし，難しいとも言える．簡単だと言えるのは，参加所得が，主にトニー・アトキンソンが関与する給付改革のなかで近年提案されたものだからである．難しいと言えるのは，これを主題にした文献や分析が NIT に比べて少ないか

第6章　福祉集合主義

らである．前章で NIT について説明したのと同じ方法で，何らかの形で参加所得に似た制度が導入されるとどうなるかを想像しながら，参加所得の基本を説明したい．

　場面は社会保障センターで，給付担当の職員があなたと面接を始めたところである．あなたはまず，このことに少し驚くだろう．なぜなら，あなたはすでに，下の階で別の職員から面接を受けてきたからである．しかし職員は，2回目の面接は純粋に自発的なものであり，新しい取り組みの一部であると説明する．職員によれば，この面接の目的は社会に生産的貢献を行ったと判定される人に対して，既存の給付システムに加えて給付を追加することである．失業給付，年金その他は，依然として存在するが，これらに加えて，私たちは，市民としての価値を有しているならば，一種の基礎的な所得を入手することができる．市民としての価値を有する者とは，職についている者だけでなく，被扶養の状態にある者をケアしたり，ボランタリー・ワークを行ったりする人のこともさしている．これによって，有償労働が社会参加のすべてであるという時代遅れの考え方を捨てることができるだろう，と職員は言う．とはいえシステムの全体が完成するまでの間は，参加に関する定義が広がるため，失業給付を申請する者が得することは間違いない．しかし今後は，求職活動を行っている者だけでなく，何らかの形で社会的に有益な活動を行っている者に対しても給付が支払われる．

　わかりましたとあなたが言うと，給付担当の職員は，雇用以外の活動——教育・訓練，介護，ボランティア活動等——を何かやっているかと尋ねる．じつは週12時間ほど，ホームレスのシェルターを定期的に手伝っている，とあなたは答える．残念だが，ボランティア活動で給付が認められるためには，最低でも週15時間必要である，と給付担当の職員は答える．結局，受給資格を得るためだけに短時間のボランティア活動を行っている者へ給付を行うことは浪費になるというのである．あなたは完全には納得していないので，シェルターを手伝う時間を増やすことも可能だと伝える．すると職員は，参加所得担当の職員がいつなら立ち寄ってもよいか尋ねる．どのようなボランティア活動を行っているかチェックするという考えにあなたが驚いたので，職員は次のように理由を説明する．あなたが定められた形で本当に「参加している」のかを確認しなければならない．あなたは何もしないでぶらぶらすることもできる．したがって，システムを不正利用していないことを確認するために，以下の3つのもの

が必要である．第1に，あなたが働いた時間数を書いた，週ごとのタイムカード．第2に，あなたが期待通りに働いたことのシェルターの運営者による確認．最後に，参加所得に携わる職員による，納税者が騙されていないことを確認するための不意の訪問．

新しいシステムが古いシステムよりも望ましいということに納得がいかないが，あなたはこの面接が任意のものであり，任意にやめる決心ができることを思い出すのである．

6.5.1 トニー・アトキンソン

BIとそれと関連した構想に対して，アトキンソンが興味を持ったのは，1960年代の終わりにさかのぼる（Atkinson, 1969；1975）．この間，彼は社会保険原理を一貫して擁護していたものの，多くの福祉集合主義者たちが恐れるような形で，BIが保険原理を破壊するとは必ずしも言えない，と主張した．アトキンソンが実質的に論争に参入したのは1980年代の終わりで，その時にはパーカーが提唱した部分BIを好意的にとらえる分析を行った．彼はそのなかで，BIの再分配への影響は大きくはないが，後で再分配を行ううえで効果的な土台となる，と結論づけている（Atkinson, 1989：309-34. Atkinson, 1995b：113-28を参照）．数年後，彼は自らが変更を加えたBIを提唱した（Atkinson, 1993, 1995a, 1996b. Dobell, 1996を参照）．部分BIは，社会保険システムを代替しようとするというよりもむしろ，社会保険システムを支えて，これをより効率的に機能させることを目標とすべきである，と彼は主張した．

> 歴史がベヴァリッジが考えていたのと反対の方向に進んだということは忘れるべきである．ベーシック・インカムは補完的なものとして見た方が生産的である．……〔社会保険と部分BIとの協働は〕過渡期における単なる妥協としてではなく，ベーシック・インカムの代替概念とみるべきである．ベーシック・インカムは，資力調査付きの社会扶助への依存を減らし，低賃金労働者を助けることによって，改良された社会保険制度を補完するものでありうる（Atkinson, 1995a：300）．

これに加えて，次のように述べている．BIの支持者は，無条件ということが，当分は一般受けしないだろうということを認めるべきである．したがって，条

第6章　福祉集合主義

件付き BI が導入される可能性の方が高そうである．

アトキンソンは条件付き BI（参加所得）と社会保険の近代化されたシステムを結合させることを提唱している．条件付き BI は，資力調査を除去することを主な目的としている．しかし，参加所得は社会貢献の定義を広く取っているため，有償労働を行うことだけを条件とするわけではない．アトキンソンは，以下の諸活動を提示している（Atkinson, 1995a : 301）．

- 雇用された，あるいは自営の労働
- 年金受給年齢への到達
- 障害による労働不能
- 失業しているが労働可能
- 公認された形態の教育または訓練への従事
- 年少・高齢・障害のために依存の状態にある人びとのケア
- 公認された形態のボランタリー・ワークへの従事，等々．

人びとが最後の3つの形態の活動のいずれかに従事することを許容することによって，参加所得は，無条件 BI や現行のシステムとは異なったものとなるのである．

しかし，どのくらいの額の参加所得を支給することができるのだろうか（Atkinson, 1995a : 302-3）．もし所得控除・税額控除や保険料拠出額の上限が廃止され，社会保険給付に課税されるのであれば，週12.5ポンドの児童給付，1人当たり週17/18ポンドの参加所得（1992年当時の物価換算）の給付が可能であるとアトキンソンは試算している．これにより，50万人を資力調査付き給付から離脱させる効果が得られる．また，全人口で見ると，得をする者が損をする者の数を上回り，比率は約2:1となる．もしすべての税率が10％ほど引き上げられたら，週に37〜39ポンドを支給できる．また，資力調査付きの給付に頼る者の数を225万人ほど減らすことができ，イギリスを1960年代中頃の状態に戻すことができる．

したがって，アトキンソンは，改良された社会保険計画を下支えし，過去に構築されたすべての制度よりも効果的なセーフティネットである参加所得が，資力調査付きの扶助を代替し始めている，と主張している[8]．彼が，その提案をヨーロッパ全域の社会保障モデルの基礎をなすものと信じているのは確かで

ある (Atkinson, 1995a：262-89 を参照). 参加所得は福祉集合主義者が最も支持しそうな提案だと結論してもいいのだろうか.

6.5.2 福祉集合主義者にとっての参加所得?

私は,基本的にはこれがきわめて理にかなった結論であると考えている. 第1に,参加所得は BI の給付を維持している. おそらくほとんど全員に給付され,頑強なフリーライダーが排除されるだけである. またケアやボランティアといった活動に敏感であることで,既存のシステムの男性偏重を排除している[9]. ある者が有償労働に就くか否か,失業や貧困の罠を減らすことができるか否かという点に関しては,参加所得は既存の制度と同じ水準を保つ. 参加所得は税と給付のシステムを合理化し,納税者と給付の申請者との間の象徴的な溝を埋めるうえで貢献する. 最後に,参加所得は,経済の将来展望への価値を認識させることによって,訓練と教育への機会費用を減らす.

同時に,参加所得は福祉集合主義者が BI に向ける批判の多くを回避する. 参加所得は,扶助給付によるセーフティネットを代替するとともに,保険システムの効率性を損なう資力調査付きの給付への依存を減らすことを目的とするため,社会保険と両立可能である. したがって参加所得は社会保険と結びつくことによって,すべての者の基本的必要を充足するうえで,既存のシステムよりも効果的である. また,真に救済に値しない者を選別するために,市民権に基づく行為を依然として要求するが,既存の社会的分裂を是正するであろう.

要するに,参加所得は,福祉集合主義者の原理と目的の多くを実現するように思われるので,福祉集合主義者はこれに相応の関心を払うべきだと結論できるのである (6.6 節をみよ).

6.5.3 賛否両論

それでは,参加所得による給付と払い戻しについて,私たちはどのような評価を下しうるだろうか.

---

8 故ジョン・スミスが労働党首だった時に創設した社会的公正委員会 (The Commission on Social Justice, 1994：264-5) が参加所得を推奨したのは,アトキンソンが委員会のメンバーだったから,偶然ではない!

9 もしこのこと〔＝男性偏重〕が社会保障全体について当てはまるならば,その改善は依然として社会保険給付の改善に多くがゆだねられていることは明らかである.

第6章　福祉集合主義

　プラス面としては，参加所得は，給付の支払いに対して「何でもあり」というアプローチを採ることはしないが，市民となるとはどのようなことか，ということに関する考え方の幅を広げているため，より社会的に包摂的であるという事実を認めることができる．そのような改革は，結局は社会保障を他の主要な福祉制度と調和させるだろう．また，参加所得は既存の給付と実質的につながっている．ただし社会保険システムとは連続的であるが，資力調査付き扶助が給付システム全体の有効性を損なってきたことを激しく批判する．したがって参加所得は徹底的な改革に対して抵抗する者には受け入れがたいかもしれない．さらに参加所得はジェンダー中立的である．なぜなら参加所得は個人に対して給付されるものであるから，女性を依存者として扱わない．また，雇用倫理の周辺で構築されたものではないので，女性によって大部分が担われてきた非公式かつ無償の活動の価値を反映する．

　しかし，参加所得にはいくつかの問題点も存在する．そのうちのいくつかは本節の冒頭で示唆したものである（Atkinson, 1995a : 301 ; Gilain, 1996 を参照）．

　第1に，社会的に価値がある活動，したがって参加所得を受給するにふさわしい活動とそうでないものを，どのようにして区別するのかという問題である．さしたる議論をすることなく排除できる活動があるのは明らかである．しかし社会的に価値があるか否かに関する判断が分かれる活動もたくさんある．一例をあげよう．近年のイギリスでは，道路建設や空港拡張の阻止を目的とした直接行動があった．混乱を最小にするために，道路建設や空港拡張にあたる会社は，数百人とはいかないが，警備員を失業者や低賃金労働者から多数雇用した．このような直接行動は社会参加と考えるべきか，そうでないと考えるべきか．この質問に対して出される解答を想像するには大した努力は要しない．私のように社会参加であると考える者もいるし，木に体を縛り付けることは単なる法律違反に過ぎない，と考える者もいるだろう．参加所得が直接行動への「報酬」であるべきか——この場合は「何でもあり」の理念に近い——、直接行動への「報酬」を拒否すべきか——この場合，結局，雇用倫理にきわめて近いものに固執していると非難しうる——．当然のことながら，このような問題に民主的に決着をつけることはできるが，多数派は少数の抵抗者の美徳を裁くことができるのだろうか．ヴァン・パライスが社会民主主義者に対して向ける非難を，私たちは福祉集合主義者にも向けることができる．すなわち社会民主主義者は，

消費したいだけ豊かに消費する現実の自由にしか関心がないので，慣習から外れて生きていこうとする真の自由を見失っているのである（Van Parijs, 1995：33）．

第2に，たとえ何が「参加的」であり，何が「参加的」でないかについて合意に達したとしても，参加所得はどのように施行すべきなのだろうか．私たちは単に人びとの前に社会契約を突き出し，サインを頼むべきなのだろうか．もしそうだとしたら，ケアやボランティアなどをしているということが事実であろうがなかろうが，大勢の人びとが〔給付を〕申請するということは想像に難くない．単に金を受けて生活していく者もいるだろう．私たちは本当に，わざわざ人びとをチェックすべきなのだろうか．もしそうなら，これは行政上煩雑であり，控え目に言っても，国家が今以上に人びとの生活を詮索することが必要となる．どちらにしても参加所得は難問と直面することになろう．市民権に基づいた行為という点から社会的メンバーシップを定義することの危険性は，市民権が強制的な性格を帯び，これを拒否する者を排除することになるという点である．

要するに，参加所得はBIよりも，人びとや政策立案者に受け入れさせるのが容易であるとみた点で，アトキンソンは正しいかもしれないが，無条件の所得であるBIだったら回避可能な問題が，参加所得の場合には生じるのが避けられないのである．

6.6　結論

マイケル・ヒルによれば，「……ベーシック・インカムはベヴァリッジの理想の論理的発展である」（Hill, 1990：165）．これは多くの点で鋭いコメントである．しかし福祉集合主義者の多くがこのコメントに同意しないことは疑いない．したがって参加所得がそのような論理的発展の到達点である，と表現することに対しては，それほど意見は分かれないだろう．事実，参加所得と新ベヴァリッジ主義者の提案との間で，理論的な収斂が見出されるのはもっともなことだと思われる．

トニー・アトキンソンが言及する，一種の改良された社会保険システムは，今までに存在したシステムよりもはるかに包摂的でありうる．CPAG（Child

第6章　福祉集合主義

Poverty Action Group) は，だいぶ前に社会保険の近代化を勧告した．

> ……〔保険〕原理は維持するが，拠出調査を大幅に緩和することを勧告する (Lister, 1975：46).

言い換えれば，低所得の者を適切にカバーすることを保障し，保険の適用範囲を，多くの女性を含む，過去に排除されてきた者に対して拡張する必要がある．

> 究極の目的は，所得保障システムを，拠出記録を問うことなく，すべての病人が利用することのできる NHS と似た方法で運営することである (Meade Committee, 1978：60-70).

より最近では，社会的公正委員会が，パートタイム労働者，自営業者，失業者も拠出していると見なすことが可能となるように，社会保険システムを改善するよう推奨した (Commission on Social Justice, 1994：240-3). 結局，このような見なし拠出は，社会的に価値のある活動を行った者すべて——ボランティア，介護者，そしておそらくは子育て中の親や学生も——に拡張しうる．もし社会保険原理が図 6.2 の両極の間のどこかに位置づけられるとするならば，この 1 世紀の間の社会保険は，支払われた拠出の極の方に著しく傾斜してきた．しかし今では，この状態を変えねばならず，社会保険を市民権の倫理の方へとシフトさせなければならないという一般的な認識が，福祉集合主義者の間で形成されている．これが新ベヴァリッジ派のアプローチの目的である．もしこのような変化が生ずるのであれば，社会保険は参加所得からそれほど異なったものではなくなるだろう．

もしこのような変化が生じ，上で述べた，改良された保険システムにも恐らく影響を及ぼすような，参加所得の諸問題を回避したいと思うのであれば，完

市民権　⟷　支払われた保険料

図 6.2　社会保険の 2 つの極

全 BI に移行することがまったく想像できないものではなくなる．この点が，福祉集合主義者は，将来のいつかの時点で BI が重要な役割を果たす可能性を考慮している，と前に記した理由である（例えば，Lister, 1989：126；Lister, 1998）．マイケル・ヒルの観察が結局正しかったことが理解できるだろう．結局，福祉集合主義者が BI に対してどのような問題を感じ，それがどうしてなのかを私たちは理解できる．福祉集合主義者が感じる問題の一部は参加所得によって解決できる．と同時に，福祉集合主義者は BI とごく最近知り合ったにすぎないが，将来は深いつきあいになる見込みがあると言えよう[10]．

---

10 イギリスでは市場集合主義者が，必要に応じて規律的社会政策を通して雇用倫理を強化することに必死になっているため，ここでは故意に楽観的な結論を下している．

第7章 社会主義と社会配当

7.1 社会化された市民

　社会主義は将来，2つの役割を果たす可能性がある．第1は批判的な役割である．そこでは社会主義思想が，現在の資本主義社会に対する調整的で分析的な批判をに用いられる．社会主義者が将来行うこの仕事は，私たちが生活する不完全な社会環境に対して，抽象的な「対抗ユートピア」を構築するという理論的なものとなるだろう．第2はプラグマティックな役割であり，社会主義者は自らの思想を実現して，社会主義の理想にかなった世界を作る努力を続ける．この場合，社会民主主義者たちが推進する，何らかの形態の社会的公正を確立するために，既存の所有や支配のパターンと妥協することがあるかもしれない．あるいは社会主義の目的から離れた妥協をすべて拒否するような，非融和的な態度がとられるかもしれない．

　しかし本章は，社会主義が将来，プラグマティックな役割を果たすかどうかを問うのではなく，もし社会主義がそのような役割を果たすとして，BIはそれにどのような貢献をすることができるか，という問いを検討することを目的としている．ここでは「民主主義的」な形態のマルクス主義と，伝統的に民主的社会主義と呼ばれるものを含むように，「社会主義」をきわめて緩やかに定義している．しかしまた社会民主主義のより急進的ないくつかの側面についても，重要ではないとして放置することはできない．このような大雑把なアプローチには，社会主義者の陣営内部の重要な相違や理論的な争点の多くを見落とす危険があるのは明らかである．だが，いずれにせよ，この陣営は長い間絶えず攻撃されてきたので，現在戦いを続けている左翼がかつてと同じでないことを覚えておくことは重要である．本章の以下の部分でより詳細に述べるが，社会

第7章 社会主義と社会配当

主義の関連文献によれば，BI は・市・場社会主義と呼ばれる社会主義の形態と最も密接に関係する．

これまでと同様に，このイデオロギーが市民権について何と述べなければならないか，ということを検討することから始めよう．社会的公正，物質的平等，基本的必要の重要性をめぐる社会主義者の見解と，福祉集合主義者の見解には，必ずしも違いがあるわけではない．それは実質的平等の概念を正当化するために，ある水準において市場を集合的に統制する必要がある，というものである (Doyal and Gough, 1991)．その点ではたとえ違いがないとしても，社会主義者は，社会的公正などを実現するために必要な社会・経済的諸条件を，福祉集合主義者が誤解していると非難する (Miliband, 1994)．短期間であっても，社会化された分配形態と，私的所有に基づく市場経済とを組み合わせることはありえない．たしかに 20 世紀末に生じている事態は，資本が，そのヘゲモニーを侵すものに対して，激しく抵抗していることを確認――確認が必要であるとして――するものと解釈できる．したがって 21 世紀の初めには，政治論争の主流は，あらゆる手段を尽くして資本主義を本来の姿に戻すことに賛成する者と，より人間味のある，社会市場的なアプローチに賛成する者との間で展開されることになるだろう．もしマルクスが安らかな眠りにつけないとしたら，それは彼の笑い声が原因であるかもしれない．要するに，社会主義者は，生産手段の所有が不平等な社会は，すべての者に地位の平等を実現することができない，と主張する (Tawney, 1931)．すなわち根本的な不平等が残存しているのである．左派の中に，「ブルジョワの虚構」であるとして市民権の概念を拒否する者がいるのは，このような根本的な不平等のためである (Marx, 1975 を参照)．しかし，これが・資・本・主・義・者・に・よ・る市民権の解釈には当てはまるとしても，その概念をすべて捨て去るのは早計だろう．

したがって生産手段の所有に関する平等主義的なシステムや，戦後の国家管理の混合経済だけでは，身分の平等を達成することはできない．同様に，もし社会権という言葉が，資本主義市場の力による猛烈な破壊から最小限の経済的な防御を受ける権利を意味するのであれば，社会の一員であるためには，社会権の保護だけでは不足である．社会主義者にとって，「報酬と功績によるヒエラルヒー」を守るということは，誰が搾取者となり，誰が被搾取者となるかをめぐって，人びとが互いに競争する権利を擁護することを意味していることにほかならない (Cohen, 1997)．富の分配に関する一連の不平等な政策に対する

「社会」権は放棄すべきであり，生産手段を統制し，利用する平等な権利という別の概念に置き換えるべきである（Campbell, 1983）．そのオルタナティブである，「社会経済」権は，自分の労働を自分だけで所有する者と，資本を所有し，労働者を雇用する者との間に存在する分断を和らげる．したがって搾取の基盤となる資本主義的な賃金契約は弱体化する（社会主義の環境下では，諸権利にどのような義務が伴うか，という問題は存在する．資本主義的な義務，すなわち賃金を稼ぐ義務は撤廃される傾向にあるが，社会主義社会での義務がどのような性質を持つかは，その社会がどの程度自由かつ非強制的であることを望むかによって変わってくる）．社会主義者の考えによれば，資本が私的なものではなく社会的なものであるときにのみ，また，少数に独占されるのではなく，すべての者に開かれているときにのみ，政治共同体のメンバーシップは真に包摂的なものになる[1]．

したがって，社会主義者は政治共同体を，単なる平等な参加者の連合体と考えるのではなく，平等な所有者の連合体(アソシエーション)と考えている（Fitzpatrick, 1998c）．政治共同体と資本主義市場経済とは，完全に区別して考えるべきである．民主的支配は，市場の力の氾濫を阻止し，服従させることができる．現在の市民社会は，アトム化された無分別な競争者たちから構成された非人格的な場であるにすぎない．すなわち資本主義的市民社会とは，市場の単なる別名なのである．社会主義的政治共同体では，共同的な自己決定が行われる．それは共通善を目指す民主的意志によってのみ左右され，市場やその他のものによって左右されることはない．言い換えれば，理想的な政治共同体は，経済を作るものだと考えるべきであって，経済によって作られるものだと考えるべきではない（Keane, 1988）．なぜなら，究極的には，理想的な政治共同体は，われわれが保有している，市場に抗する諸権利を生み出すかもしれない，民主的な共同体の相互依存性のなかで作られるからである．

結論として，以下のことが言える．社会主義者は，資本主義自体に責任のあ

---

[1] もちろん，ここでは検討されていない問いが数多く残されている。権利とは，本来，個人主義的なものではないのではないか。ブルジョワ倫理における原子化された個人が存在する余地は，利他主義的で共同的な社会主義社会にはないのではないか（Hirst, 1986）。上述の少し偽善的な福祉集合主義に異議を唱えることになるが，社会主義社会にも，ある程度の所得と富の不平等が存在するのではないか。最初の疑問は「ブルジョワの虚構」に関して当初抱かれていた関心と似ている。第2の疑問への解答は，どの程度の不平等が生まれているかということと，さらに平等な社会主義社会を思い描くことができるかどうか，ということによって決まる。

る問題に対して資本主義者が与える解決策を拒否する．すべての者が等しい身分であるからといって，全員がカネや権利を同じだけ必要とするわけではないが，社会的な資本は平等に所有される必要がある．したがって，すべての者が生産手段に対するアクセスを平等に保証されていなければ，社会の完全なメンバーであることは不可能である．社会主義にとっての市民権とは，生産手段の平等な所有と統制，および政治共同体による経済システムの民主的統制によって可能となる，社会の完全な参加資格のことを意味する．

7.2 崇高な解釈 I

前2章では福祉についての善意の解釈と悪意の解釈をまとめたが，それとともに，われわれは「白か黒か」の論理，すなわち国家福祉は x であるか y であるかのどちらか一方である，という論理を用いた．急進的右派は福祉国家について，給付の効果がほとんどなく，経済および文化の面で市場資本主義に対して悪影響を及ぼすものだと解釈している．福祉集合主義者は，福祉国家について，明白な欠点がいくつかあるものの，経済効率，社会的公正，社会の安定の面で良い影響をもたらしてきたと解釈している．言い換えれば，福祉国家が何を行い，どのようなものであるかについて，両イデオロギーは比較的単純に説明している．このように言うことで，両イデオロギーが福祉システム内部に，葛藤を抱えた，また時に矛盾した要素を見出していない，と主張したいわけではない．「白か黒か」式の論理を使うことによって，それぞれの要素を両イデオロギーが自らの主張を裏づけるために我田引水的に用いていると主張したいのである．

反対に，崇高な解釈は，福祉国家の核心に，根本的な両義性や二律背反——意図された目的やその社会的諸機能のなかに，良性のものと悪性のものの双方がある——があることを確認する．例えば，崇高な解釈は，福祉国家が，資本主義に内在する本質を覆い隠す隠蔽効果と，監視を行う見えざる諸権力の消費者＝顧客として「主体化する」規律効果とを，どのような方法で生み出しているか説明するために，マルクス主義そして/またはフーコー主義の理論を引用するかもしれない (Dean, 1991)．しかし，崇高な解釈は，とりわけ無産者や権力を剥奪された者に対して福祉システムが真の利益をもたらすという見解と，これらの説明とを何らかの形で調停しようとしている．多くのマルクス主義者

やポスト構造主義者は，批判のなかで規範的な言明を十分に行わないが，崇高な解釈はこれとは違って，国家福祉の給付的要素をどのような方法で改善できるかについて答える責任から逃れられない．本書では崇高な解釈を詳細に理論化しようとはしないが，社会主義，フェミニズム，環境保護主義の立場から福祉国家を批判する人たちがそのような解釈に依拠し，それに対して貢献していることを主張したい．

以下の2点で明らかなように，社会主義者たちは福祉国家には固有の両義性があることを明らかにしてきた．

7.2.1 福祉国家は貧困の除去と貧困の構築を行う

社会主義者たちは貧困の除去という目的を，文字通りの意味に受け取る．社会主義者が，もし福祉国家が剥奪に立ち向かうことが可能であると信じなかったり，そうすることを目標とすべきだと信じてこなかったりしたのであれば，彼ら彼女らは福祉国家を確立するために助力することはなかっただろう．例えば，ピーター・タウンゼントの研究は，既存の福祉国家を厳しく批判しているが，福祉国家が貧困を取り除く可能性を否定していない（Townsend, 1979）．したがって，社会主義者たちは，基本的必要を充足すべきだという点で，福祉集合主義者たちに同意する．また，程度はともあれ，福祉国家は需要を刺激して経済成長を促進することによってことのことを可能にする．福祉国家は，パイの一切れ一切れの分配に関心を持つのと同様，パイのサイズにも関心をもたなければならない．福祉集合主義者と同様に，社会主義者たちは片方の目を個人への福祉サービスの給付に向け，もう片方の目を現在および将来における経済の発展に向けるのである．

しかし，福祉国家が持つ貧困除去効果に懐疑的な社会主義者も多い．このことは，福祉国家は貧困の除去を期待されているにもかかわらず，福祉国家自体によって貧困が阻止されたことはないという明白な事柄だけに関係しているわけではない．むしろ，福祉国家は，まさに自らが対処しようとしている貧困そのものを，ある意味で生み出しているのである．ピーター・スクワイアーやハートリー・ディーンといった理論家たちは，近代の福祉システムと前近代の福祉システムとの継続性について調べてきた（Squires, 1990；Dean, 1991）．救貧法では，受給にふさわしい困窮者とふさわしくない困窮者とが区別されているが，そのような分類こそが，貧困を構築する方法の1つである．貧困は「あちこち

にある」単なる実体的な現象ではないし，単なる社会的構築物でもない．貧困も言説によって構築される．この言説的構築のもとでは，「真実」は，存在，すなわち私たち自身——これもまた命名と意味作用の産物である——に対して行われた描写から作られる．したがって社会主義者のなかには，社会問題とその解決が，同じ戦略的言説の2つの側面であるというような，福祉の「テクノロジー」について考える者もいる．例えばディーンは，自らが「規律的な分割」と呼んでいるものについて語っている．これは，資本主義市場のアトム化によってもたらされるカテゴリー化の過程で，福祉諸制度が，孤立および個別化する状況を指す．福祉システムは，市民であることの意味を「標準化」して，社会がある種の行動を「命令する」方法と関係づけられてきた．私たちは，受給にふさわしくない困窮者，ふさわしい困窮者，ふさわしい非困窮者（ふさわしくない非困窮者は，社会問題ととらえられないため，目につくことはめったにない）というカテゴリーのもとで分配を行ってきた．これを読むと，豊かさのなかで貧困が存続しているのは，福祉集合主義者が主張する，福祉国家の失敗のためではなく，戦略の成功のためであることが分かる．

7.2.2 福祉国家は社会的公正と社会統制に影響を与える

また，福祉集合主義者と同様に，社会主義者は国家福祉が社会的公正を推進するための方法を明らかにする．第1に，国家福祉は諸資源の再分配によって，社会的公正を推進する．再分配によって社会は純粋な自由市場経済におけるよりも平等となるからである．トーニーが「平等の戦略」（Tawney, 1931）と呼ぶものは，依然として福祉国家の目標として認識されている．もっとも，福祉国家はそれを成功のための手段として追求しているにすぎない（Le Grand, 1982. Powell, 1995を参照）．第2に，福祉国家は，純粋市場経済に比べて，社会や仲間である諸市民が自己中心的，利己的ではなくなっているとの見方を示す．互酬性の倫理とリスクのプールによって，人びとはバウマンが「運命の共有」（Bauman, 1993）と呼んだものに属していることに気づく．そこでは，私たちの存在を他者との相互依存から切り離すことはできない．近年，このように利他性から国家福祉を正当化することは批判にさらされている（Field, 1995. Le Grand, 1997を参照）．最後に，階級，人種，性別，セクシュアリティ，障害によって，誰も差別されないという普遍主義的な基準を働かせることで，社会的公正は連帯や統合と関係してくる．このような正当化に対しても，近年，批判的な

分析が行われてきた（例えば，Williams, 1989）．

同時に，社会主義者は福祉国家がどのように社会統制の手法を用いるかを意識してきた．単純化すると，オコンナー，ハーバーマス，オッフェといったネオマルクス主義者がこのテーゼをたびたび論じてきた（O'Connor, 1973；Habermas, 1975；Offe, 1984；Pierson, 1991：50-61）．彼らは，国家福祉は資本蓄積を支えるだけでなく，既存の財産関係，富の蓄積パターン，雇用倫理のような資本主義を擁護する価値を正当化することによって，資本主義の危機的傾向を緩和すると主張している．したがって福祉国家の長期的な機能は，経済の私有財産制を維持し，安定化するところにある．その結果，監視，報酬，処罰による規制作用は，福祉国家にとって不可欠なものとなる．アルチュセールは，国家福祉を近代における「国家のイデオロギー装置」のなかに位置づけた（Althusser, 1969）．彼によれば，自由で民主主義であると公言している社会ではもはや「国家の抑圧的装置」による支配に完全には頼ることができないため，国家福祉が少なくともその一部を代替するのである．したがって福祉国家は自由の名のもとに私たちの自由を剥奪し，私たちをルソーの鎖〔『社会契約論』の冒頭．「人間は自由なものとして生まれた，しかもいたるところで鎖につながれている」〕に少しきつめにつなぎとめるための手段なのである．

以上の簡潔な分析からでも，社会主義が国家に対して，どこからどこまで「あいまいな賛成」と呼べる態度を取るかが分かる．この態度からは，福祉国家に対する目的の多くには賛成できるが，福祉国家の機能と効果には賛成できないことも多くなる．社会主義はすべての者に対して地位の平等を実現するわけではない．事実，社会主義は資本主義がもたらす不平等から生ずる最悪の結果を緩和するだけで，不平等を永続させるかもしれない．福祉国家は稼得や労使関係という規範を私たちが受け入れることを要求するが，それによって生み出される社会的メンバーシップは，非常に条件的な形態を取ることになる．社会権は市場に反する権利ではなく，市場のなかで与えられる権利である．したがって，生産手段を共有する自己決定的な連合体（アソシエーション）に類似した政治共同体は，資本主義社会には存在しない．

要するに，既存の福祉国家は，社会主義的な市民権の理想を実現していない．それは適切な形で構築された社会主義の環境のもとではじめて実現できるのである．社会主義の福祉システムは，現在のように賃金稼得能力の喪失分を補完

することを基礎とするのではなく，社会主義社会を統合する役割を担うことになる．社会主義的な福祉は，平等主義的な所有と資本の統制を支えることになるだろう．BIがそのような役割を果たしうるかどうかという問いについては，7.4節と7.5節で答える．

7.3 社会保障

福祉国家自体に対して社会主義者は曖昧な態度を示すが，社会保障システムについても，明らかに同様の態度が見られる．

ジョン・スチーブンス，ウォルター・コルピ，イエスタ・エスピン・アンデルセンは，福祉国家は労働者階級にとっての真の利益を代表しており，ポスト資本主義社会に向けた第1歩を示している，と論ずる（Stephens, 1979 ; Korpi, 1983 ; Esping-Andersen, 1985）．したがって，とくに社会主義者の影響力が強いところでは，給付システムのような福祉制度が，市場の覇権的な論理に対して部分的な勝利を実現している．エスピン・アンデルセンの『福祉資本主義の三つの世界』（Esping-Andersen, 1990）は，社会主義アプローチが普遍主義と寛大な給付を結び付けて，スカンジナビア諸国で勝利を収めたことを称賛する．

> ……普遍主義的な福祉国家の連帯を保つために，社会主義者たちは社会給付を中産階級の水準にそろえることを余儀なくされた．……その手法は，普遍的な受給資格(エンタイトルメント)を高額な報酬比例給付と組み合わせるというものであった．そうすることで福祉国家の給付とサービスを，中産階級の期待に沿わせたのである．社会的市民としての平均的労働者は，その結果，上昇移動を経験することとなった．福祉国家は，大衆の大多数の堅固な結びつきを強化することとなった．「中産階級」普遍主義は，福祉国家を〔福祉〕反動的な感情から守ってきたのである（Esping-Andersen, 1990 : 69）．

したがって，給付システムは，その脱商品化効果，すなわち労働市場への依存から人びとを何らかの方法によって解放するところに価値がある．

しかし，このように述べるグループの「楽観主義」は，他の社会主義者がより悲観的な評価を好んだため，帳消しになった．例えば，ノーマン・ギンズバーグは，以下のように主張する．

第Ⅱ部　誰にとっての自由か？誰にとっての保障か？

> ……社会保障システムは産業予備軍，家父長制的な家族，労働力の訓育，といったものの再生産に関与している．それは2次的，偶然的にのみ，貧困を緩和する，または「所得保障」を与えるための手段として機能する (Ginsburg, 1979:2).

　給付システムは，賃金を引き下げ，労働力供給を維持し，労働者と非労働者を訓育することによって，以上のことを行うのである．

　賃金が引き下げられるのは，給付水準が低すぎるために，人びとがたとえ失業給付を受け取っていたときよりも生活がよくなることがなかったとしても，低賃金の仕事に就くことを事実上強いられるからである．これは，低給付と低賃金が組み合わされて，何百万人もの有能貧民や無能貧民が創出されることを意味する．この場合，2つの方法によって労働力の供給は維持される．第1に，給付を申請するためには，労働能力を有するとともに，就職可能で，積極的に求職していることが要求される．これは，意のままに採用したり解雇したりできる産業予備軍を資本主義が必要としているからである．したがって労働者は，いつでも「待機して」いなければならず，必要とされたときには，いつでもすばやく欠員を補充する準備ができていなければならない．第2に，労働力の供給は，例えば既婚女性のような特定グループを排除することによってシステマティックに維持される（第8章をみよ）．社会保険原理とは，高賃金かつ長期間の職歴を有することで，受給権が与えられることを意味する．そのような職歴を持つ女性は男性に比べてはるかに少ないため，女性はしばしば最低水準の福祉と所得保障を受けることになり，家庭内でのケアの担い手や供給者としての役割，すなわち再生産の役割に戻る．そのことによって配偶者が労働市場で円滑に働くのを保障するとともに，次世代の労働者の育成を保障することになる．さらにギンズバーグは以下のように論じている．働いている者は申請者にならないように訓育されるが，働いてない者は申請者として個人化されることによって，社会的不公正に対して集合的に対応できないように訓育される．

　したがって社会経済環境次第で社会保障は急進的なインプリケーションを持ちうると信じる者と，既存のシステムは究極的には資本の利益のもとで機能していると解釈する者との両方が存在する余地が，社会主義思想にはある．崇高な解釈のもとでは，これら2つの分析のうち，どちらが正しいかを選択するよりも，問いによっては両方が正解になりうるものと認識すべきである．問いが

資本主義の給付システムの本質と関連するのであれば，ギンズバーグの分析は，スカンジナビアについてでさえ受け入れられる可能性がある．しかし，この分析は，あらゆる場所，あらゆる時代において正しいとはかぎらない．したがって，もし問いが社会主義で導入されうる給付システムと関係するのであれば，スチーブンスらの熱烈な思いの方がより妥当するだろう．なぜなら，いかなるものであれ，そのようなシステムは脱商品化された市民権に依拠していなければならないからである．すなわち，そのシステムは，無条件に市場からの自由を提供しなければならない．したがって，既存のシステムが，すべての者に地位の平等を保障するという社会主義者の理想を実現するまでのあいだ，道のりは遠いが，それとは別のシステムを思い描くことも可能である．繰り返すと，本章の目的は，給付システムを含む実行可能な社会主義のシステムがどのような様相を呈するかを措定することではなく，社会主義者にとっての条件を満たしている BI の範囲を探究するところにある．

7.4　社会主義者にとってのベーシック・インカム

　社会主義にとって BI の主な利点はどこにあるだろうか．5 つの理由がすぐにあげられる．そのなかには BI が社会主義への移行の一部分となるという理由や，社会主義社会が形成された後に BI が果たす役割に関係した理由もある．
　BI を支持する社会主義者のなかで，最もよく目にする者の一人として，ビル・ジョーダンがいる（Jordan, 1984；1985；1987；1989）．ジョーダンは，自由主義（自由市場）的な形態であれ社会主義的な形態であれ，BI が導入されれば西欧の自由市場資本主義や，かつての東欧の中央計画経済よりも優れた社会が作り出されるだろう，と論じている（Jordan, 1985：268）．それは，以下の理由による．

> ……ベーシック・インカムの原理は，すべての市民に基本的必要を保障するためには，労働市場や家族に入る前に，生計維持に十分な所得を与える必要がある，という考え方から生まれたものである．……各個人は，独立した所得を有しているので，有償労働と無償労働を自由に選択することができる．このため誰も仕事や家庭責任を強制されることはない．他人から扶養してもらう必要がないからである（Jordan, 1987：160）．

これは，社会主義者がBIに与える大義名分の1つである．BIは，自立を促進し，労働の資本に対する影響力を強める（Purdy, 1988；Walter, 1989：108-9；Manza, 1992）[2]．サミュエル・ボウルズは，投資と利潤の額は，資本家が労働者からどれだけ搾取できるかによって決まる，と指摘する（Bowles, 1992）．それは逆に言えば，労働者が搾取されることで，どれだけ損失を被らねばならないかによって決まる，ということでもある．BIは，失職のコストを減らして，労働者側の力を強める（もっとも，ボウルズは，労使間の基本的な利害対立が，除去または最小化される社会主義社会に到達することだけが，BIの完全なメリットである，と認めている）．労働市場への参入に「先立って」生存可能な所得を与えることによって，人びとは何をしたいか，そしてどこで働きたいかについて選択する，より大きな自由を獲得するだろう（Breitenbach et al., 1990：92-6；Purdy, 1994：45）．労働市場の外部で生存する能力があることによって，個人が労働市場内部で移動する力は強まる．従業員や潜在的な従業員が賃金に依存しないため，賃金を払う者，すなわち使用者には，従業員の必要や利益により多くの注意を払うことが求められる．労働市場から退出する能力や，労働市場内での発言力は，「非参入」権を制度化することで強まる．

　第2に，労働者の力が強まることで，労働力の構成や失業者に対して，よい影響が波及する．もしBIによって，低賃金労働者や，最も人気の低い職につく労働者の供給が減少するならば，たとえば，そのような職をより魅力的にするか，賃金を引き上げなければならない（Roland, 1986：98-9）．賃上げを行うことができない職も，BIのもとでは一生涯にわたってその職につく必要がなくなるため，労働者にはより魅力的なものになるだろう（Barry, 1997：166-7）．このとき，熟練した，安定した，高賃金の中核労働者と，非熟練の，不安定な，低賃金の周辺労働者との間の労働力の分断に対処するために，BIを用いることができる．さらに，BIは，賃金が払われない活動形態にペナルティを与えないため，そのような活動にしばしばつきまとうスティグマや非難を減らすことができる．したがってボランタリーな非雇用が増えるにつれて，すなわち人びとが自らの新しい価値に基づく活動を追求するために労働市場から離脱する

---

[2] ジョーダンからの引用は，女性が男性からある程度自立することの意味について述べたものである．このことは，通常は社会主義者にもプラスに働くが，この問題については次章で詳しく検討したい．

につれて、これらの人びとが就いていた職に、現在の非自発的失業者がつくことになる。事実、ジェームズ・ミード（次節をみよ）のように、BI は完全雇用の達成のために再び注目を浴びている戦略のなかで不可欠な役割を果たす、と信じている者もいる．

第3の利点は、前2つの利点と結びついている．BI は、すべての者の自律性を高めて、平等な自律性の原則を重視する．言い換えれば、BI は、社会主義者たちが両立する目的であると主張する、自由と平等とを結びつける（Hall and Held, 1989）．このため BI は、社会的排除と経済的隔離（アパルトヘイト）の哲学的基礎、すなわち、自由を促進するためには体系的な社会的不平等が必要である、という考え方から社会主義者を解放する．社会主義者は、自由と平等が対立するという考え方を批判するが、この批判が BI の支持につながる．BI だけが平等な自律という目的を実現できるわけではないが、BI は、その路線に沿って私たちを導く、改革手段の1つである．

第4に、左派のなかには、BI によって、これまで実施ないし構想されてきた政策にはできないような急進的改革を行うことができると主張する者もいる．最も顕著な例として、BI は「共産主義に至る資本主義的な道」であるとのテーゼを示すヴァン・デル・フェンとヴァン・パライスの仕事がある（Van der Veen and Van Parijs, 1987a；1987b）．マルクス主義者は、資本主義から共産主義に移行するためには、社会・経済組織が、明確な社会主義の段階を経ることが不可欠である、と信じてきた．しかしヴァン・デル・フェンとヴァン・パライスによれば、もし共産主義をマルクスの有名な言い回し——「各人は能力に応じて受け取る」から「各人は必要に応じて受け取る」へ——によって定義するのであれば、BI は人びとに無条件で必要なものを提供することができるので、生産手段の公的所有・統制といった、共産主義の前の社会主義の段階を迂回することができる．

> ……もし資本主義社会の内部で共産主義を目指すのであれば、普遍主義的給付の形態を取る保証所得を、可能な限り引き上げることによって目指さねばならない……社会的生産物のすべてが、各人の貢献とは関係なく分配されたとき、共産主義が達成される（Van der Veen and Van Parijs, 1987a：644）．

もし共産主義が，BIのような資本主義的方法を通して実現する可能性があるならば，マルクス主義者が考えた，社会主義の理論的根拠がすべて消滅する．この物議を醸しそうな，だが独創的な主張がなされたとき，論争が起きた（Carens, 1987; Wright, 1987）．そしてヴァン・パライスは「ベーシック・インカム資本主義」と自ら呼ぶものについて，その後も好んで語った（Van der Veen, 1991; Arneson, 1992を参照）．しかし，この論争の正否はともかく，BIは，未来の社会主義社会そして/または共産主義社会について論じるうえで，独自の基準を左派に提供しているように思われる．

最後に考えられる利点は，ポスト資本主義社会への移行に関係があるというよりは，ポスト雇用社会への適応と関係がある（Little, 1997）．クラウス・オッフェは，これを一貫して自らの研究テーマとしてきた（Offe, 1985; 1992; 1993; 1996a; Offe and Heinze, 1992; Offe et al., 1996）．オッフェによれば，脱組織化・ポスト雇用化した資本主義のなかで，BIは福祉システムに適用可能な改革戦略である（Dean, 1995. Lash and Urry, 1987を参照）．国家資本主義と結びついた特徴である，大衆，工業生産，行政の中央集権化，福祉集合主義，国民国家の主権，強力な労働運動と政党，完全雇用形態は解体し，消滅しつつある．したがって，私たちは福祉に対する新しい概念やアプローチを必要としている．

> 働かざる者食うべからず，と主張する古い原理は，生活に必要なものを労働から獲得する機会があるかぎりにおいてのみ意味がある．もしそうでない場合，市民の必要を充足するためには，労働と勤労所得や社会保障との交換以外の方法によって，また，そのような交換システムが基礎とする家族システム以外の方法によって，労働の対価を分配する必要があるのは明らかである（Offe, 1985: 97-8）．

したがってBIは新しい概念とアプローチから成り立っている．BIは，賃金契約が与える官僚主義的な命令から人びとを解放するとともに，民間非営利団体，協同組合，相互扶助組織の発展を許容し，支援するという意味で，生産至上主義的ではない（Offe and Heinze, 1992; Offe et al., 1996）．したがって，BIによって社会変動への適応が可能となるだけでなく，BIは環境社会主義者の福祉戦略の重要な一部分となるだろう（より詳細な議論については第9章をみよ）．

しかし，以上の議論とは逆に，社会主義者がBIを信用しない根本的な理由

第7章 社会主義と社会配当

が5つある．

第1に，BIがフリーライダーを許容するという，これまでもおなじみの反対論がある．この批判には，社会主義者にとって独特の説得力がある．資本主義は，富の創造者（労働者）から，労働の全成果の搾取や剥奪を行っていることで非難されている．にもかかわらず，BIを受給する非生産者たちが，生産者たちの努力によって生活することは，別の形態の搾取を導くことになるから，道理が通らない．要するに，BIはある形態の搾取を別の形態の搾取に置き換えるだけなのかもしれない（Carling, 1992；Mayer, 1994）．社会主義の立場を取る批評家は，資本主義による義務の定義として通用しているものを拒否しうることを認めるかもしれない．しかし，この主張は，社会主義社会が，受け取るだけで何も与えない者に，制裁を加えないで済むことを意味しない（Aronowitz and Difazio, 1994）．例えば，ヤン・エルスターは，「労働者の多くは──正確には私見によれば──その計画を，怠け者が働き者を搾取するための手段だと考えるだろう」との意見を述べる（Elster, 1987：719）．これに対する反論で，ヴァン・デル・フェンとヴァン・パライスは次のように述べている（Van der Veen and Van Parijs, 1987b；726-7. Van Parijs, 1995：140-5を参照）．このように市民権の義務のなかにある互酬性にこだわると，「真の自由」を拒否するような限定的な公正概念を事実上重視することになる．また，この主張は，社会主義のマルクス主義的定義──各人は働きに応じて受け取る──を，資本主義の不当な命令に拡大解釈している．しかしながら，左派の多くは，フリーライダーに関する反対論をBIに対して本能的に抱いている．

第2の批判には，BIを導入しても，労働者の交渉能力は改善しないため，社会的排除の問題や，中心と周辺に2極化した労働市場の問題が解決されない，という主張が含まれる．これは結局，完全BIの計画が現実的ではないからである．例えば，ヨハネス・バーガーによれば，BIの財政を捻出するためには物質的な豊かさを維持する必要があるが，完全BIを十分に維持できる水準にまで税率を引き上げることは困難である（Berger, 1987. Przeworski, 1987を参照）．また，何が基本的必要を構成するかについて，意見が一致しないことを考えると，その税率を決定することも困難である．おそらく部分BIを導入することは可能だろうが，それはまさに，BIが部分的だからであり，また，定義からして，完全BIが持つとされる利点がほとんど得られないような，最低水準の給付しか行われないからである．BIを支持する者が労働組合にほとんどいな

いのは，この分析から説明できる．もし完全 BI に満たない額しか支給されないために，資本に対する労働者の力を高めることが期待できないとしたら，部分 BI にしか頼ることのできない労働者は，資本主義労働市場の変化や変動に対して，現在よりも脆弱になるだろう．同時に，所得と労働の切断を推し進めることによって，労働力を組織化する理論的根拠が失われるかもしれない (Walter, 1989：110-11 を参照)．労働者が，賃金水準，労働者の権利，労働条件をめぐって資本と戦う時には，職場のレベルで戦うのが最も効率がよい．BI は職場を迂回して給付されるため，その費用を国家が支出することを知っている使用者は賃下げを容易に行うことができる．失業時や就業時の経済状況を良くするのではなく，現状を正当化するために BI を用いることもできる（もっとも，最低賃金を導入し，労働市場を雇用フレンドリーに管理しながら，それと同時に BI を導入することも可能であることを，BI を擁護するためには指摘すべきであろう．Parker (1991b) をみよ）．

　第 3 の反対論は，BI がユートピア的すぎる提案であるとするか (Gough, 1996)，ポスト資本主義社会への移行という問題に対して理論的または実践的に貢献するところがほとんどないと述べる．例えば，ジョセフ・カレンズは，次のように述べる．資本主義は福祉国家と共存するようになり，最も控え目な BI を導入する余地を潜在的には作れるが，

> これらの給付を可能なかぎり拡張しようとする国家が登場した場合には，状況は変わる．おそらく資本家は，急進的な再分配を行わない国へ可能な限り資本を輸出しようとするだろう．資本家は，次善の策として，どこでも資本を利用することができるのである (Carens, 1987：680-1)．

言い換えれば，「資本の国外逃避」の可能性があるため，BI の給付を拡張し続けることはできない．もちろん，BI にかぎらず，すべての社会主義者の提案にはこの可能性がある．しかし少なくとも社会主義国家が一度建設されれば，私的資本の輸出と消費を防ぐことはより容易になる．エリック・オーリン・ライトが，似た議論を行っており，ポスト資本主義社会に BI を導入することは可能だが，BI を導入すればポスト資本主義社会になるとは言えない，と結論づけている (Wright, 1987：664-6)．社会主義への移行の問題が残っており，BI がこの論争に対して貢献できることは非常に少ない．

第7章　社会主義と社会配当

　第4に，企業の経営者と，そのオフィスの清掃人が同じ水準の移転所得を受け取るとの考え方に反対がある．社会主義社会で，最低限の所得水準が保証されなければならないことは間違いない．しかし，社会主義社会は，使用者と被用者（職業上の区別が存続していると仮定する）の両方に，移転システムを用いて，同じタイプの最低所得を与えることを，保障しているのだろうか．この反対論は，左派がつねに悩んできた社会政策の側面を，1つの点をめぐって蒸し返している．普遍主義とは市民権の倫理を表現したものだが，とくに再分配的ではないだろう．選別主義は生活が最も苦しい者を対象とするが，彼ら彼女に依存者としてのスティグマを付与し，貧困に陥れることを前提としている．したがって，BIを批判する社会主義者がこの点を指摘するならば，このジレンマに解答を与える必要がある．もしBIが受け入れられないならば，どのようにすればうまくいくのか．そうはいっても，BIが普遍主義に偏りすぎているという非難に対して，BIの支持者は依然として無防備である．要するにBIは，必要としない者にも支給される点で非効率的であり，より給付を普遍的にするほど支給可能額が減り，極貧層のメリットがなくなるという点で非効果的であるとの非難を受ける可能性がある．

　最後に，BIは，資本主義的な現金取引の関係を反映し，これにとらわれ続けている，という反対論がある[3]．どのような動機からであれ，資本主義の文脈では，BIは賃金関係や価格メカニズムに衝突するとともに，これらを永続化させる．使用者と投資家が結託すればBIがもたらすとされるすべての利点は帳消しになるだろう．例えば，BIが「非参入権」を保障することによって資本の力が弱まったとしても，すぐさまそれは中和されてしまう．資本家は，いわば，裏から糸を操ることができるからである．別の比喩を用いると，BIの支持者は絶対に勝てないゲームをしているようなものである．なぜなら，ルールが力の強い者の利益に合わせて常に変えられているからである．したがってBIの提唱者は既存の経済価値の形態を物神崇拝し，階級権力の基盤については何も言わないのである．

　前3節の議論の視点から以上の議論を要約しよう．プラスの側面として，BIは，すべての者を労働市場からある程度独立させ，その地位が平等であることを保障する．資本の力に比べて，労働者の力は向上するだろう．したがって社

---

[3] ディーンが提起した反対論があげられる（Dean, 1991 : 196-9）．

会主義者が望む，生産手段の共同所有者である自立した市民が，経済を民主的に統制するのを支援する．BIはまた，社会組織の形態を，スカンジナビアモデルに沿って脱商品化するのを支援することで，貧困や社会的排除をなくし――完全BIはそれらを完全に除去するかもしれない――，社会的公正を促進するかもしれない．たしかにBIはユートピアをすぐに提供するものではないかもしれないが，私たちがポスト雇用社会に適応するのを助け，後により根本的な改革を行ううえでのモデルを提供することができる．

マイナスの側面としては，BIが生産手段の真の所有と統制が何かということについて，多くを語らないように思われる点がある．それどころか，人びとが頼ることのできる経済的保障を，少なくともある程度は有しているため，際限なく市場の力が作用するのが正当化される結果につながる可能性がある．社会主義的な公正からなる社会に貢献しないフリーライダーを，BIは助長するかもしれない．また，組織化された労働の力を弱めることで，社会的排除を固定するかもしれない．したがってBIシステムが無意識のうちに社会統制の担い手となる可能性がある．というのはBIがもうひとつの「虚偽のメリトクラシー」を制度化するため，本当は貧困の構造的な原因を考えることができるにもかかわらず，極貧の諸個人は自分自身のせいで貧困に陥っていると非難される可能性がある．分かりやすく言い換えると，「あなたはBIをもらっているのだから，所得が低かったとしても，誰も非難してはいけない」ということである．BIは，資本主義経済の物神化された関係に従って機能するため，ユートピア的すぎるところがないどころか，ポスト資本主義社会への移行の妨げになるかもしれない．

今，私たちが解答しなければならない問いは，次の通りである．以上で指摘した欠点を解消しつつ，長所を維持した形態のBIはあるだろうか．この問いに答えるためには，市場社会主義と社会主義版のBIである，社会配当を検討する必要がある．

7.5　市場社会主義と社会配当

NITや参加所得の基本を前2章で説明したが，これらの改革は私たちの社会でも導入の可能性があるため，その説明は比較的容易であった．しかし，これから論じるように，社会配当を導入するためには，財産所有の性質を変える必

要がある．また社会配当の提案に関する歴史が示しているように，社会配当が役割を果たすことができるのは市場社会主義経済においてである．したがって市場社会主義が何を意味し，社会配当が市場社会主義の機能と根拠づけに不可欠な理由を理解しなければならない．

7.5.1 市場社会主義と社会配当の説明

市場社会主義に関する議論は，非市場経済はうまく機能しないと主張する者（例えば，Hayek, 1935）に対して，社会主義者たちが応答する形で，1930年代に始まった．ランゲとテイラーは，市場と計画の双方の利益を享受するために，市場による生産，所有，分配の調整と，広範な公的所有とを結びつけることができると主張した (Lange and Taylor, 1938)．この論争は次第に忘れられ，約数十年間は休止状態にあった．ところが急進右派の隆盛，社会民主主義者の保守化の進行，ソビエト式の統制経済の失敗を目の前にして，左派のなかに論争を再開するものが出現した (Brus, 1972；Horvat, 1982；Elson, 1988；Le Grand and Estrin, 1989；Millr, 1989；Albert and Hahnel, 1991；Nove, 1991；Schweickart, 1993；Pierson, 1995)．

市場社会主義者の数だけ市場社会主義の数があるが，基本的なモデルとして，以下の2つを指摘することができる．(a) 消費財と労働の市場はあるが，資本の市場はない市場社会主義，(b) 消費財，労働，資本の市場に，ある程度の労働者の所有と統制を加える市場社会主義．ブキャナンによれば，これらのモデルは以下の構成要素に分解できる (Buchanan, 1985：104-6)．

(a) ―中央計画局（Central Planning Board；CPB）が経済への全体的な投資計画を決定し，生産資源を公有企業に配分する．
　　―CPBは需給予測をもとに，物価を設定し，常に再調整する．
　　―企業の経営者は，商品を効率的に生産しなければならない．
(b) ―政府が全体的な投資計画を設定する．
　　―協同企業（cooperative firms）は，公有銀行から資本の融資を受けるために競争するとともに，消費市場で他の企業と競争する．
　　―企業の構成員は，製品，工程，利潤の分配について決定する．
　　―全労働者が投票権をもつが，権限は選出された経営者に委任される．

第 1 のモデルは，初期の論争で提示されたものと同じである．ハイエクは，社会主義経済下でも資源配分を合理的に行うことは理論的には可能だが，実際問題として，日々，経済で交換される情報のすべてを調整するためには，無数の計算を瞬間的に行わなければならないと述べている（Hayek, 1935 : 207-14）．そのような調整をうまく行うことができるのは，自由市場の価格調整機構だけだ，というのがハイエクの結論である．これに対してランゲとテイラーは，市場における需要と供給の変化や価格調整メカニズムを意識的にシミュレーションすることは可能であり，したがって，市場の利点（資源配分の効率性）をコスト（物的資源と人的資源の浪費）なしに維持することも可能であると主張した（Lange and Taylor, 1938）．近年，再び議論が活発になるにつれて，第 2 のモデルが前面に出てくるようになった．すなわち，第 1 のモデルに比べて，中央で行われる計画はより控え目なものとされており，真の競争と市場——単にシミュレーションされたものではなくて——が採用され，労働者の協同組合がより大きな役割を果たしているが，それと平行して私有企業も存続している[4]．第 2 のモデルでは，CPB が，資本を融資する公有銀行に置き換えられている点で第 1 のモデルと異なっている．公有銀行は相互に競争するとともに，おそらく民間銀行とも競争する．このような相違があるにもかかわらず，第 2 モデルの背後にある理論的根拠，すなわち市場経済の負担を最小化しつつ，その利点を維持することは，第 1 モデルと基本的に同じである．

　実際にこのことが起こるかどうかは別として，このテーマについては，広範かつ複雑な議論が行われてきた．左派の中には，「市場」と「社会主義」とを単純な形で混合することはできない，と論ずる者がいる（Mandel, 1986 ; Devine, 1988 ; Kornai, 1992 ; Ticktin, 1998 ; Ollman, 1998）．もし社会主義が，経済を集合的かつ民主的に統制することを意味するならば，市場の様々な力の要求に従って組織することを強制された社会と，社会主義とは相容れないことになる．もし社会主義が協同的な利他主義と関係するならば，競争的な利己性からなる市場と，どうやって両立できるというのだろうか．また，社会主義が社会的公正と平等に関係するならば，所得の不平等や市場につきものの失業と，どのように調和することができるというのだろうか．右派のなかでは，グレイが，労働

---

[4] しかし私有企業は，ある程度の規模になったら協同組合に移行することが要求されるかもしれない．

者は協同的な経済を単純に望んでいるわけではないと述べている．もし望んでいるならば，とっくの昔に協同的な経済が生まれているはずだというのである（Gray, 1992）．別の反対論によれば，市場社会主義経済は不安定である．なぜなら，公共投資銀行は，市場社会経済を国家の中央集権化システムに統合する原因となるだろうし，公共投資銀行が真に自律的かつ競争的であれば，最終的には私的機関となって，市場社会主義は市場資本主義へと逆行するからである（Gray, 1992. De Jassay, 1990 を参照）．

　左派の批判に対する市場社会主義者の標準的な反応は，左派の批判者は「市場」と「社会主義」を2分法的に考えることによって，資本主義者のゲームに加担していると非難するというものである．歴史の現段階でも，矛盾して見える諸要素が混合した，多様な形態の社会組織を設計することが可能である．市場社会主義が不完全なものであることを認めたとしても，資本主義のもとで不幸な者にとって，それは最も現実的な最善の代替案(オルタナティブ)であり，反市場社会主義者が好む分権的で民主的な計画に関するさまざまな提案よりははるかに実現可能性がある（Schweickart, 1998；Lawler, 1998a）．右派に対する反論は，資本主義の市場合理性は，投資に当たっての様々な決定を，利潤を追求する企業が優遇する方向へ歪める，というものである．協同組合が望まれないのは，資本主義経済の諸作用によって，それが望ましくないものになっているというだけの理由による（Elster, 1989）．

　例えば旧ユーゴスラビアのように，全国規模で市場社会主義の諸要素が実現したこともあったが，市場社会主義システムの最も顕著な例は，スペインのモンドラゴンだと言える（Booth, 1987；Whyte and Whyte, 1988）．モンドラゴンの協同組合は1956年に創設され，何万人もの労働者がこれに携わっている．産業協同組合は，冷蔵庫から自転車まで，ありとあらゆるものを製造し，銀行，技術協同組合，社会保障協同組合，研究開発協同組合といった，さまざまな2次的協同組合がそれを支えている．モンドラゴンのシステムは，スペインでトップの民間企業と比較しても，労働者1人当たりの生産性と生産高はおおむね高い水準を達成している．事実，協同組合は，スペイン経済の成長率よりも速いペースで成長している．その理由の一端は，2次的協同組合から財政的，技術的，専門的な支援を受けていることにある．また，失業を減らすという目的のために，労働者を減らすのではなくて企業規模を拡張することによって「賃金」コストの低下を図るよう企業に動機づけているということもその理由である．

したがって，市場社会主義という代替案(オルタナティブ)が大規模な形でもうまくいくと主張する者は，長年，モンドラゴンの協同組合に言及してきた．この論争の正否は置くとして，社会配当はどのような特徴をもち，BIとはどこが違うのだろうか．社会配当には，市場社会主義やそれと類似した提案と結びついた，長い歴史がある．G．D．H．コールは早くも1920年にそれを提唱した (Cole, 1920：146)．ランゲとテイラーは，それを平等と効率のトレードオフ関係のための手段ととらえた (Lange and Taylor, 1938：74-5, 83-4, 100-3)．H．D．ディッキンソンは，「社会基金」から配当を行うことに賛成した (Dickinson, 1939：135-7)．つい最近，市場社会主義の議論が再び活発になったときに，社会配当が支持されたのは，市場社会主義経済のもとで3つの機能を果たすとされたからである (Barry, 1997：168-70を参照)．

　第1に，社会配当は，市場の失敗を是正するのを支援するという点で，「機能的な」役割を果たす．この解釈には，移転システムを総需要管理のための手段と考えるケインズ主義的な解釈と若干似たところがある．したがってジェームズ・ミードのようなケインズ主義者が長年にわたって社会配当を支持してきたことは驚くには値しない．第2に，社会配当は再分配の役割を果たす．市場社会主義への反対論の1つに，市場社会主義は，成功した企業や従業員と成功していない企業や従業員との間の不平等を維持している，というものがある．社会配当は，成功と失敗の距離を縮め，より裕福な企業の利潤を再分配するための方法の1つとなるだろう．これら2つの役割は，BIが資本主義経済のなかで果たすことのできる役割と，実質的には変わらない．しかし，社会配当には第3の役割もある．市場社会主義経済のもとでは，公共投資銀行が資本を融資する．1つの提案は，この資本からの収益を全員に平等に分配するというものである．ローマーはずばりその点を突いている．

　　……企業の利潤は，社会のごく一部に渡るのではなく，課税後に分割されて，すべての世帯に平等に分配される……社会配当は保証所得の1つの形態となるだろう……それは国民所得の一部であって，賃金または利子として分配されることはないが，生産手段の所有者としての民衆に帰属する (Roemer, 1992：453-4)．

　BIは諸個人を生存手段に結びつけるが，それは依然として，伝統的に定義

された所得移転である．社会配当の目的は，人びとを生産手段に結びつけることである．それは，社会の富を共有することを意味している．社会配当は，私たちが社会資本の共同株主として，受けとる配当である．それは経済競争による利潤を共有するための手段であり，賃金契約のシステムで可能なものよりは公平である．ローラーがいうように，「……市場社会主義社会では，基本的に利潤が労働者に還元される」ならば，利潤の一部は，企業の構成員としての諸個人に還元されることになる（Lawler, 1998b：186）．これは，他の企業よりも業績が良好な企業があれば，所得格差が生じる可能性があることを意味する．また，還元される利潤の一部は保証所得にまわり，これによって全員に最低限の所得が確保される．

以上で，市場社会主義経済の文脈における社会配当の要点を説明したが，それが実際はどのようなものなのかについて検討する必要がある．話を肉付けするために，社会配当と市場社会主義を架橋した理論家である，ジェームズ・ミードとジョン・ローマーの2人について簡単にみていくことにしよう[5]．

7.5.2　ジェームズ・ミード[6]

私の知るかぎり，ミードは自分自身のことを市場社会主義者と呼んだことはない．また，彼を市場社会主義者に含めることに反対する者がいるのも間違いない．しかし市場社会主義は教義として確立された一連の提言ではなくて，論争の行われる場である．したがって生涯にわたって自由派社会主義者として，「しっちゃかめっちゃかな国有化」〔政府が生産手段の株式を取得して，これを特別の基金で運用する仕組み〕や労働と資本の協調を提唱していたミードも，市場社会主義の文脈で論じることができる[7]．彼は，1935年に処女論文を刊行してから（Howson, 1988），1995年に刊行された遺作の『完全雇用の回復？』に至るまで，60年間にわたって社会配当を支持した[8]．そのほとんどの間，初期ケインズ主義を支持し，社会配当が「……国民所得のうち消費に振り向けられる額と資本

5　ヴァン・トリアーは経済学者のアバ・ラーナーとG.D.H.コールの研究にも注目している（Van Trier, 1995：367-80, 1995：387-95）．

6　ミードは1977年にノーベル経済学賞を受賞した．

7　ミード自身は，市場社会主義をきわめて限定的に定義しており，市場社会主義を，競争的市場の不在という意味に用いている（Meade, 1993：193-5）．

8　ヴァン・トリアー（Van Trier, 1995：362-5）では，ミードの研究のなかで，その言葉が4つの

発展のために配分される額」(Howson, 1988：53) を統制するための手段，すなわち政府が需要を管理し，失業を抑制する，経済の舵取り装置になると信じていた (Meade, 1948を参照)．しかし，1970年代までには，ケインズ主義が，その時期の変容しつつあった経済状況——失業の増加，インフレの進行，コーポラティズムの衰退，経済的便益を産出するうえでの国家の力の減退——に自らを適応しなければならなくなっていることを，ミードは理解していた．このため彼が社会配当を支持する理由の強調点が変化した．

以前には，例えば1964年の『効率，平等，財産所有』のなかでは，ミードは社会配当が財産を社会化する役割を果たすものと考えていた (Meade, 1993：60-1)．しかし，晩年の10年間になると，ミードは社会配当を社会・経済的改革のための手段と考えるようになった．1984年には，完全雇用と低インフレを両立させるためには，労働市場のインサイダーがアウトサイダーを犠牲にして自らの利益を追求する状況——例えば自由な団体交渉によって賃金インフレという有害な結果が生まれている——を改善しなければならないと書いた (Meade, 1984)．しかし彼は，賃金システムを単に利潤の共有システムに転換するだけでは不十分であると論じた．なぜなら，それだけでは，失業を解決できないからである．その代わりに，同一労働同一賃金の原則を放棄しなければならない[9]．より多くの雇用を創出するために，賃金率を下げることを許容すべきである．しかし，生じるであろう大きな所得格差を縮小するために，それと同時に社会配当の導入のような急進的な制度改革を行う必要がある．ミードは国民負債 (National Debt) を国民資産 (National Asset) ——証券取引所で売買される大企業の株式の過半数を国家が所有する——へ順次転換するよう提言した．要するに，一般課税によって投資を行い，企業の利潤の配当を公共的に利用することができるようにするが，経営は民間の手に残しておくということである．これが，後にミードが「しっちゃかめっちゃかな国有化(トプシー・ターヴィー)」と呼ぶものである (Meade, 1990)．伝統的な国家による所有や統制では，国家は，所得の増加による便益を享受することのない所有者－経営者であったが，「しっちゃかめっ

異なった意味を持つことを一貫して指摘している．
[9] ある意味で，これは同一賃金同一労働を望むフェミニストの要求と対立する．ミードの思想には，ジェンダーの側面はない．したがってフェミニストの観点から，ミードを批判することは可能である。彼は，労働市場のアウトサイダーは常用労働者と同等の労働を行っているときでも，その賃金率は低く抑えられるべきだと考えているが，労働市場のアウトサイダーの多くは女性である．

第7章 社会主義と社会配当

ちゃかな国有化」では,国家は,関連諸企業の経営責任を持つことなしに,一定の資本を所有することによって所得を得ることができる.

ミードは,その後,この分析を洗練させて,労働と資本のパートナーシップと彼が呼ぶものに発展させた(Meade, 1989；1993：85-188を参照)[10]. そこでは,リスクキャピタルを負担する者が,労働者のジョイント・パートナーとして企業を経営する.労働と資本のパートナーシップのなかで,資本家は「資本分配率」を手に入れ,労働者は「労働分配率」を手に入れる.どちらにも同率の配当が与えられるので,労働者と資本家の間の潜在的な葛藤が減る.このようにして低インフレと高雇用率を両立するために必要な経済的な調和を促進するのである.それでもインサイダーとアウトサイダーとの間の葛藤は残る.もし単純に「利潤インフレ」が賃金インフレに置き換えられるだけならば,大量失業は存続するだろう.ミードは,以前からの自説に従って,このパートナーシップが「差別」となり,新規の労働者たちの労働分配率は,既存の労働者のそれよりも少なくなる,と主張した.したがって新規の労働者たちには同一労働に対して同一「賃金」を支払わないにもかかわらず,以前に比べて彼ら彼女らの生活を改善し,収益性を危険にさらすことなく,彼ら彼女らをそのパートナーシップに引き入れることができる.したがって,このような「差別」によって,インフレを誘発せずに雇用率を引き上げることが可能になるだろう.すでに述べたように,ミードは,社会配当が,このような労働分配率のシステムがもたらす不平等を相殺する効率的な方法であると主張する.なぜなら分配率の減少した分を社会配当によって補足することができれば,新規のパートナーは,生活に必要な所得をこの分配に依存する必要がなくなるからである.

したがって,ミードが擁護する社会・経済改革には,さまざまな市場社会主義者の思想と似たところがある.社会配当は,ヴァン・トリアーが「サポートシステム」と呼ぶものを構成する(Van Trier, 1995：365). これは,これらの改革のなかで一番不評な側面のいくつかを,受け入れやすいものに変えたものである.これは,導入時は,本書で擁護してきたBI,すなわち税金から財源を調達するBIの一種と考えることができる(Meade, 1995：53-5). しかしミードは,そのBIの水準を引き上げるとともに,財源の調達先を拡張することによっ

---

[10] 現実には,さまざまな形態のパートナーシップを想定することができる.単なる要約を行うためにこの後の記述を行おうとしたわけではない.

て，それを適切な社会配当へと転換する可能性を考えている．

　事実上，国家は，真の国富の相当な割合を享受する，間接的な所有者である．また，この富からの配当は，その国のすべての市民に対して社会配当として分配することができる（Meade, 1990 : 3）。

7.5.3　ジョン・ローマー

　ローマーは市場社会主義を強く支持してきた（Roemer, 1992, 1994, 1996 ; Bardhan and Roemer, 1993）．彼が好む市場社会主義のモデルは以下のように簡潔に要約することができる（Roemer, 1996 : 19-22）．

　ローマーのシステムのもとでは，貨幣は 2 つの形態を取る．第 1 は「商品貨幣」，すなわち資本主義下と同様に，消費する商品の購入に使うことのできる現金である．第 2 は「株式貨幣」，すなわち投資信託を通して企業の所有権を購入するために使われるクーポンである．どちらの形態の貨幣も，もう片方の形態の貨幣には兌換できない．すなわち，現金でクーポンは購入できないし，クーポンの換金もできない．ローマーは，金融取引は，成人市民，「公共」企業体（すべての大企業はこれに属する），投資信託，国庫という 4 つの「集合的行為者」の間で行われる，と述べている（図 7.1 をみよ）．

　すべての市民は，成年に達すると，国庫から同額のクーポンを受け取る．このクーポンは投資信託の購入にのみ使用できる（投資信託はクーポンによってのみ取得できて，現金では取得できない）．同様に，公共企業の株式を取得できるのは投資信託のみであり，投資信託はその取得にさいして成人市民によって投資されたクーポンを用いる．企業は株式と引き替えに入手したクーポンを，国庫で投資資金と交換することができる．また国庫から現金でクーポンを購入することもできる．投資信託は，企業の株式を保有することによって，企業の利潤の分け前を受け取る権利をもつ．成人市民は投資信託を通じて，その収益を受け取ることができる．市民が死亡した時には，投資信託が売却され，クーポンは国庫に返還される（すなわち，株式とクーポンは相続できない）．そして，今度は，そのクーポンが成年に達した市民に発行される．したがって，クーポンは各市民に生涯にわたり「絶え間なく」現金収入を与えるわけであるが，上で述べたように，クーポンは換金できないので，貧しい市民も企業の所有権を売却するこ

第 7 章　社会主義と社会配当

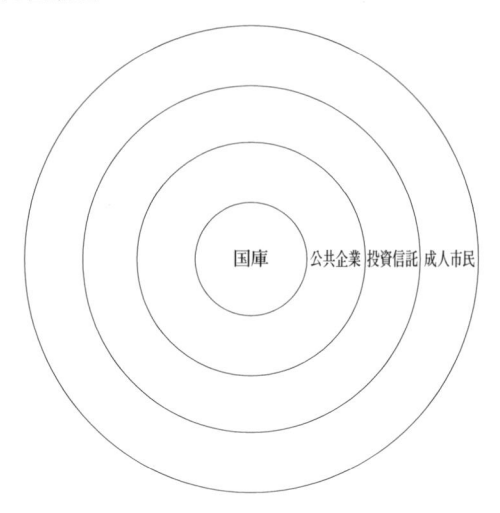

　　　　　　　　　　国庫　公共企業 投資信託 成人市民

図7.1　ローマーの市場社会主義

とができない．
　したがって，ローマーのシステムは，以下のような特徴を持つ．

- クーポンとしか交換できない株式から成り立つ株式市場
- 一般的な投資決定に対する国家の関与
- 所有権の平等
- 資本主義よりも平等な所得分配（なぜなら所有権が平等化しているから）
- 資本主義市場のように人間を浪費しない，市場メカニズム

　ローマーによれば，これは市場社会主義の一形態である．このモデルとこのモデル以前に構想された諸思想との主な違いは，従来のものが，現存の「商品貨幣」による経済と結びついた協同組合システムであったのに対して，このモデルは，市場社会主義は配分メカニズムの社会化と考えるべきだという理由から，労働者が経営する協同組合を避けている．このモデルに対してはさまざまな形の修正，批判，反対がなされてきたが（例えば，Roemer, 1996：45-289），これらを別にして考えた場合，社会配当にはどのような特徴があるだろうか．
　ローマーの市場社会主義システムのもとで，諸個人の収入源は、労働の対価

としての賃金，貯蓄の利子，クーポンからの所得，社会配当の4つがある[11]．市場社会主義経済では，日本の系列のように，諸企業は比較的少数の銀行の周辺に組織される[12]．例えば，B 銀行が W 社，X 社，Y 社，Z 社と結びついているとする．このとき各社は他社の株式を所有し，銀行はすべての会社の株式を所有するだろう（銀行と企業の双方を，投資信託，すなわち市民が究極的には所有していることを忘れてはならない）．これらの系列の目的は，銀行が主導的な役割を果たしつつ，相互監視のシステムを通して競争力を保証し，利潤を極大化するところにある．ローマーによれば，

> W 社の利潤の一定部分は……銀行，他の3社，W 社の労働者ではなく，国家が入手して社会配当の一部として全市民に分配する．W 社の利潤の一部は，W 社の株式を所有している X 社，Y 社，Z 社が入手するが，これは X 社，Y 社，Z 社の労働者の社会配当のかなりの部分を占める（Roemer, 1992：457）．

したがって諸個人が受ける社会配当の出所は，主に国家から集権的に分配されるものと，系列から分権的に分配されるものとの2つに分けられる．社会配当はすべての者に対して平等に支払われるわけではない．おそらく国家からの社会配当のみが無条件に給付される（ローマーのシステムのもとで，非労働者がどうなるかははっきりしない）．しかしローマーはこれを，分権的に，かつ相互に企業の監視を行ううえで必要な対価と考えている．

以上から社会配当には2種類あることがわかる．ミード版の社会配当は，彼が望ましく，かつ必要だと考える制度改革を相当程度支えるシステムを構成する．BIはこの社会配当の一種の原型となる．しかし，ミードはBIをより寛大にする可能性を開くとともに，国民資産（National Asset），すなわち資本の国家所有，言い換えると「しっちゃかめっちゃかな国有化」によって財源を調達

---

11 私は，この点について，ローマーに代わって推測で述べている．彼は，以上で概要を述べたような市場社会主義モデルを完全に定式化する以前から，社会配当に言及している．
12 銀行自体は投資信託によって「所有される」だろうが，ローマーは，それらが国家からいかにして自立していられるかについて，完全には答えが出ていないことを認めている（Roemer, 1996：31）．

する可能性を開く．ローマー版の社会配当は，「クーポン経済」の結果である社会配当を，市場社会主義のシステムと，より直接的な形で結びつけたものである．BI と社会配当との類似点と相違点は，どちらの社会配当を取り上げるかで異なってくる．BI の財源を「国民資産」から調達して，ある程度寛大な給付を行うことは可能である．同様に，社会配当の財源を税金から調達して，ある程度寛大な給付を行うことも可能である[13]．このため 2 つの用語はしばしば可換的に用いられる．しかし，用語をはっきりさせるという点から，私はこれら 2 つを以下のように区別することを提案する．BI は資本主義経済における，無条件の所得であり，市民を生存手段に関係づける所得移転と考えるべきである．これに対して，社会配当は（市場）社会主義経済における，無条件の所得であり，市民を生産手段に関係づける所得移転と考えるべきである[14]．

7.5.4 アラスカ恒久基金

BI と社会配当をこのように区別し，BI を社会配当の潜在的な原型として描いたが，現時点で，社会配当の萌芽といえる例はあるのだろうか．この問いへの答えは「イエス」である．

アラスカ恒久基金（APF）は，アラスカの住民各個人に対して，州の富（配当）を，市民権をもとに配分するものである（Olson and O'Brien, 1990；O'Brien and Olson, 1991；Brown and Thomas, 1994）．1977 年から，アラスカ州は，プルドー湾の州有地と近郷の油層で生産される原油収入からロイヤリティを得ており，その収入の約 20 パーセントが信託財産である APF として貯蓄されてきた．1982 年以降，その投資に見合う利益は，アラスカ住民に対して年 1 回の配当の形で配分されてきた．当初，1982 年には，これは 1 人当たり 1,000 ドルにのぼった．その後，配当の価値は徐々に下落したが，1998 年以来上昇しており，年 1,500 ドルにのぼる．結果的に，基金は，全員とは言えないが，多くの人の間で人気を博している．

APF の理論的根拠の一部は，経済的なものであり，一部は道徳的なものである．経済的には，基金が好不況の経済循環の平滑化を促進し，したがって，

---

[13] どの程度寛大かという問題は，市場社会主義経済と，その社会で行われる政治決定がどのような性質を持つかによって決まることは明らかである．

[14] 私は社会配当を無条件の所得と定義している．しかし，第 1 章で記したが，ローマーのように，条件付きの所得と考えることも可能である．

政府支出のフローを平滑化するとして，正当化される（1969年に遡る，最初の思いがけない原油からの授かり物は，10年とたたずに消費されてしまった．したがって石油収入のうちのいくらかは政府の手の届かないところに置くべきだと決定されたのである）．道徳的には，油層は，将来の世代を含むすべての州住民が共有している，と考えるべきとの信念から正当化される．したがって，すべてのアラスカ住民は1企業の株主と考えることができる．州の石油の富の一部を貯蓄するのと同様にして，基金は将来の配当を生み出すのを保障するために投資される．

APFの主要な効果は3点ある．第1に，アラスカ住民の個人所得を，平均で2〜3％ほど引き上げ，したがって消費可能な支出もその分引き上げた．第2に，仕事へ影響を与えた．アラスカ全体で3％の雇用を創出した．第3に，基金には景気後退防止効果がある．配当は基金から得られた過去5年間の利益をもとにするため，経済後退期には，個人の所得に対する配当の価値は上昇する．したがって需要回復の継続と経済の安定化を促進する．ただし，ブラウンとトーマスは，基金が経済変動を緩やかにするメカニズムは未熟すぎると批判している（Brown and Thomas, 1994）．

したがって，APFはユニークな実験の代表例であるが，これまでシンガポール中央積立基金——因襲的な理論的根拠，資金調達，目的に基づく——のような他の実験に比べて，関心を引くことははるかに少なかった．その支出額の価値は控え目であるが，着実に高まることが期待されているとともに，世代間の共有の形態を表している．もちろん，このことで，基金が本質的に社会主義的な制度であると主張しているわけではないし，アラスカは社会主義国家ではない．そのような主張が，基金を支持するアラスカ人の多くを恐怖に陥れることは疑いない．たとえそうであっても，APFを，社会主義者が望んでいる一種の共同所有と共同分配の原型と考えうるとするのは，理不尽に過ぎることなのだろうか？

7.5.5 社会配当：賛否両論

社会配当の長所は，BIとの関係で，以上で素描してきたことと対応する．社会配当は労働者の権力を拡大し，すべての者が平等な自律性を有することを示し，急進的な改革を可能にするものである．

> ……ベーシック・インカム資本主義のもとで行われる経済運営の問題を日々

解決していくことで，経済は一段と民営化される(Purdy, 1994：45)．

雇用への影響は，社会配当が導入される社会経済的文脈にかなり依存している．ミードとローマーが考えたように，経済改革が雇用フレンドリーな効果を生むか否かを先験的に判断することが困難なのは明らかである．

しかし，悲観的に見れば，社会配当はいまだに望みなきユートピア的提案であるのかもしれない．アラスカの例があるとはいえ，社会配当が学術的な論争を超える見込は乏しい．市場社会主義が実現すれば，社会配当も実現されるだろう．しかしどちらも実現される見込のないまま，私たちは次の千年紀に突入するだろう．体制移行や資本流出の問題がBIの今後の展望に影響を与えたのと同様，社会配当の今後の展望にも影響を与えている．たしかに，BIの方が社会配当よりも「イデオロギー中立的」であるため，導入の可能性は高い．さらに社会配当にはフリーライダーの問題も残っている．ローマー版の社会配当には，系列に由来する条件的な要素と，中央政府から分配され無条件的な要素の両方が含まれている．前者の給付に条件が付いているため，後者に対する反対意見は和らげられるだろう．しかし社会配当の提案は，参加所得と違って，この（潜在的な）問題がどのようにすれば解決できるかに関して多くを語らない．最後に，社会配当は，BIがそうだと非難されるように，金銭的な結びつきに囚われていないだろうか．この問いへの回答は，ポスト資本主義社会をどのように想定するかによってかなり変わってくる．ポスト資本主義社会は貨幣のない豊かな社会だと考える人びとにとっては，そもそも効率的な分配という問題は存在しないから，市場社会主義や社会配当のことをユートピア的とは考えないだろう．他方で，社会主義者の目的と目標はもっと控えめなものでなければならないと考える人びとにとって，市場社会主義者の社会配当は，決して完全とはいえない世界で持ちうる最善のものだと考えることができるのである．

7.6　結論

本章での検討から，社会主義者にはBIへの賛否両論があることがわかる．BIの支持者（例えば，ジョーダン，パーディ，バリー，オッフェ）がBIを支持する理由の1つは，BIによって資本主義社会をラディカルに変革することが可能だと考えるからである．また，BIがポスト資本主義社会への転換のきっかけと

第Ⅱ部　誰にとっての自由か？誰にとっての保障か？

なると考えて支持するひともいる．BIは社会配当の先駆的形態であり，社会配当は生産手段の所有を社会化する役割をもつからである[15]．しかしBIの批判者もいる（ゴフ，ライト，エルスター）．理由はBIが社会主義思想にまったく（あるいはほとんど）貢献するところがないからか，BIの導入によって社会主義への移行が妨害されるからである[16]．例えばBIの導入は権力のない搾取された労働者たちからなる経済を規制緩和することにつながる．したがって本章の冒頭で提起した問いに対しては，決定的な結論はないように思われる．それでは，将来に実現しうる社会主義社会において，BIは役割を果たすのだろうか．果たすことができるかもしれない．

　私は，ジョーダンらの意見に同調したい．たしかにBI/社会配当が社会主義社会にとってなくてはならないものだとの確信はない．しかし，そのことを理由にして，BIや社会配当を完全に退けてしまうのは，おそらく早計だろう．資本流出への批判や，社会の移行が困難なことは説得力がある．しかし政治思想と政策提案の結びつきはすでにどこかに存在していて発見されることを待っているのではなくて，理論的/イデオロギー的な思索によって結びつけられるのである．BIの文脈でいうならば，最も大胆な探検者は上記の理由によってBIの運命がこのさき永久に閉ざされたとは想像せずに，さらに進んだ提案を行っていくだろう．BIの政治的柔軟性とは，BIのイデオロギー的文脈がけっして固定されていないという意味であることを，本書は前提としている．BIがどの程度の重要性を持つかは，それが制度化される社会経済的環境によって変わってくる．社会主義者のなかには，BIを資本主義と，しかもとくに厄介な形態の自由市場資本主義と同一視したがる者もいる．しかし，それが間違いであって，しかも本書の前提が有効だとしたら，彼ら彼女らはBI支持者の同盟に対してひどい仕打ちを与えるだけでなく，社会主義者以外の敵に，潜在的に有益な武器を与えることになることは間違いない．しかし，このように指摘しても，社会主義者に資するところの少ないか，まったくない形態のBIが存在するのも事実である．普遍的資力調査を行うNITは，本書で書いた通りで

15　左派の立場を一貫して取っているため，ヴァン・パライスを含めることも可能である．彼は，社会主義クラブに是非加わりたいとは思わなかったとしても，その名誉会員の称号が贈られる可能性があるだろう！

16　とはいえ，ライトは，社会主義が一度実現した後には，BIに似たものが導入される可能性があると述べている．

ある．その一方で，参加所得は BI/社会配当への必要な第一歩と考えることができるかもしれない．

　もちろん実際に社会主義が歴史のごみ箱に捨てられるとしたら，この考えには実際的な価値がないことになる．しかし，1980 年代において，社会主義を世界の舞台から引きずり下ろしたのと同じく不確定な力が，おそらく将来いずれかの時点で社会主義を舞台に上げるだろう．私たちに分かるのは，将来は分からないということだけである．したがって社会主義者の仕事は，世界の環境が変わるときまでのあいだ，諸思想を探究し，可能なかぎり蓄積することである．なるほど BI にも社会配当にも歴史的前提があるかもしれない．だがしかし，それらは，ごみ箱をかき回すことに飽きた者に対しては，前向きな見通しを与えることができるだろう．

第8章　フェミニズムとベーシック・インカム

8.1　ジェンダー化された市民

　本章と次章で取り扱う課題は，前3章で取り扱った課題とは少し趣が異なる．フェミニストのBIというようなものが存在しないからである．もっとも8.5節で検討するように，参加所得はフェミニスト社会政策の目的のいくつかを達成する．ここではフェミニズムと環境主義という2つの政治思想が，どの程度重要であるかを評価するために，BIと，フェミニズムや環境主義を支持するその他の改革案とを関連づけることを課題としたい．フェミニズムから議論を始めるが，その定義が最初に問題となる．フェミニズムと他の政治的イデオロギーには，どの程度の関係があるのだろうか．単純化をおそれずに言えば，フェミニズムとは，別々の諸思想を組み合わせたものであり，福祉集合主義のいくつかの側面を含み，左派の政治思想と最も生産的な形で調和するものである．この定義には，自由市場そして/または伝統家族が，女性の利益を高めるうえでの最善の手段であると主張する，保守派や右派の怒りを招く危険があることは承知している．また紙幅の都合で，フェミニズムのさまざまな変種——例えばブラック・フェミニズム，障害者フェミニズム，レズビアン・フェミニズム——を，ここで検討することはできない．

　21世紀のフェミニズムは西欧社会のなかで奇妙な位置を占めているだろう．ある点においては20世紀よりも影響力が拡大して——おそらく政治的な影響力よりも文化的な影響力の方が顕著であろうが——，正統派の教義になっているが，他方で，主要メンバーの圧倒的多数が依然として男性であるクラブの，招かざる客だが，追い出すわけにもいかない客と似ている点もある．言い換えると，フェミニズムはどういうわけか，インサイダーであるとともにアウトサ

第8章 フェミニズムとベーシック・インカム

イダーであり，社会を形成するうえで大きく貢献しているにもかかわらず，その社会から追放されている．このように二重の位置にあるのは，改革の過程でこれまで進んだ距離よりもこれから進まなければならない距離の方が長い，というフェミニスト自身の認識による．フェミニストにとっては，距離を保ちながら批判することが最善の策である．またアンチフェミニストによるさまざまな形態の定期的な反動に対して，あるときは何とか勝利を収め，またあるときは圧勝していることも，そうした理由の1つである．

フェミニズムは現在の社会に対してと同様，社会政策に対してもアンビヴァレントな態度を示す．福祉国家のジェンダー・バイアスは根強い．近年，それが改善されてきたのは，1つには，フェミニズム支持派の論客が批判や勧告を行ってきたためである．しかし変えなければならないことが，まだたくさん残っていることも明らかである．本章の目的は，BIがフェミニストにとっていかに魅力的であるか，あるいは魅力的でないかといった点を検討することである．また，フェミニストによる福祉国家改革のさまざまな提案とBIとがいかに関係しているか，ということを吟味することも目的としている．

そもそもフェミニズムは市民権[1]をどのように定義しているだろうか．近年，フェミニストの視点から市民権について最も幅広く論じたのは，ルース・リスターである（Lister 1997. Vogel, 1991；Pascall, 1993；Lister, 1996；Walby, 1997：166-79を参照）．彼女は市民権を論じるに当たって，本書の第Ⅱ部のなかで用いる便宜的な定義——政治共同体の全構成員の平等な地位——に適用可能なカテゴリーと区別とを用いている．

女性の市民権は，男性との平等と差異のどちらに依拠すべきか（Bryson, 1992. Phillips, 1992を参照）．平等が市民権のジェンダー化された側面を除去する（男性と女性は対等である）ことを意味するのに対し，差異は，市民権をジェンダー固有の方法で考えなければならないし，考えるべきである——たとえ市民権が本質的にジェンダー化された概念とはいえず，支配や従属のヒエラルヒーを必ずしも意味するものでないにしても——ということを意味するため，この問いは重要である．「平等な市民権」の考え方に基づくアプローチは，ジェンダー

---

[1] 市民権は本質的に男性優位の概念であるから，フェミニストが考慮すべきものではないと主張している者がいる（例えば，Benton, 1991）．しかし，フェミニストの理論家は，概して市民権を再概念化することが難しいことを認識しつつも，それを追求してきた．

中立的であると訴えているにもかかわらず，実際には，女性が男性と対等だと思われるために，女性が男性により近づくこと，例えば，男性の価値，特徴，話法を身につけることを要求するという問題がある (Flax, 1992)．「差異の市民権」の考え方に基づくアプローチは，差異の固定化を許容しており，したがって女性が単なる「他者」，例えば「情動的なケア提供者」として定義されるという問題がある (Dietz, 1985)．このため平等と差異の「批判的総合」をめざすひとが増えつつあり，リスターもその1人である (Lister, 1997：91-100. Pateman, 1989；Young, 1989；Phillips, 1991；Bock and James, 1992；Mouffe, 1993 を参照)．リスターによれば，平等と差異が二律背反にあると考える必要はなく，実際に相互排他的ではない——すなわち，差異に言及することによってのみ，平等は意味を持つし，逆もまた真である．したがって平等か差異かという問いは誤解を招く．私たちは両者の択一を迫られているわけではない．この点については8.5節で明らかにする．

　フェミニストの理論家は，市民としての権利と義務の区別にも関心を払ってきた (Okin, 1979)．権利を強調することによって，フェミニズムをリベラリズムの政治的伝統に含めることができる．この場合，女性に対しても，男性と同様，個人の自己決定原理を適用できる (Wollstonecraft, 1985)．しかしこの伝統には難点がある．ひとつの難点は自己決定が可能であり望ましいと想定している点である．この伝統は自己がつねに社会関係のなかで形成されるにもかかわらず，関係的な文脈から離れた抽象的なものであるかのように考えている．もうひとつの難点は女性が遭遇する特定の社会環境を無視している点である．家父長制という文脈を前提にしたとき，粗雑なリベラリズムは，女性が自由になる権利とは男性を模倣することであると主張しているにすぎない．他方，義務を強調することによって，フェミニズムを共和主義/コミュニタリアンの政治的伝統に含めることが可能になる．この政治的伝統は共通善を強調しているために，フェミニストは女性の方が男性よりも社会秩序に貢献していると主張することができる (Fraser and Lacey, 1993：117-29 を参照)．この伝統の難点は，「善」がすでに家父長制的な語彙によって定義されており，したがって遂行が求められる参加の義務が，男性中心的な関心や想定を反映している可能性があるという点である．さらにまた，家父長制的な環境のなかで義務に忠実であろうとすれば，女性は，男らしさのものまねを強いられることになる (Fraser and Lacey, 1993：130-62)．このためリスターは分析的総合の必要性を説いたの

である (Lister 1997：33-41)．

　権利と義務のこのような区別は，少なくとも他の2つの区別，すなわち包摂/排除，公正（正義）/ケア，と相互に関連している．市民権の概念には包摂の要素が含まれていることが強調されるときでさえ（とりわけこのようなとき？），この概念はつねに排除の戦略として使われた．フェミニストは，差別と不公正を克服するには障壁を除去し，権利を正式に認めれば十分である，というリベラリズムの考え方が楽観的すぎる，と批判している（Pateman, 1989）．というのは労働市場では両性間の権力が不均衡なままであるからであり，例えば，イギリスでは，男性が女性と同じくらい頻繁に性差別禁止法を用いている．このことは市民権によるカテゴリー化が本質的に排他的なものであることを意味するのだろうか．もしそうだとすれば，フェミニストは究極的には市民権を放棄した方がいいのだろうか．あるいは，真に包摂的な形態の社会的メンバーシップを想定することができるのだろうか．もしできると仮定したら，はたして権利と義務の批判的総合が望ましいと言えるのだろうか．というのは，権利は少なくとも理論上は普遍主義的な形態を想定できるのに対して，義務はメンバーシップのテスト（それがどのようなものであったにせよ）にパスしない者をつねに事実上排除するからである．この問いに対して，さまざまな形で異なった解答を与えることができるのは明らかだが，私たちはリスターが提示した方向に沿って議論を進めたい．彼女は，権利と義務を，ケアや養育に関する合意のうえの倫理に基礎づけることができれば，一連の「包摂的な義務」が明らかになると考えた．

　そのような倫理が「差異化された市民権」——ケアは基本的には女性の美徳と見なされている——へと後退するのを私たちが許容しない以上，ケアを合理性や正義の対極にあるものと考える必要はない．リスターはギリガンによるケアの倫理と公正（正義）の倫理との区別を（Gilligan, 1982），両立しがたい対極にあるものだとは考えるべきではないと主張する（Lister, 1997：100-5）．この点はギリガン自身も認めているように思われる（Gilligan, 1986；Tronto, 1987. Blum, 1988を参照）．正義が合理的であるためには，ケアの倫理を犯罪者と被害者に，あるいは抑圧者と被抑圧者に，無差別に適用することがあってはならない．また，ケアが共感的であるためには，合理性や正義の不偏性が没人格的，孤立的，無関心的なものになってはならない．

　最後に，フェミニストは長い間，公/私の区別に関心を抱いてきた（Pateman,

1987).フェミニズムは,公私間の社会的分割の実情,例えばドメスティック・バイオレンスが,警察,裁判所,立法と関係する問題だとは考えられていないことがしばしばあることに対して異議を唱えてきただけでなく,主要な政治思想が,この分割に対して,理論的な形で異議を唱えてこなかったことにも異議を唱えてきた.女性が男性中心の制度に従属させられ支配されてきたのは,女性が伝統的に「私的なもの」,すなわち家庭内の再生産の領域に閉じこめられてきたからである.それではフェミニストによる市民権理論は,女性が男性の役割を引き受けて,公的な政治,経済,法律,文化制度に参入すべきだと主張すべきなのだろうか.そうなると,根源的なジェンダー不均衡が永続する可能性が生まれる(上述をみよ).あるいは,フェミニストの市民権は,家庭のなかにいる女性を公的領域にいるのと同じように評価することを要求すべきなのだろうか(Elshtain, 1981).そうなると,危機にある現在の役割――稼ぎ手としての男性と主婦としての女性――が,永久に固定されることになる.あるいは,他の選択肢があるのだろうか.8.5節では,他の選択肢があることを主張する.

いま,これらの批判の糸のすべてを縒り合わせることが可能である.平等な地位とは,性の平等,すなわち両性が平等な価値を持つことだけでなく,性の差異も意味する.女性の再生産能力を例に用いると,女性と男性との平等な取り扱い(例えば労働市場における機会について)を保障することは,ある点では異なった扱いをする必要があるということを意味する.例えば,出産休業は権利や資格を失うことなしに取得できなければならない.フェミニストは,社会的メンバーシップについて,権利と義務の双方に言及する傾向があるが,これらの双方を広く定義することもよくある.すなわち,権利と義務は可能なかぎり包括的であるべきであり,このことはケアやそれに伴う責任を考慮することを意味する.最後に,適切な政治共同体の概念は,公/私の区分を再度概念化し,各領域と結びついた役割を脱ジェンダー化し,公的領域を男性や男性らしさの領域とは考えず,また,私的領域を,もう女性や女性らしさの避難所(ヘイブン)とは考えないように求める.要するに,市民権のフェミニスト・パースペクティブは,市民権を平等と差異の調停と考えている.この調停は,社会的メンバーシップをケアの倫理を視野に入れた広範的かつ包括的な語彙によって定義することによって,公的なものと私的なものの境界を再編することによって,そして,このような区別の根拠となっている役割を脱ジェンダー化することによって,生み出されるのである.

8.2 崇高な解釈 II

前章で提示した要点を繰り返すと，崇高な解釈は，国家の福祉システムには良い点と悪い点があると述べているのではない．この点は明白である．そうではなくて，福祉国家は本質的に両義的な存在であることを強く主張しているのである[2]．社会主義者にとってみると，この両義性のゆえに，福祉国家はまさに脱商品化の過程で商品化を行い，市場の影響力をわずかに弱めながらかえってそのヘゲモニーを強固にする．フェミニストにとってみると，この矛盾した論理は国家福祉の次の作用のなかに現れている．すなわち自立の定義が，女性の依存を促すジェンダー化された想定に基づいて行われる．また，労働の価値は引き上げるが，賃金を伴わない労働の価値は切り下げられる．さらに家庭を，市場を円滑に再生産するための手段として礼賛する．したがって社会政策に対するフェミニストの批判は，国家，労働市場，家族と，これらが重なる相当広い範囲に向かう (Williams, 1989；Pierson, 1991：69-79；Pateman, 1992；Sainsbury, 1994；George and Wilding, 1994：137-49；Hallett, 1996；Pascall, 1997)[3]．

8.2.1 福祉国家は（男性の）自立の名のもとに（女性の）依存を生み出す

女性は男性に比べて福祉国家や家族に依存しているが，この依存は究極的には，女性の男性への依存という，社会的に構築された深刻な依存形態から生じたものである．この項では，福祉国家の観点からこれについて検討し，次項では，家族を含むように，分析の範囲を広げる．

女性は国家福祉に対して，クライアント，提供者，改革者の形で関係を持っている[4]．女性はクライアントとして，国家の福祉サービスをかなりの程度受給している．平均すれば，女性は男性に比べて長く生きるため，年金，保健，社会サービスをより長い期間にわたって受給しなければならないことがその理由のひとつである．福祉国家は女性に対してある程度親切なものであり，フェ

---

[2] このため福祉国家をどのくらい根本的に改革できるか，という問いに対する答えは定まっていない．
[3] ここで指摘したものは，幅広く多様な主題から現れた共通テーマを単に要約したものである．
[4] 次の小節では，女性が福祉改革の推進者として果たしてきた役割については触れず，提供者としてのインフォーマルな役割について触れる．

ミニストの論者の多くは，集合的に組織された国家福祉サービスという考えに対して，絶大な支持を送っている．しかし，既存の給付や，福祉国家がおかれた社会経済的文脈について評価するときには，かなり限定して支持するに過ぎない．例えば，福祉サービスを女性が信頼するのは，第一義的には，労働市場の与える損害や貧困に対して，女性がとくに脆弱なためだと思われている．

現在，イギリスの労働力の約半分は女性であるが，女性の雇用形態を男性と比べると，劇的な違いがある．例えば，1990年代半ばには，女性は全パートタイム雇用の88％を占めているのに対し，フルタイム雇用は35％を占めるにすぎない．また，子どものいる女性がパートタイム雇用に就く確率は，子どものいない女性の2倍になる（Callender, 1996）．また，女性の47％がパートタイム雇用に就いているのに対して，男性の場合は11％にすぎない（Walby, 1997：32）．通常，パートタイム雇用はフルタイム雇用に比べて，賃金が安く，条件が劣悪で，権利が少なく，教育・昇進機会が少ないという意味で，劣っている．女性は依然として，事務，秘書，販売，サービス業の職種にかなり集中しているという意味で「水平的」に隔離される傾向にある．また，どのような職でも，男性に比べて階梯の末端にいる可能性が高いという意味で「垂直的」に隔離される傾向にある（Walby, 1997：34-7）．全体で見ると，平均時給の百分率比で，女性の賃金は男性の79％であるが（1970年には64％であった），パートタイムで働く女性の場合，この数字が60％にまで下がる．これに加えて，女性は男性に比べて労働市場から完全に排除されることが多い．このことは必ずしも失業者の数に反映されているわけではない．というのは失業の多くは男性の雇用形態と結びついているからである．したがって，「‥‥女性は男性に比べて貧困の発生率が高く，リスクが大きく，その期間が長い」（Millar, 1996：52）．1992年に貧困に陥っていた者の56％は女性であり，そのなかでもシングルマザーはとくに多かった．1992/93年にはひとり親（そのうち90％が女性である）の58％が貧困に陥っていた（Oppenheim and Harker, 1996：36, 93）。

したがって女性は福祉サービスに対する依存を一層強めがちだが，それが原因で，このように労働市場において不利になり，さらに貧困に陥りやすくなる．また，このように不利な条件にあり，貧困に陥りやすいことが，依存を強める原因にもなる（Pascall, 1997：30-72）．貧困の悪循環が始まっているのである．労働市場における不利とは，賃金が低く，権利が少ないことをさすが，このために，女性は福祉国家の最も不寛容な資力調査の側面——これ自体が貧困を救

済するわけではない——に頼ることとなり，これが労働市場における不利を永続させる原因となる（次節をみよ）．

 しかし，このような依存は，女性の選択の結果生じたものではないし，単に労働市場に経済的な欠陥があるために生じたものでもない．そうではなくて，男性を自立させるシステムの結果と反作用によってもたらされたものである．福祉資本主義は，男性を主たる稼ぎ手として，すなわち市民＝労働者として定義するとともに，それと対応する形で，女性をケア提供者（care-giver）として，すなわち市民＝世話する人(ケアラー)として定義する（Arber and Ginn, 1995）．ひとつのジェンダー化された想定は，別のジェンダー化された想定を生み出し，両者は互いに強化し合う．要するに，福祉サービスに依存するクライアントという女性の地位は構築されたものであり，女性は賃金を稼得する男性によって扶養されるという想定の結果である．女性は伝統的に，配偶者そして/または母親と定義されており，就職の機会や福祉の受給権はこれらの役割類型を演じることが事実上の条件となって与えられる．女性が，まぎれもなく重要な市民＝労働者であると一般に認識されるようになったのは，つい最近のことである．現在では，フォーマルな経済における女性の就業人口が過去150年間のなかで最も多い（Walby, 1997 : 28）．しかし，女性の市民権におけるこのような強調点の変化も，男性/男権主義への依存が単に別の形態を取るようになったにすぎないと解釈できるかもしれない．換言すると，戦後の完全雇用経済が衰退するなかで主婦の役割を担う男性や稼ぎ手の役割を担う女性が多少増えたかもしれないが，稼ぎ手/主婦という役割関係は基本的に変化していない，と解釈できるかもしれない．

 女性が福祉国家への依存を強める原因は，女性の所得は男性の賃金稼得活動から得られるものだという長年続いてきた仮定にある．この仮定は，就職の機会，賃金水準，所得などの点において，女性を体系的に不利な状況に置く．

8.2.2 福祉国家は無償労働を軽視し，市場関係を強化する

 市民＝稼ぎ手と市民＝世話する人(ケアラー)との社会的分割が「性分業」を規定する．性分業のもとでインフォーマルな家庭内の活動の大部分をこなすのは女性である．労働市場における不利は，世帯への依存の結果として生まれる．この依存は，所得を（いかに不十分であるとはいえ）男性稼ぎ主と共有していることを意味するだけでなく，家庭が意味や目的であること，すなわち多くの女性にとって

は家庭がアイデンティティの表現の場であり，社会的相互行為やネットワーク形成の基盤となっていることを意味する．たしかにパートタイムで働く女性の80％は，フルタイムで働くと家庭がおろそかになるので，フルタイムでは働きたくない，と述べている（Naylor, 1994）．これは多くの女性が行う選択である．しかしそれは，公（男性）/私（女性）の分割という構造的制約の影響をかなり受けたうえでの選択である．言い換えると，国家の福祉は公/私の分割を維持している．というより，家父長制の私的な形態は，公的な形態——国家の福祉システムが男性的な価値や行動パターンの優越を確認する——によって補完される．

　このことは主に国家福祉が労働倫理（work ethic）ではなく，雇用倫理（employment ethic）に基づいているために生ずる（Fitzpatrick, 1998aを参照）．雇用倫理は，フォーマルな労働市場における賃金稼得活動が，人間活動のあらゆる形態のなかで最も高く評価される傾向があるという事実を指す．家事労働が社会の福祉に貢献していることが，大部分の公共政策，経済政策，社会政策では疑問の余地のないものとされていることを，フェミニストは長らく強調してきた（Williams, 1989）．出産や育児のような活動はたしかに評価されるが，雇用倫理が普及することによって，諸資源の分配について実践的な決定を行う場合には，これらの活動でさえも軽視されることは確かである．雇用倫理は次の2つの基本的な仮定から生まれたものである．

　第1は，家父長制家族を，社会経済的な効率と凝集を促進する媒体と見なすべきだとする仮説である．これはベヴァリッジ以降の多くの政策立案者の仮説であった．すなわち，家族内部における安定と，外部における市場流動性をともに確保するためには，1人の（男性の）稼ぎ主が家族と市場の間を往復すべきである，という仮定である．したがって，雇用倫理と性分業は，道徳的に見たときに表裏の関係にあるものだといえる．家事労働やインフォーマル・ケアのセクターは低く評価され，社会的役割とアイデンティティは賃金獲得活動の規範に基づいて組織され分配されてきた（Lister, 1990a；1990b）．第2の仮定は，所得や地位は就労によって決まるべきである，というものである．福祉受給権は「稼ぎによって取得した資格」（earned entitlements）という概念（以下をみよ）を通して，就労と密接に結びついている．なぜなら，福祉国家は，賃金契約や，それがもたらすすべてのものを守ることを要請してきたからである．要するに，資本主義の市場関係，すなわち賃金契約に，福祉国家がコミットしてきたため，

第8章 フェミニズムとベーシック・インカム

就労が過大に評価され，ケアのような賃労働以外の労働が低く評価されているのである．

以上でみてきたように，フェミニストによる社会政策への批判の焦点は，ジェンダー化の仮定にある．福祉サービスは，労働におけるこの仮定に基づいて組織化される．また，この仮定のもとで，フォーマル経済における活動は，インフォーマルな活動の犠牲のもとで評価される．女性が男性よりも国家や家族に依存する傾向にあるのは，家父長制的社会のなかでは女性が，男性や男性的な価値に依存するよう仕向けられているからである．したがってフェミニストの論者の多くは，国家福祉の一般的な諸原理を広く支持しているものの，その現在の形態に対しては非常に批判的である．また，そうした批判は，崇高な解釈の一部を構成する．そこでは福祉システムの給付と負担が，同一の戦略から導かれる．社会主義者にとって，この戦略は階級と資本のカテゴリーに関連するが，フェミニストにとって，この戦略は階級と資本に加えてジェンダーと家父長制に関連する．

福祉国家が，理念上のフェミニストの市民に対して何かをなし得る余地は比較的少ない．福祉国家が，ジェンダーの差異やケアの倫理に対してできることはほとんどない．また，近年，公私の境界がある程度動くことによって男女の果たす役割も変わってきたが，これは，何らかの意識やイデオロギーに動機づけられた改革の結果ではなく，より広範な経済の転換の結果である．もちろん，ある福祉国家は他の福祉国家よりも優れているという事実も考慮する必要がある．アメリカのシステムに対しては，申請者の再生産(リプロダクティブ・ライツ)に関する権利に制限を加えることによって女性を直接的に統制し，また，女性が低賃金雇用に就かざるをえない状況に追い込むことによって間接的に女性を統制しているという批判がある（Abramowitz, 1988）．スカンジナビアの福祉国家は，高い就労率とジェンダー・エクイティを両立させるための取り組みを行っており，より望ましいものだととらえられる傾向がある（Ginsburg, 1992 : 48-58）．しかし，スカンジナビアのアプローチは，ある形態の家父長制を別の形態の家父長制に置き換えただけに過ぎない，と主張する者もいる（Borchorst and Siim, 1987）．強調点の違いを無視することはできないが，全体的にみて，フェミニストの論者は現に存在する福祉システムに対しては批判的なスタンスを取っていると言える（Bryson, 1992）．

8.3 社会保障

　以上で検討した議論の多くは，給付システムを中心に行われているが，これは，フルタイムで稼いだ所得に，稼得の中断時の保険給付を加えれば，防貧は十分に達成することができる，とベヴァリッジが考えたからであった．彼は，女性の大多数が，結婚して「他の義務」と彼が呼んだものを担うことになるため，保険システムは男性の雇用形態を反映したものになる，と予想した．単身の女性はこの制度に加入できるが，大部分の女性は結婚することによって職歴がまったくなくなるか断続的になるため，女性と男性は別々に取り扱うべきだとベヴァリッジは考えた．したがって戦後システムは，女性の所得と受給権を，夫の過去及び現在の就労に従属させるべきだと考えていた（Lister, 1994）．働いているときは夫が「生活費」を提供し，妻のために保険料を支払うが，働いていないときは妻のための給付が夫に支払われる．要するに，ベヴァリッジは大部分の女性は，母，妻，死別，離別のいずれかに属すと考えたのである．

　戦後システムによる明白かつ体系的な差別は，その後，改められてきた（Lister, 1992）．社会保険のジェンダー・バイアスは，今ではかつてに比べて少なくなっている．ひとり親には（1998年以来）追加的支援が行われており，また，児童給付は暮らし向きの悪い者の多くを，かなり助けてきた（Pascall, 1997：220）．しかしシステムの大部分はいまだに男性中心的で，とくに既婚女性がその支配を受けるという依存の側面が相当残っている（Esam and Berthoud, 1991）．また，明らかに不平等な点の多くは解消されたものの，前節で素描したように，女性は労働市場において一種の不利益に直面している．このため労働市場における不利益が社会保障のなかで再生産され再確認される．女性が独立した受給権を持つべきだとする考え方は，広く受け入れられているが，これは，給付システム自体の考え方としては，依然として原則ではなく例外である（Millar, 1996；Pascall, 1997：198-233）．保険，扶助，児童支援給付を見るとフェミニストの批判が当てはまる．

　女性の雇用は男性に比べて不連続で低賃金である．この事実のため，保険給付に関しては，女性が損をすることになる．女性の多くが保険料を払っていないのは，保険料の支払義務が発生する最低稼得収入額よりも収入が少ないからである．すなわち，保険給付は「稼ぎによって取得した資格」であるため，稼

得額が不十分な者には受給資格がない。このような低賃金雇用は、雇い主がコスト削減のために創出したものであり、おもに女性でパートタイムの職を探している者がこれに就く。なぜなら彼女たちは、パートタイムの職に就いて収入を得ることができるなら、受給権を犠牲にしてもかまわないと考えるからである。保険料を2年間払い続ければ失業関連給付の資格が得られるとしても、満額の年金の受給資格を得るには（ケアの期間は年金加入期間に算定されるとしても）20年間保険料を払い続けなければならない。したがって失業関連給付の受給権を有する男性の数は女性の3倍にのぼる。また拠出制の退職年金を受ける女性の数は男性の約2倍であるが、これは女性の高齢者が多いためである。また女性の年金受給者が所得補助に頼る可能性が、男性の年金受給者の3倍に上るという点にも注意しなければならない（Oppenheim and Harker, 1996：97）。

保険による所得移転が男性を優遇しているため、女性は資力調査付きの給付に頼らざるをえなくなる。ここでも女性は損失を被っている。資力調査付きの給付は世帯収入を基礎に算定され、（以前と違って）現在では女性が申請することもできるようになっているが、申請者の圧倒的多数は依然として男性パートナーである。したがって扶助の給付は、一般的に、女性から自立した収入を奪い、パートナーへの依存を生み、彼女たちをしばしば暴力的な関係に閉じ込める（Pascall, 1997：216）。さらにまた同棲規則〔コハビテーション・ルール〕〔法的な婚姻関係になくても生計を共にしている場合は世帯と見なされる〕は、男性よりも女性に対して適用されることが多いが、これは、単身または離別した女性には、彼女を完全または部分的に扶養する男性がいるという想定があるからである。単身女性は、事実上、単身男性に比べて資力調査付きの給付を申請することがより困難になっている。

現在利用可能な子どもへの支援策はいささか寄せ集め的に見える。児童給付は子どものいる女性にとって、何にも依存せずに得られる給付であり、子どもを貧困から解放するうえで価値を持ち続けている。しかしシングルマザーは、保育サービスが不適切であるか費用が高すぎるために、その半分以下しか職に就くことができない（したがって雇用倫理に反することになる）。国家が児童扶養のための税額控除を導入して追加的支援を行おうとしているとはいえ、ひとり親給付はいまや廃止されつつある。未婚者は、とくに道徳的な「基本に戻れ」というキャンペーンを通して、当局の中傷を受けてきた。児童支援エージェンシーは、家族単位の男性片稼ぎモデルを復活させようとする近年の試みを代表するものであって、おそらく「福祉の乱立」を解消したかもしれないが、財政給付

が僅少であるうえに，エージェンシーの無能と血も涙もない権威主義がこれに追い打ちをかけている．

結論的に言えば，フェミニストの論者は給付システムに対しては高い点数を付けない傾向にある．システムの規則や作用が，かつてに比べれば公正になっていることは疑いないが，男性に依存するという根本的な想定は，そのまま残っているからである．女性は依然として，主たるケア提供者と定義されており，また，フォーマルな経済は男性が賃金を稼得するように組織されたシステムであるため，女性の立場は不利である．女性にとって，独立した権利と給付は，依然として規則ではなく，例外のままである．したがって前節の終わりで下した評価を変更すべき理由はない．すなわち，社会保障システムのなかでは，女性はいまだに男性の対等なパートナーではないが（「差異化されたパートナー」でもない），それはジェンダー化仮説の広がりのためである．すなわちケア活動の無視，「私的」領域におけるインフォーマルな非賃金労働の低価値などのためである．このシステムは，女性的な市民権の規範ではなくて男性的な市民権の規範を反映し続けている．

8.4 フェミニストにとってのベーシック・インカム

BI が女性の利益をどの程度促進するかという研究は，それほど行われていない（Rhys-Williams, 1953；Miller, 1983, 1986；Walter, 1989：116-27；Parker, 1993；McKay and VanEvery, 1995；Carlson, 1997）．しかし，BI が女性に対して与えると思われる利点を4つほど，また，欠点を3つほど確認することができる．

主要な利点の1つは，BI が女性の自立を促進する能力に関係するものである．なぜなら，それは世帯ではなく個人に支給され，また，雇用上の地位ではなく，市民権上の地位に基づいて支給されるからである．単純に言えば，現行のシステムのもとでは，女性は男性に比べて経済的に自立していないため，個人単位の BI による所得移転は，女性の自由を拡大し，それにともなって，男性の自由を縮小する．

> 女性は，既存の社会保障システムのもとではメリットをあまり受けないし，残余的福祉国家のもとでは最悪の状態に陥っている——なぜなら各給付の受給権は，それ以前の労働市場への参加と稼得によって発生するからであ

る．ベーシック・インカムのもとで女性の暮らし向きが良くなるのは，労働における地位が無関係になるからである（Parker, 1993：61）．

　終章で見ていくように，BI は労働市場から退出する能力を高め，労働市場へ参入しない権利を与え，結果として市場のなかでの発言権を強くすることによって，労働者をエンパワーメントする．BI は，女性に独立した無条件の所得を与えることによって，家族に対してもこれと似た効果をもたらす可能性がある（Purdy, 1988 ; Carlson, 1997：23-5）．調査によれば，暴力的な関係に閉じ込められている女性は多いが，それは彼女たち（と子どもたち）がそこから離れたときに，経済的な条件がどうなるか不安だからである（Hooper, 1996）．したがって個人がどのような状況にあったとしても，BI を保障することによって，すべての女性，とくに最も立場の弱い者が，そのような関係から逃れる能力を高めることができるだろう．さらに BI があることによって，女性はある程度の経済的な保障が得られることを知って，結婚を第一義的な経済保障の手段とは考えなくなる可能性がある．最後に，BI は，所得が世帯内で以前よりも公平に分配されるよう支援することができる．女性パートナーが日々の家計支出を詳細に管理している世帯であっても，男性パートナーの方が多くの資源を支配していることを，多くの研究が明らかにしてきた（Pahl, 1989 ; Vogler, 1994 ; Vogler and Pahl, 1993 ; 1994）．BI を男性と女性に平等に支給し，また，とくにもし子どもの BI を母親に支給するならば，たとえ男性が主な稼ぎ手でいたとしても，世帯収入に対する女性の影響力や発言力を強めることが可能となる（Pahl, 1986）．

　BI が持つ可能性のある第 2 の利点は，家庭やケアの責任といった無償労働の地位を引き上げることによって，また，生活できるだけの収入を得るために，賃金を稼得する必要性を少なくすることによって，性分業を弱めることである（Purdy, 1990：201）．本書で繰り返し明らかにしてきたように，既存の給付システムは男性の雇用形態に基づいて編成されてきた．無条件で BI が給付されることによって，移転システムの対象が広がる．BI はケアや家庭の再生産を行った見返りとして支給されるわけではない．現在の福祉システムは，それらを行わなかった者をおおむね排除しているが，BI は排除しない．このため BI は，家族の価値や親族ネットワークを積極的に拡張する，と主張する者までいる（Clark and Kavanagh, 1996 ; Halsey, 1997）．また，BI が給付されることによって，

世帯が現在ほど賃金稼得活動に頼らなくてもよくなるため，有償労働への依存度が下がる．これによって男性の労働時間の短縮が奨励され，無償の家庭責任を果たす機会が与えられるだろう．

> 男性と女性に同じ額が支給されるベーシック・インカムは，最終的には，家庭内での無償労働を共同で分担することを奨励する．また，女性は，フルタイムの世話するひととなることを強いる現行の給付構造から逃れることができる．……一般的に言って，ベーシック・インカムが導入されれば，有償労働と無償労働の分割を合理的なものとすることができるだろう……(Jordan, 1992：172)．

ウォルターもこれと似た論点を指摘している．

> したがって，男性と女性は，いかに生き，いかに働くかについて，自らの価値，コミットメント，欲求に基づいて選択することができる．選択に当たっては，以前の世代が，価値観，そして経済環境が著しく異なるなかで作り上げた，経済的なインセンティブを考慮する必要はない（Walter, 1989：118)．

しかしBI支持者は，通常，BIは性分業を弱めるが，これを完全に解消することはできない，と慎重である．このような留保がされるのは，他の改革を伴わないならばBIは社会のなかの性分業を定着させるだけだといった議論が存在するからである（以下をみよ)．

BIがもちうる第3の利点は，この論点に付随しており，また，労働市場の分離とも関係している．性分業のため女性の雇用機会は制限される．BIが性分業を解消しようとするのであれば，BIは女性の雇用機会の問題を解決しなければならない．現在のシステムのもとでは，女性が働こうとするかしないかは，パートナーの雇用上の地位によって実質的に決まる．したがって，女性が，労働市場の周辺部に押し込められるのは（決してあらゆる所でそうであるわけではないが)，このためである．夫または同棲相手が失業しているとき，彼の受給資格は，彼女が家計に繰り入れる収入の影響を受ける．このため，この女性は仕事を続けても割に合わない．このような状況におかれた女性の多くは，仕事に

見切りをつけ,これまで家計に入れてきた自らの稼ぎを失い,自立度を下げることになる (Millar, 1989). 近年,このようなディスインセンティブ効果が,共稼ぎ世帯と稼ぎ手のいない世帯との間の分断を深刻にする一因となっている. BI のもとでは,これとは逆に,男性の BI 受給資格は,女性パートナーが世帯に入れる金額の影響を受けない. したがって男性パートナーが失業していたとしても,女性にとって仕事を続ける価値がある. すなわち,BI は,パートタイム労働を行うことを金銭的に有利にし,また,パートタイム労働とフルタイム労働との分断の解消に一役買っている(以下及び次節をみよ). ガイ・スタンディングは,これら2つの長所——性分業と仕事の分離に関する——をひとつにまとめたうえで,以下のように論じている.

> ベーシック・インカムの提供は女性の交渉力を強め,男性がパートタイム労働に従事しやすくすることによって,労働市場における男女平等の実現に寄与する. また,このことによって家事労働の分担が容易になる (Standing, 1992:59).

パーカーの研究は,BI が以下の効果をもたらすことを示している (Parker 1993:35-45). BI は,とくに低賃金のパートタイム労働者の暮らし向きを良くする. BI は貧困と失業の罠を軽減し,仕事を金銭的に見てより魅力的なものにする. 保険料の支払義務が発生する最低稼得収入額(低賃金労働を創出するインセンティブとなっていた)は廃止されるので,男女の同一賃金が促進される. さらに,BI 年金は,男性片稼ぎモデルに依拠しないため,両性を対等に扱い,女性の年金受給者の実質的な老後所得を引き上げる (Parker, 1993:47-60; Ginn, 1996). 一般的に言えば,BI によって,男性から女性への所得の再分配がかなり期待できる (Parker, 1993:63).

最後の利点は,BI が福祉国家を「脱官僚主義化」する効果である. 前節で見たように,女性の受給者は,同棲規則(コハビテーション・ルール)が適用される過程で,国家から私生活や性的行為に立ち入った質問を受ける可能性が,男性に比べて高いが,それは,女性が男性稼得者に依存すべきだという規範が依然として残っているからである. したがって福祉システムがもたらす社会統制と行政的監視は,ジェンダー関係に関して深刻な影響を及ぼす. 女性の依存に関する性差別的な仮定が存続しているため,女性の受給者は,男性の受給者に比べて,国家の介入を受けや

すい．BI は未婚，既婚，同棲と無関係に個別的に支給されるため，いささか陳腐な表現だが，「国家が人びとの邪魔をしないようにする」．もし現在の国家が男性よりも女性に対して詮索する傾向があるとすれば，BI 改革は，結果的に，女性に対してより多くの利益をもたらすことになるだろう（McKay and VanEvery, 1995）．

しかし，フェミニストの観点から，BI に反対する議論の中には，重要なものがいくつかある．

第1に，BI を擁護する人びとは，脱商品化と脱家族化とを混同している，と批判することが可能である．前者は，市場からの自由または相対的自由のことを指しており，これは市場が私たちにつけることを強いる値札を取り除くことを意味する．フェミニストの理論——少なくとも私たちがここで検討する左派の理論——は，脱商品化を価値のある目的だと考える傾向がある．しかし，女性の多くは既に脱商品化されており，市場からの自由をある程度確保しているため，この概念だけでは十分ではない[5]．女性の社会的地位を表現するには，むしろ，「家族化されている」という言葉を用いるのが最善であろう（Lewis and Ostner, 1994；Lewis, 1992）．これは，8.2 節で書いた，一種の構造的制約を引き起こす市場に依存しているのではなく，家庭に依存していることを意味する．したがってフェミニストの社会政策は，脱商品化のジェンダー的形態，すなわち，脱家族化を目ざすべきである．また，BI の提唱者は，この点を無視してきたと非難されている．要するに，BI は，性分業を解決するための努力を行わないばかりか，事実上それをより定着させているというのである（Cass, 1991）．

この批判は，BI 支持者の一部が，市場からの自由——BI が与えるであろう——を，男性と女性が等しく分かち合うものだと考える傾向にあることに注目している．しかし BI が火曜日に実施されたとすると，男性と女性は水曜日に自らの生活について決定を下すことになるが，この場合も，やはり月曜日から抱いてきた価値観や仮定に依拠して決定されるだろう（Orloff, 1993 を参照）．もしこれらの価値観や仮定に，家父長制的な性質が依然として存在するならば，

---

[5] もちろん家事労働は，賃労働と実質的に違いのない，商品化された労働の別形態にすぎない，とマルクス主義フェミニズムの立場から論じる者もいる．しかし，これはジェンダーの次元を，階級の次元に比べて完全に低く扱うことであり，フェミニストのほとんどが——左派に立つ者でさえ——採用を好まない立場である．

第8章 フェミニズムとベーシック・インカム

BIはそれらを重視したものにしかならない.すなわち,

> BIは労働時間を短縮するにあたっての障害を取り除き,男性が仕事から解放された時間を増やすが,その一方で,男性が仕事から解放された時間を家事労働に費やすことまでは保障しない(Carlson, 1997:8).

それどころか,もし,男性が女性の家事労働にただ乗りしていると言えるならば(Fraser, 1997. Taylor-Gooby, 1991 を参照),BIが,男性の市場における自由を拡大する――例えばパートタイムの仕事に就く――だけだと,ますますフリーライダーが可能になるが,その一方で,女性は私的領域の周囲で活動し,公的領域では,依然として十分に機会や発言権を得られないままになってしまう.要するに,BIは,無償労働の価値を認める可能性を潜在的には有しているが,誰が実際にそれを行うかということに関してはほとんど何も言っていない.

この反対論は第2の反対論と密接に関係している.それは,BIが労働市場の分離を解消するうえで何も役に立たないか,逆にそのような分離を促進する,というものである(Cass, 1991).BIの利点のひとつとして,それが人びとに有償労働と無償労働との選択を認める,と言われてきた.また,BIはある人びとが労働市場から離れることを支援し,別の人,すなわち現在の非自発的失業者が空いた場所に入ることを支援する[6].しかし,第4章で記したように,ここで労働市場から退出するのは,主に女性とくに既婚女性であり,逆に労働市場に参入するのは主に男性なのではないか,と懸念する者もいる.BIは,以上で述べたように雇用に親和的な可能性を持つものの,それとは逆に,それを相殺する効果を労働市場に対して与えるかもしれない.

BIは,有職女性と無職女性の所得格差を縮小することによって,前者の多くが,後者に加わることを促すかもしれない.1998年において,64ポンド以下しか稼いでいない者は,税または保険料を払う必要がないが,BIがあると,(免税点以上に稼ぎ始めると)収入の大部分が課税の対象になる.したがってBIが無条件に支給されるという事情と,賃金が比較的低くても収入の大部分について税金を払う必要性が生じるという事情が結びつくことによって,低賃金労働

---

[6] しかし第4章で見たように,インセンティブ効果は前もって予測することは難しい.なぜならそれは,導入されるBI制度がどのようなものかということで決まるからである.

者の多くが労働市場から退出することになるかもしれない．また，低賃金労働者の大部分は女性であることから，このような労働市場からの退出には，ジェンダー的な含意があるのは明らかである[7]．さらにBIの目的が，労働市場の規制緩和と柔軟化に寄与することであり，市場の失敗と雇用の喪失に対する衝撃を和らげるにすぎないということであるとしたら，BIは，単に低賃金で質の低いジャンクジョブを創出するのに役立つにすぎない（Cass, 1991）．したがって以上の議論を総合すると，BIは性分業（公/私の分断）と労働市場の分離（中核/周辺の分断）を強化するものだということがわかる．

> ……女性の多くがパートタイムであるという現在の労働力の形態が（真の）選択の結果だと考えることができないのと同様に，BIの導入による労働力からの撤退も，「（純粋な）専門化する自由」の結果だと見ることはできない（Carlson, 1997：23）．

> 最悪のシナリオの場合，BIは，男性にとっては最低所得（彼らが作ることのできる床）になりうるが，女性にとっては最大所得（そこから上に行くことは困難な天井）になりうる（Carlson, 1997：9）．

しかし，BIの支持者は，これらの逆効果が生じる可能性があることを意識していないわけではない，との指摘もある（例えばPurdy, 1988；Offe et al., 1996）．例えば，ウォルターは，悲観的なシナリオがあることを認めるが（Walter, 1989：121-2），そのシナリオが現実化するのを回避するための手段をBIが採用することも可能であると主張している．リスターも，BIに加えて，より直接的に性分業と労働市場の分離と闘うことを目標とする政策を採用する可能性について考えている（Lister, 1997：189）．これに対してカールソンは，BIが「政策パッケージ」の一部に含まれるという条件で，BIを支持している

---

[7] もちろん，このように考えることは，人びとは金のために働くのであって，他の理由で働くのではないという，狭い意味での経済学的な分析を採り入れることである．しかし人びとがさまざまな非経済的でない理由によっても働くという事実を考慮したとき（McKay and VanEvery, 1995をみよ），BIがあると，女性はBIの価値に相当する分だけ，労働時間を短縮する，というのは本当に事実だろうか．あるいは，BIが所得全体を引き上げ，生活を楽にするため，女性が以前に比べて働かなくなるのだろうか（次節をみよ）．

(Carlson, 1997：26)．次節では，この問題により紙幅を割いて検討するが，この政策パッケージには少なくとも最低賃金，幅広い育児支援，男性と女性の労働時間の見直し，政治や公共政策・社会政策の諸領域をまたがる，現在採られているのとは別の，様々な手段を含める必要があるだろう．

　この政策パッケージについて論じる前に，フェミニストがBIに反対する第3の，そして最後の理由について見ておこう．BIはなまくらな道具であり，期待されるほど，任務を果たすことができない，という主張がありうる．例えば，低所得の女性と企業の経営者の妻に対して，全く同額のBIを支払うことで，所得・職業階層において対極にある女性の階級格差が固定するのではないか．また，別の例を用いると，黒人，インド人，パキスタン人，バングラデシュ人の女性の就業率は，白人女性に比べて低い傾向がある（Walby, 1997：61）．このため労働市場からの女性の退出は，エスニック・マイノリティのコミュニティ出身の女性の方が白人女性よりも頻繁に労働市場から退出するという形で，事実上の人種差別的な効果を生み出さないだろうか．彼女たちは労働市場のなかで白人女性に比べて直接的・間接的な差別を受けており，採用や昇進の機会が少ないからである[8]．要するに，BIは女性間の個別主義的な(パティキュラリスティック)差異を無視する，普遍主義的政策なのである．

　結論として言えば，BIは，私たちがみてきたさまざまなイデオロギーと同じように，フェミニズムにとって，明白な利益も明白な不利益ももたらさない．BIは移転所得の支払いを個人化し，現在のシステムによる官僚主義的な監視をやめさせることによって，給付内部での男女の扱いを平等にするという点で，女性の地位の平等を実現する．しかし，BI自体はセックスとジェンダーにおける差異について何も言わない．BIは女性を金銭的に自立させることによって，社会権のうちの重要な部分を実現する．しかし，男女間でケアの責任を分かち合うよう誘導する可能性があるとはいえ，ケアの倫理を積極的に推進することはないので，性分業を容易に定着させてしまうかもしれない．同様に，BIは公的なものと私的なもの間のドアを開き，女性が前者に男性が後者に近づくことを容易にすることができるだろう．しかし労働市場の効果が逆の方向に作用するならば，このドアはすぐに音を立てて閉まり，現に存在する労働市場の

---

[8] すでに述べたように，BIが労働市場に対して与えるインセンティブを，前もって推測することは非常に困難である．このことを認めるならば，この議論には一定の留保を加えなければならない．

分離が強化される.

このことは，BIがフェミニストの論争のなかで，周辺的な位置にとどまるということを意味するのだろうか．この問いに対する解答は，私たちがどのような種類のジェンダー・エクイティを目ざすか，ということにかなりの程度かかっている．私たちがどの福祉モデルを追求するかによって，BIの重要性と有効性が変わってくることを，次節で明らかにする.

8.5　3つの政策パッケージ

もし私たちが政策パッケージを設計するとして，このパッケージをどう呼ぶべきか．すべてのフェミニストの論者が同意可能な，改革についての共通名称は存在するだろうか．また改革案を類型化することは可能だろうか．いずれの問いに対しても答えは肯定的である．第1に，これらの処方箋には，フェミニストとしての共通見解が一定程度含まれている．しかし類似した改革案であっても，目的と理論的根拠は異なっているかもしれない．

以上の点を明らかにするために，私たちはナンシー・フレイザーの著作を引用することができる（Fraser, 1997）．フレイザーは，福祉の普遍的稼ぎ手モデル（これは女性の雇用を促進して，ジェンダー・エクイティを助長することを目的とする），福祉のケア提供者等価モデル（これはインフォーマルなケア労働を支援して，ジェンダー・エクイティを促進する），福祉の普遍的ケア提供者モデル（ケアの責任が男女間でより公平に分配されている）とを区別している．これらのモデルまたはパッケージが，ジェンダー・エクイティに対して関与していることを考えると，すべてがフェミニストのモデルだと表現されるのは当然だが，しかしそれらは根本的に異なったアプローチであることを暗に意味している．以下の小節のなかで，これらの3つのモデルのすべての概略を述べ，BIがそれぞれのモデルのなかで果たすことのできる役割について考える.

8.5.1　普遍的稼ぎ手モデル

雇用倫理と賃金契約を支持することによって，女性を男性と対等な市民－稼ぎ手にすることが，このモデルの目的である（Fraser, 1997：51-5）．女性がこの目的を達成するためには，賃金が払われない労働を担う責任から，自らを解放し，勤務を可能にするサービス，平等な機会を促進するための職場の改革，女

性が職場にいることを認知させるための（男性がこのことを認めることができるような）文化的改革，魅力的な仕事を大量に創出するためのマクロ経済政策，女性に対して男性と対等な受給資格を保障するための社会保険改革，が必要となる．ケア労働は家族から市場と国家に移管される必要がある．ただしケア労働の雇用の地位もまた引き上げられるべきである．給付は雇用上の地位や記録と強く関連づけられることになるが，残余的な資力調査付きセーフティネットは依然として必要である．

このモデルは，少なくとも賃金獲得活動に関しては，女性を男性に近づけるための試みである．それは稼ぎ手という概念を維持するものの，その概念を脱ジェンダー化することによって，女性が男性と対等な条件のもとで競争できるようにすることを意味する．おそらくフェミニスト社会政策のなかでは，既存の社会的想定や制度と最も適合可能なタイプだと言える．

したがって，もしこのモデルが実施されたとしても，そこで BI が多くの役割を果たせるとは思えない．もし BI が労働市場を規制緩和したり規模縮小したりすることなしに，雇用フレンドリーな効果をもつならば，このアプローチの提唱者に対して，なにがしかのことをいうことができるかもしれない．しかし，BI は賃労働と無関係に給付され，暗黙のうちに家庭内の無償のケア労働の価値を認めているという事実は，BI がこの政策パッケージの一部になる見込みはないことを意味する．参加所得が，伝統的な資力調査と選別主義に代わる，望ましい施策だと判断されないかぎり，参加所得についてもおそらく同様のことが言える．一般的に言って，BI は，現存の男女間の不平等を支持しない．これと同様に，このモデルにおけるジェンダー・エクイティも支持しない．普遍的稼ぎ手のパッケージを採用すれば，雇用やマクロ経済の領域でどのような激変が起きたとしても（それらがいかに重要なものであるとはいえ），保険／扶助アプローチが続くことになるだろう．

8.5.2 ケア提供者等価モデル

ジェンダー・エクイティを促進する手段として，インフォーマルなケア労働を支援することが，このモデルの目的である（Fraser, 1997：55-9）．このモデルでは，人びとを労働市場にかき集めるのではなく，ケアの責任を有する女性が，ケア労働のみ，またはケア労働とパートタイム雇用を組合せることによって，自らとその家族を支えることができるようにすべきだと主張される．このアプ

ローチは，女性を男性に近づけるのではなく，大多数の女性が行っていること（ケア労働）の地位を，大多数の男性が行っていること（賃金稼得）の地位と同じ水準に引き上げること，すなわちこれら2つを等価にする．したがって，多くの女性は (a) フルタイムの雇用，(b) フルタイムのケア労働，(c) パートタイムケア労働とパートタイム雇用，の間を行ったり来たりすることになる．

以上の目的を達成するため，女性にとっては，稼得者の賃金に見合った水準に設定されたケア提供者手当，上述したような生活形態の柔軟性を促進するための職場改革，求職情報・再教育・フレックスタイム，広範な社会福祉のプログラム，などが必要となる．このモデルのもとで，ケア労働の大部分は家庭内に残ったままだが，公的基金から相当な額の支援が行われる．パートタイム雇用やケア労働についたときの保険給付の受給権は，フルタイム雇用についたときと同じように生ずる必要があるが，残余的な扶助も，従来どおり必要となるだろう．

ケア提供者等価モデルにとって BI が有効であるのは，BI がパートタイム労働の金銭的な価値を高めるからである．これは単純な計算をしただけで分かる．週に 60 ポンドしか稼がないパートタイム労働者は税も保険料も払わないでよい．もしこのとき週 50 ポンドの BI が，税率 35％で課税最低限が 25 ポンドという条件で導入されたらどうなるか．労働者の収入は 47.75 ポンドに減少する（$(60-25) \times 65\% + 25$）．しかし，これに BI を加えると，週 97.75 ポンドにまで増える．したがって，BI は，女性の労働市場の出入りに伴う所得の激変を緩和する役割を果たすだろう[9]．

しかし，古い問題の多くが未解決のまま残っている．もし収入の大きさやケア提供の有無とは無関係に，BI を全員に与えると，このモデルが目標とするケア提供者の等価は実現されないだろう．したがってフレイザーが言及しているケア提供者手当を，完全 BI でさえも代替することができない．しかしながら参加所得の訴えは十分考慮に値する．というのは，参加所得は無条件に給付されるものではなく，とくに家事労働やケアの責任の価値をかなりの程度強調しているためである．じっさい参加所得が増額されれば，それはフレイザーが推薦するケア提供者手当と変わるところがない．また参加所得は資力調査なし

---

[9] ここでパートタイマーが，従前の手取り収入があるので働く時間を減らすか，手取り収入を増やすために以前と同じ時間働き続けるか，といった問題に戻ってくる．

の追加的給付であるため，パートタイムによる収入を魅力的にすることができる．以上の理由から，参加所得はケア提供者の等価アプローチによく適合すると思われる．

8.5.3 普遍的ケア提供者モデル

フレイザーは，以上の2つのモデルの長所を認識している．しかし普遍的稼ぎ手モデルについては，女性に対して男性の習慣や価値を受け入れることを要求している（「平等」な市民権に由来する負担）と批判している（Fraser, 1997：59-62）．また，ケア提供者の等価モデルについては，女性に対して男性と異なるものを一切要求していないにもかかわらず，女性をケア役割に押し込めている（「差異」の市民権に由来する負担），と批判している．したがって彼女は，基本的なケア労働を男性が女性と公平に受け持つ，第3の代替モデルを，暫定的に支持している．女性が男性の生活形態を取り入れなければならないのではなく，男性が女性の生活形態を取り入れなければならないわけであって，これは基本的には，稼得とケア提供を交代で行うことを意味する．現時点では，これらの役割を結びつけて，労働と家庭責任の両立をはかろうとする女性に，かなりの負担がかかっている．したがって，フレイザーは，もし両性がこれらの役割を価値のあるものだと考えるようになれば，現在女性が担っている負担は公平に分担されることになると予想している．そしてそのときには，負担は負担として感じられなくなるだろう．

このモデルには，実現可能性がどのくらいあるのだろうか．第1に，すべての職を，パートタイムのケア提供者でもある人びとのためにデザインしなければならない．それはすなわち，週の労働時間をフルタイムの職よりも短くし，就労を可能にするサービスを支援することを意味する．第2に，さまざまなケア労働の活動は，国家，家族，市民社会の間で分配される（フレイザーは，地域で民主的に運営されるケア労働の制度についても語っている）．最後に，最も大きな変革は，文化的な変革——すなわち現に存在する社会組織の形態を再生産するジェンダー化仮説を解体すること——であろう．

BIには，このモデルのなかで果たすべき役割があるだろうか．この問いは，普遍的ケア提供者のアプローチのもとで，すべての者に最低所得を保証することが，市民権に基づく受給権を意味するのか，非家父長制的な必要と功績の概念に基づく受給権を意味するのかということによって，かなり異なってくる．

市民権に基づく受給権であれば，このモデルにとって重要な役割を果たすことになるのは明らかである．なぜならフレイザーは脱工業化のシナリオを抱いており，フォーマルな市場はもはや経済的豊かさや社会的アイデンティティの源泉として期待することはできないと考えているからである．古い形態の市民権における実践が不要となるにつれて，福祉の提供は，市民権のなかにある包摂的で普遍的な地位に基づいて組織することが次第に重要になってくる．しかし，こう述べたからといって，最低所得保証制度をそのように組織しなければならないとか，何もしなくてもBIがその目的を達成すると主張しているわけではない．原理的に考えれば，BIは有償労働を強制しないのと同様に無償労働も強制しないという上述の問題に戻ることになる．フレイザーのように，女性のケア労働の活動に男性がただ乗りするのを嫌う者にとってみれば，BIは実際にはケア労働に有利に作用していない（Fraser, 1997：62）．さらに実行可能性の問題に戻ると，脱工業化された労働市場は，せいぜい最小限のBIにしか資金を提供することができない．

したがって，ケア提供者等価モデルの場合と同様，普遍的ケア提供者モデルを追求するフェミニストは，普遍主義的で，無条件的に給付されるBIではなくて，参加所得が最善の選択肢となるかもしれない．しかし第6章で記したように，参加所得には社会に有益だと判定された参加活動を誰が定義するかという問題と，参加活動を監視しなければならないという問題がある．おそらくこの問題は福祉集合主義者にとってよりも，フェミニストにとっての方が深刻である．なぜなら福祉集合主義者は，雇用に基づいて最低所得を提供することにこだわっているのだが，フェミニストは雇用に基づかない活動を許容する余地をかなり広げなければならないからである．市民権をより普遍的にするならば，参加所得を全員には支給しないが大多数の人びとに支給するという論理は，BIを単純に支給するのに比べて，正当でないし効率的でもない．年月が経過すれば，参加所得からBIに移行する方が合理的だと考えられるようになるだろう．

したがってBIは普遍的ケア提供者アプローチの形成に貢献する可能性があるが，それがどの程度かということははっきりしない．他のさまざまなケアを提供する制度または政策が創設された後で，BIが導入されるかもしれないが，参加所得はそうした先駆的な役割を果たすものだと考えることができる．ここは普遍的ケア提供者モデルの詳細を設計する場所ではない．私たちの仕事は，単にBIとフェミニズムの関連性を考察することである．とはいえ，この政策

第8章 フェミニズムとベーシック・インカム

パッケージには，前節で言及した，以下の改革が含まれていなければならないことは疑いない．

- 最低賃金．これはBIが悪い雇い主を援助する可能性を封じるためである．
- 広範囲の育児関連給付．これはさまざまな福祉セクターを超えて分配される．
- 男性と女性の労働時間の再編成．これは男性が家庭責任を果たすことを可能にするとともに，女性が職域年金などのような仕事に基づく受給権を失わないことを保障するためである．
- 機会均等，同一賃金，均等待遇のための法律の強化などの手段．

8.6 結論

本章では，最初，フェミニストにとっての市民権とは，平等と差異の統合，ケア倫理の促進，公/私の分割の再調整などによって，ジェンダー・エクイティを実現するものでなければならないことを明らかにした．この考え方のもとでは，国家による福祉の原理は歓迎されるが，既存の福祉制度と政策の多くは，家父長的に過ぎるとともに，稼得活動に依存し過ぎているとの批判を受けている（Williams, 1989）．社会保障システムは，とくに罪が重い．BIは，女性の金銭的な独立性を高め，（ケア労働の価値を認識することによって）性分業に異議を唱え，（パートタイムの職を割に合うようにすることによって）職業の分離に異議を唱え，国家を脱官僚主義化することによって，既存の給付の支給に関する不公正を是正する．しかしBIには逆効果が生じる可能性がある．BIは，導入される文脈，すなわちそれが含まれる政策パッケージの影響を受けている．すなわち普遍的稼ぎ手アプローチを好む者にとって，おそらくBIには魅力的なところがほとんどないが，ケア提供者等価モデルの支持者にとって，BIと参加所得はより魅力的である．しかしながらナンシー・フレイザーによれば，普遍的ケア提供者パッケージがジェンダー・エクイティの最善の形態である．このモデルにおいて，BI——おそらく参加所得の後継者となる——の長期展望が開かれることになる．

以上から，BIは，フェミニスト——とくに社会政策の領域で働くフェミニスト——が検討すべき提案であるとの結論を，合理的に導き出すことができる．BIは，社会主義の場合にそうであったように，フェミニズムによる急進的改革の可能性を広げる．現在のところ，進歩的な政府は，普遍的稼ぎ手モデル——この言葉を使わないかもしれないが——を支持する傾向があるが，それは雇用倫理——有償労働は社会の安定と人格の実現の手段であるという，広く受け入れられている仮説——と最もぴったり接合するモデルだからである．スカンジナビア福祉国家——現在，女性に最も便宜を図っている国家である——が，雇用をもとに女性の利益を促進する戦略を追求しているのは，おそらくこのためである．もし，このようなジェンダー・エクイティの解釈を，政治家や政策立案者の多くが好む傾向にあるならば，上述のようにBIが果たすことのできる役割はほとんどない[10]．しかし，脱工業化またはグローバル化によって，このような雇用に基づく戦略が衰退するならば，普遍的ケア提供者モデルが前面に出て，その結果，BIの魅力が高まるであろう．

いずれにしても，ここで達した結論は，前章での結論に似ている．フェミニストの論者は，BIを無批判に採用すべきではないとする一方で，BIを完全に除外することもできない．BIが導入される社会経済的環境によって，それがどの程度の重要性やインプリケーションを持つかが決定される．またBIを反フェミニスト社会政策（例えば労働市場の分離を強化する）と結びつけることができるのと同じように，BIを親フェミニスト社会政策と結びつけることもできる．本章は，この終着点に向かって，少しだけ進むことができたにすぎない．しかし，主要な目的は，この方向へより進む・こ・と・が・で・き・る・ことを示すだけにあるのではなく，旅に出ることが，試してみる価値があることを示すことにもあったのである．

---

10 スカンジナビアに比べると，より控え目な規模ではあるが，イギリスの労働党政府はこの種のアプローチを採用しているように思われる．

第9章　エコロジズムとベーシック・インカム[1]

9.1　育成される市民

　21世紀初頭のエコロジズムは，(脱)工業社会を救出するために何をなすべきかに関して世俗的な切迫感を抱いて論じる理屈っぽい子どもに似ている．フェミニズムは，いまでは主流派へと1歩踏み出しているが，エコロジズムはいまだにアウトサイダーのままである．エコロジズムが比較的新参の地位にあることは，その強みと弱みが生まれる潜在的な原因となっている．エコロジズムの強みは，他のイデオロギーの共通分母——例えば環境破壊的な成長へのコミットメント——を発見することによって，これらのイデオロギーを徹底的に批判することができることである．エコロジズムだけが環境破壊的な成長を確認し抑制することができる．エコロジズムの弱みは，それが他のイデオロギー陣営の同じ関心を抱く者との連携を拒んでおり，ユートピア的すぎ，フェミニズムのように「反抗することによって受ける尊敬」を獲得しようともしないため，アウトサイダーにとどまる可能性があるということである．もしエコロジズムが，そのプロジェクトを成功させようとするならば，緑の社会政策〔環境に配慮した社会政策〕が決定的に重要なものとなるだろう．

　緑の社会政策が実際にはどのようなものであるかについて行われた研究は比較的少ない（Irvine and Ponton, 1988；Kemp and Wall, 1990；Cahill, 1991；1994；

---

[1] 本章では，第三世界に関する問題を議論していないが，このテーマが環境主義による批判にとって非常に重要であることを私は承知している．前章で論じたのと同様に，エコロジズムは「左派右派を超えた」思想ではないと私は考えている．また，フェミニズムの場合と同じく，エコロジズムにとって最も有益な仲間は政治的左派であると思う．この点に関するさらに詳しい議論についてはFitzpatrick (1998a) をみよ．

第9章 エコロジズムとベーシック・インカム

1995 ; Ferris, 1991 ; 1993 ; Weisenthal, 1993 ; George and Wilding, 1994 ; Fitzpatrick, 1998a ; Barry, 1998）．環境の持続性への関心を社会的公正に結びつけることが課題なのだとすれば，社会政策の方法論と環境運動の方法論をつなげていかなければならない．そもそも富と機会の再分配という目的自体は，財を生み出す方法とは関係ない．しかし，もし反貧困戦略の根拠となる資源が徐々に減少すれば，将来に実施される貧困の軽減策は，どれも長続きしないことは明らかであろう．同様に，持続可能性に対する代償として，著しい社会的な不公正が発生する未来を想像することもできるが，現時点では，そうなることが望ましいとか避けられないと考えているひとはほとんどいない．したがって社会政策に対する緑のアプローチは，何もしなければ調和することのない諸目的を調停させなければならない．

私たちのここでの課題は，緑の社会政策をまとめて立案することではなく，エコロジズムの政策パッケージの中で，BI が果たすことのできる役割を検証することである．前の各章と同様，市民権の分析から始めよう．

エコロジズムは，市民権の概念に対して，フェミニズム以上に両義的な態度を取っている（Steward, 1991 ; Weale, 1991 ; Roche, 1992 : 52-3 ; Oliver and Heater, 1994 ; Van Steenbergen, 1994 ; Newby, 1996）．その概念は，ある観点からすると非常に魅力的なものである．なぜなら市民権は，人間以外の生命体も私たちの権利と義務の関係のなかに含めて考えることによって，人間の領域を完全に越える形で適用することができるからである．しかし市民権は，緑によって根こそぎにされたり塗り替えたりすることのできない，本質的に人類中心主義的，または人間中心的な概念かもしれない．この点をめぐってこれまで論争が行われてきた．一方には，動物の権利や未来の世代の権利を擁護しつつ，私たち〔の生命〕を維持する環境領域や自然環境に対して，人類が義務を負っていることを強調する人びとがいる（例えば，Singer, 1983）．他方には，犬・猫・まだ生まれていない人間の権利について語ることは意味がないとしたうえで，もし権利には義務が伴うという関係が成立しているとすれば，これらの「権利保有者」が責任も負っているとは言えない，と主張する人びともいる[2]．

---

2 環境市民権の思想に批判的な者は，親エコロジスト——権利と義務が人類中心主義的であることを拒絶する者——と反エコロジスト——社会・政治思想を生命中心主義的（生物中心主義的）に説明しようとする，あらゆる試みを拒絶する者——とに区別しなければならない．

もし，この論争の2派の間で針路を定めようとするならば，私たちは強弱2種類の環境市民権（ecological citizenship）のうちのいずれかを採用することが可能である．弱い見解は，ある状況下で，例えば，未来の世代に対する非相互的な権利を認めるために，権利と義務との概念上の結びつきを切断することができる，と主張する（Roche, 1992：243-6）．強い見解は，未来の世代に対するこの結びつきを切断するならば，動物や自然環境に対するその結びつきも切断すべきではないか，と主張する．犬は，権利を持つために義務を負う必要はない．また，犬は利害－要求を明確な形で表明できないが，犬が自分自身で主張するかのように，犬に代わって主張することは可能である．すなわち犬の権利と，昏睡状態に陥った被害者，幼児，胎児の権利との間には事実上違いはない．そもそも，この方策は，人類中心主義/生物中心主義という2分法を回避することを目的としている．人類中心主義的な倫理は，自然を人間の計画や欲望を実現するための道具として扱う危険がある．生物中心主義的な倫理は，自然にとって有益なものは，人間にとっても有益であるに違いないという事実を無視している（O'Neill, 1993）．この2分法を破棄し，人間と自然の相互依存関係を強調するために，いわゆる環境中心主義的（エコセントリック）な倫理を採用することによって，緑の市民権の道徳的基礎を構築することができる．

したがって，地位の平等について語るとき，人間の間の平等に限定する必要はない．それどころか，エコ平等主義を確立することすら可能である．これはある1つの次元において，ヒト以外の生物種の地位を平等にするとともに，それとは別の次元において，現在の世代と未来の世代（人類ではないものを含む）の地位を平等にすることである．しかし，それとは逆に，例えば，昆虫が人間と同じ地位にあるというような粗雑な平等形態を思い描く必要はない．そうする代わりに，図9.1を提示しよう．

4つの領域はすべて道徳世界（moral universe）の一部と考えるべきであるが，それぞれの地位は完全に平等というよりは「同等」（エキバレント）である．例えば，私たちは現在の世代の人類を等価尺度の頂点に位置づけ，未来の世代の人類以外をその底辺に位置づけるだろう[3]．現在の人類以外の利害と将来の人類の利害との間でランク付けする方法を決めるには困難が伴う．しかしこのジレンマへの解答は提示されている問いとそれが提示される状況の，まさにその性格によって異

---

[3] 「底辺」ではあっても，ロールズ的な意味で，「最も不利な状況にある者」の福祉は最大化される．

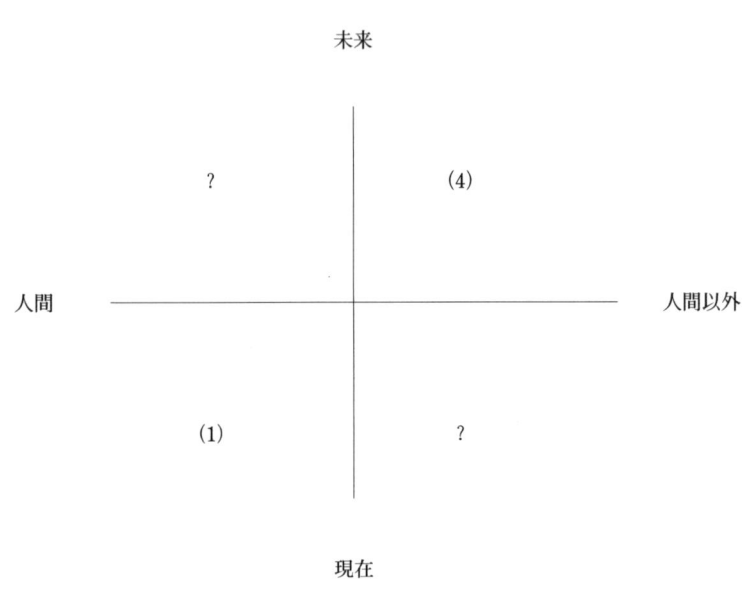

第9章 エコロジズムとベーシック・インカム

未来

　　　　?　　　　｜　　　(4)
　　　　　　　　　｜
人間　――――――＋――――――人間以外
　　　　　　　　　｜
　　　　(1)　　　｜　　　　?
　　　　　　　　　｜

現在

図9.1　エコロジカルな平等の2つの次元

なってくる．例えば，地球環境の限界が近づくにつれて，未来の人類の位置づけは低くなる[4]．したがって実際には，図9.1で提示した順序が，ありとあらゆる時間と場所で当てはまると考えるのは，必ずしも正しいとは言えない[5]．

しかし図9.1における他の3つの領域の福祉を保障するために，現在の人類は，至る所で常に特別な責任を負わなければならない．エコロジズムは私たちが強い意味での義務を一方的に遂行することを求める[6]．したがって環境市民

4　あるいは，簡単に言えば，人間が多ければ多いほど，人類以外の生物形態の現在および将来の世代の重要性が増す．

5　ダグラス・トランブル監督の映画『サイレント・ランニング』のなかでは，主人公のブルース・ダーンは野菜や動物を破壊するように命令されたが，乗組員の命より野菜や動物の方が重要だと決断した．この点について考えよ．

6　もちろん，私たちは動物に対する権利，例えば食物や動物実験の権利を持っている．しかし，私たちが擁護する，市民権の環境中心的な倫理は，これらの権利を，私たちの高次の義務，すなわち残虐でなく苦痛のない場合――菜食主義者が実現できないと主張する条件である――にのみ，肉食主義は道徳的に正当化される，という観点から定義している．

権は，人間と自然の対等な相互依存関係だけでなく，現在の人類が人類以外，ひいては未来の世代に対して負っている固有の義務に，強い意味で依拠している．他の諸イデオロギーは，義務の概念と権利の概念に密接な相互関係を持たせることによって，義務の概念を弱めているように思われる．エコロジズムはこれとは違って，多くの場合，義務の概念を一方的かつ非相互的なものととらえて，これを強化している．

　これと同様に，政治共同体も広く定義されている．すなわち人類の文明だけでなく，人類以外の非文明も含むように，空間的に広く定義されている．実質的に世代間の領域を含むように，時間的に広く定義されている（Sagoff, 1988；Gundersen, 1995）．したがってエコロジストたちは，グローバリティやグローバル化に関する用語を，それらが流行になるかなり前から用いていた．たしかに過去，現在，未来の自然環境に言及することなく，「グローバル」について語るのは筋が通らないだろう．エコロジカルなコミュニティ概念は，「グローバルに考え，ローカルに行動する」という言い回しを用いて要約することができる．これは，私たちはすぐ隣にある目に触れられるものよりもはるかに広い範囲で義務を負っているが，すぐ隣にある目に触れられるものと相互行為することによって，それらの義務から要求されることを，完全に自覚するようになる，ということである（Sale, 1985）．したがって，政治共同体と市民社会の主流になっている概念は限定されすぎており，私たちが依存している環境から私たちを遠ざけるとともに，世界を狭い人類中心的な目的を達成するための手段として考えるよう促すとの批判を受けている．エコロジズムは，現在の政治言説が特徴としている地球市場（グローバル）に固執するのではなく，より野心的で倫理的な地球市民権の概念を要求する．

　以上の説明から，非常に大まかではあるが，緑の市民権の顕著な特徴を理解することが可能になった．平等は，種の間の関係や，種の現在および未来の世代間の関係について言及したものだと考えられている．人類以外の権利や未来の世代の権利は，現在の人類が彼ら彼女らに対して負っている義務と同じくらい強調されているが，権利と義務の相互の結びつきは（必ずしも完全には撤廃されていないが）弱くなっている．政治共同体は，市民でないものとの相互行為や相互依存を可能にするため，地球規模の世代間関係のなかで定義されている．したがって次のように結論を下すことができる．エコロジズムによると，市民権は，現在の種において知覚された地位と未来の種において知覚された地位の

間の平等化と定義される．人類には（人類および人類以外の）未来の世代の福祉を保障するための強い義務がある．また，政治共同体は地球単位の世代間関係のなかで定義される．要約すると，緑の市民権とは地球に対する執事役を意味する．すなわち諸個人は自らを自然環境の自覚的な保護者・後見人と考えるべきである．自然環境は個人の所有物ではないが，個人の生活は自然環境が存在することによってはじめて可能となるからである．

9.2 崇高な解釈III

　社会主義やフェミニズムと同様に，緑の理論家は，福祉国家システムの核心に，両義性が根深く存在していると考える傾向にある．福祉国家は市場からの自由を多少実現するため，一方では，社会的公正の目的に向けて真の意味で前進したものだとみなされる．しかし他方で産業資本主義の「産物」とみなされる．社会的公正を生産主義的な語彙によって物的資源の公正な分配として定義するため，国家福祉は環境の持続可能性を経済成長の名のもとに犠牲にしてきたからである．その再分配のエートスは，パイの分け前の公平な分配を求めるのではなくて，環境のコストを無視して，分配されるパイを拡大することを求めてきた．したがってフェミニストが国家福祉の擁護者のことを，家族主義化を無視していると非難するのと同様に，エコロジストは，財やサービスの供給を「脱生産主義化」することが必要で，かつ望ましいにもかかわらず，国家福祉の擁護者はこのことを無視していると非難する．脱商品化は，市場からの（限定された）自由を提供することと理解するよりは，むしろ，持続可能な社会という枠組のなかで福祉サービスを民主的に組織するための集合的な自由と理解すべきである．

　福祉国家に対するエコロジストの批判には3つの側面がある（Fitzpatrick, 1998aを参照）．

9.2.1 福祉国家は「産業主義の論理」に由来するとともに，それを支持している

　緑の思想の主要な特徴は，高水準の経済成長を持続させることが，社会と個人に福祉を与えるための条件であると主張する「産業主義の論理」に反発していることである（Pierson, 1991：92-4）．この批判によれば，福祉国家は近代の産業化の産物であり，初期の資本主義がもつ最悪の側面をかなりの程度人間的

なもの変えた．しかし，この「人間化」の代償として，福祉国家は工業の成長と後のポスト工業的成長に調和・貢献することを求められるようになった．結果として，社会福祉は見境のない経済成長に依存するようになる．この「福祉依存」は急進右派・福祉集合主義と，社会主義とフェミニズムの一部から支持されている．もっとも経済成長の中身に関する彼らの意見は一致していないが．

エコロジズムの主張によれば，この論理を放棄するか，根本的に修正する必要がある．第1に，有限な世界のもとでは成長の限界が存在するため，福祉国家は持続可能ではない（Meadows *et al.*, 1992）．福祉国家は成長に依存しつつ，さらに成長を促進するために需要を大規模な形で刺激する．このため福祉国家は自らが依存する資源の枯渇を促している．第2に，創出されたのは，社会問題の原因ではなく症状を扱う，福祉の治療的なシステムにすぎないため，福祉国家は有効性に乏しい．労働，消費，競争の強化といった緊張を強いるような要求を軽減することはできるが，そもそものような疎外効果が創出されることを予防するうえで，福祉国家はほとんど役に立たない．

しかし，この産業主義の論理は何によって置き換えればいいのだろうか．エコロジストたちは，成長自体に反対しているのか，それとも成長がもつ見境のない性質を批判しているのか．この問いにはさまざまな人びとがさまざまな解答を与えているが，GDPのような経済指標は，戦後の発展の必要を充足するために考案された，環境にとっては非道徳的──反道徳的でないにしても──なものだと広く認識されていることは確かである．したがってエコロジストたちは，そのような経済的な尺度を，エコロジカルな要因が中心的役割を果たす指標に置き換えることを共通して要求している（Fitzpatrick, 1998a）．

9.2.2 福祉国家は雇用倫理(エンプロイメント・エシック)に依存している

第2の批判は，本書のなかでもある程度ふれたが，雇用倫理に関係する．雇用倫理には次のような2つの想定が含まれている．

第1の想定は，不安定で変動を繰り返す資本主義市場を，伝統的な（ヘテロセクシュアルな）核家族を支持することによって，ある程度安定させるとともに，補正することができる，というものである．社会政策は，このような家族の理想におおむね適合したものであった．しかし，この想定は2つの矛盾に突き当たる．第1の矛盾は，家族形態は市場交換システムに適合したものでなければならないにもかかわらず，システムが家族関係の再生産を常に無条件に許容す

るものではない，というものである．市場の機動性と流動性は，家族の不動性と固定性と相容れない．第2の矛盾は，市場の消費優先主義(コンシューマリズム)が引き起こす自由化の効果と関係する．市場が生み出す近視眼的な快楽主義は，しばしばその必要性が指摘されてきた節約，貯蓄，水平的再分配との間で，ますます矛盾を深めている．要するに，保障と相互の義務が期待される場とされてきた伝統家族は，自らの欲求と選好を充足する権利を保有する諸個人からなる，不確実な市場の作用と即座に折り合いがつけられないのである．

19世紀の社会政策は，これらの相反する要素を調和させるために行われてきた数々の試みのうちのひとつだと理解することができる．家族「内部の」安定性と「外部の」流動性をともに保障するために，家庭と市場の間をつなぐ水路として活動する単独の（男性）稼得者が必要だと考えられてきた．この文脈のもとでは，雇用倫理は性分業の道徳の裏返しと考えることができるかもしれない．インフォーマル・ケアの全領域の評価が引き下げられたうえに，家事労働の評価も引き下げられ，賃金稼得活動の規範に基づいて，その社会的役割やアイデンティティーが構成され，分配されてきた．

したがって，第2の想定は，仕事は，収入や地位を分配するうえでの主な手段であるべきだ，ということになる．私たちは，例えば，仕事のように私たちが必要としているものに対する税金を引き下げ，公害のように私たちが必要としないものに対する税金を引き上げるべきだという，エコロジストの批判を聞き慣れている．この批判は，失業による人間の浪費に向けられるだけでなく，自然の浪費にも向けられる．しかしそれは，もう仕事は福祉にとって重要だとは思われないというさらに一歩踏み込んだ主張――これはあまりよく知られていないが――と普通は結びつけられている．失業は，雇用に執着する社会にもたらされた帰結だと考えられているが，この執着を満足させることは依然として不可能である．エコロジストたちは，雇用の重要度を引き下げて，すなわち労働時間を大幅に短縮して，雇用を創出することが，雇用による福祉から脱するための必要条件だと考えている（以下のゴルツの議論をみよ）．

9.2.3 福祉国家は消費者－クライアントとしての市民に基づいている

見境のない成長と雇用倫理を強調すると，福祉とは，組織の規則や基準を観察し，それに従うことを通して稼得された物質的な豊かさのことであるとする考え方に行きつく．このことは，私的な関係においては，私たちの個人的な価

値を，物質主義的な尺度——持ち物，乗っている車，生業，休日を過ごす場所によって人間の価値は決まるとする——によって比べるべきだとする共通の本能に帰着することになる．私たちは自らを主に消費者として定義する．あるいは消費の義務が果たせないなら，官僚制国家のクライアントになるはずである (Bauman, 1993)．

私たちが人生の多くの時間を愛情や友情といった形のないもののために割いていることは間違いない．少なくとも，そのように思っている．しかし公的領域や社会的相互行為の本質について考えるよう求められたとき，多くの人びとにとって，そのような形のないものは背景に退き，生活の質は生活水準とほとんど同義になってしまう．これにはもっともな理由がある．例えば，貧困の恐怖があるために，私たちはライフスタイルの選択の範囲は狭められ，近視眼的な善の概念を強いられている．いまでは脱物質主義的な価値が，西欧のあらゆるところに行き渡っていることは疑いないが，これらの価値がつねに脱物質主義的な実践に翻訳されるとは限らない．経済的な消費者であれ政治的な消費者であれ，人びとが経済成長の利益に対する欲求を放棄したり，雇用倫理を再確認するための制約を放棄したりしたという証拠はほとんどない．

全体としてみれば，福祉国家は，地球の保護者・後見人としての市民というエコロジズムの概念を具現化するうえで，ほとんど何の役も果たしてこなかった．それは成長が環境に与える影響に対して目をつむり，権利や義務を物質主義的な語彙から狭くとらえてきた．また，それは，政治共同体や市民社会の生産主義的な概念や，それどころかナショナリズム的な概念にまで依拠してきた．

9.3 社会保障

同様の考察は社会保障システムにも当てはまる (Fitzpatrick, 1998a)．現代の移転システムはある特定の状況では人びとを労働市場から相対的に自由にするが，その他の状況では労働市場に束縛する，とエコロジストは認識している．しかし，この限定された目的についてみても，給付によってすべての者が最低所得を保障されたわけではなかった．その結果，緑の批判には2つの要素が含まれる．ひとつは給付システムの失敗に対する昔ながらの批判である．給付システムが失業と貧困の罠を生むことを批判するだけでなく，そのセーフティネッ

トにかなり大きな穴が開いていることにも注目する．もうひとつは緑に特有の批判である．そこではシステムがどの程度雇用倫理や，その延長線上にある産業資本主義の成長志向の生産主義から組織されているかが注目される．

　一見したところでは，これらの批判は矛盾したものに見える．給付システムは，雇用をより困難にしていると批判される一方で，有償労働の規範に頼りすぎているとの批判を受けている．しかし社会的公正，すなわち最も暮らし向きが悪い者の福祉の向上や，環境の持続可能性にエコロジストが関心を持っている，ということにいったん気づけば，この見かけ上の矛盾は解消する．エコロジストは所得あるいは福祉の源泉としての有償労働を撤廃することを目標としているわけではない．それどころか，雇用――少なくとも高賃金の雇用――が少数の幸運な者に集中しているため困窮者が十分な職にありつけないという事実が，貧困の主要な原因であるということを環境保護派は認める．むしろ環境保護派が推奨する目標は，現在の雇用水準をより公平に分配することである．すなわち社会的公正とは，雇用水準の増加や環境に無配慮な成長のことを意味するのではなく，現在の雇用水準を凍結して現在の雇用を再分配することを意味する[7]．アンドレ・ゴルツ（以下をみよ）は，雇用を再分配して平等に分かち合うためには，雇用倫理を強調することは控えなければならない，と長い間にわたって主張してきた．フルタイムの継続的な雇用を，それに就きたい者全員に保障することができると考えるのではなく，雇用を私たちの生活の中心から外していくべきなのである．

　要するに，多くのエコロジストが，労働時間の短縮が必要であり望ましいということに関心を寄せているが，簡単な計算を行えば，その理由が分かるだろう．100人からなる社会があり，そのうち90人が職に就いており，10人が失業中だとしよう．私たちは（a）失業している10人のために雇用を創出するよう努力するべきなのか，（b）90人の雇用を再分配するべきなのだろうか．エコロジストの戦略に従えば，（a）は決して実現することはできない．なぜなら，これは「成長へと突き進む」ことを意味しており，高度な産業主義と戦後復興の時期（1945-1970）においてのみ，ある程度成功したアプローチであるからである．このため，（b）が残る．この結果，職についている90人が，週

---

[7] この説明が過度の単純化であることは疑いない．例えば，エコロジストが，緑の経済が長期的には雇用の水準を引き上げることができると主張しているのは事実である．

に40時間働くならば,全体で3,600時間(90×40)ほど働くことになることになる.しかし,90人が週40時間働く代わりに,100人が週36時間働く方が,より道理にかなっていると言えないだろうか.こうしても雇用水準は同じ3,600時間のままだが,それが全人口に平等に再分配されるだろう.要するに,賃金稼得活動を個人の福祉の中心から外すことによって,雇用を再分配することができるのである[8].

福祉国家一般と同様に,移転システムは,生産主義的な雇用倫理に依拠することによって,成長が環境にもたらす帰結に対して目を閉ざしているとの批判を受けている.また,最低所得がすべての者に対して保障されているわけではないことも批判されている.緑のオルタナティブであれば,フルタイムの継続的な雇用を強調するのをやめることによって,人びとがより簡単に労働時間を短縮できるようにし,それをより金銭的に見合うものにすることができるだろう.

9.4 エコロジストにとってのベーシック・インカム

エコロジストの多くがBIの最も熱烈な支持者である理由はすでに明らかだろう.エコロジズムの目から見ると,BIは福祉や給付の改革に対して主に3つの利点がある.第1の利点は,経済成長の鈍化を促進する潜在能力がBIにあることに関係する.

エコロジストによれば,かつての高水準の経済成長は数多くの要因によって増幅された.資本蓄積の必要,個人の物質主義,生産主義に基づく再分配の解釈(困窮者を,富裕者から困窮者に対するゼロサム的再分配を行うことによって助けるのではなく,国富のストックの総量を増やすことによって助けるべきだとする)などの要因が成長を加速した.どのようなきっかけによるものにせよ,例えばイギリスのような国で,かつて4,000億ポンドだったGDPが現在は8,000億ポンドになったとすれば,以前に比べて2倍ほど裕福になったと一般人は考えるだろう.このような経済学者による福祉の定義のなかには,「財」が多くなれば多くなるほど必要や欲求の充足度が高くなるとの想定がある.しかしフレッド・ハーシュがかなり前に提示した,物質的財は「位置的である」という論点(Hirsch,

---

8 労働時間の短縮をめぐる諸問題のうち,いくつかを以下で検討する.

1976),すなわち財の効用は供給量に反比例して減少するという論点のことを考慮に入れないとしても〔ハーシュは通常の再生可能な財と芸術作品のように再生不能な財を区別し,後者を位置的な財と呼んだ〕,この経済学は,経済成長が財のプラスの効果を帳消しにするような「不良品」(bads) も生み出しているという事実を見逃している.このことを説明するために,消費財の獲得願望という単純な例を用いてみよう.成長のためにはこの願望が必要であるが,成長がまたこの願望を増幅する.この願望は,労働市場の周辺に存在する無賃金/低賃金にあえぐ生活水準とは矛盾する.しかし周辺的な労働市場も成長のために必要であり,成長の結果として強化される.ウルリッヒ・ベックが主張するように,脱工業社会は不良品(バッズ)の生成によって特徴づけられる (Beck, 1992).この消費(善)と極貧層の非消費(悪)との間の矛盾の結果,犯罪,絶望,依存といった数多くの社会的なトラウマが生まれる.にもかかわらず,福祉は物質的な富の際限ない拡大によってもたらされると考えられているのである.

エコロジストによれば,福祉と成長の結合を切り離し,成長を減速するために何らかの方法が必要である.GDP のような指標を廃止し,社会的損失と環境破壊の双方を考慮に入れた,環境配慮的な指標を導入するために,会計手続きの変更がたびたび提案されてきた (Daly and Cobb, 1990; Anderson, 1991; Lerner, 1994; Offe et al., 1996 : 209-10).会計手続きが変更されれば,社会福祉の本当の姿を見極めるためのモノサシを持つことができる.しかし BI によって福祉と成長の結びつきを切断することができると考える人びともいる (Johnson, 1973; Van Parijs, 1985; Powell, 1989; Daly and Cobb, 1990; Hoogendijk, 1991; Lerner, 1994; Offe et al., 1996 : 209-10).現在,大多数の人びとに分配される大部分の給付は,人びとが GDP の成長に対して過去に行った,現在行いつつある,あるいは潜在的に行う可能性がある貢献に基づいている.保険/扶助モデルは,このような生産への貢献という考え方を基礎にしている.人びとが受給に条件を付けるのを支持するのは,「世界は,誰の生活に対しても責任を負うものではない」からである.あるいは何らかのそのような意見を持っているからである. BI は,無条件的であることによって,拠出と給付の結びつきを切断する.また GDP の成長に対する理論的根拠を弱める.あるいは,別の言い方をすれば,BI は,職歴や地位と無関係に支給されるので,雇用倫理を弱体化させ,この倫理を正統化する生産主義の想定に挑戦するのである.

したがって他のイデオロギーが欠点ととらえることを,エコロジズムは美徳

ととらえる (Mellor, 1992：206). 第6章で見たように，例えば，福祉集合主義者は，BIが労働市場からの完全な離脱を容認することをおそれており，彼ら彼女らのなかにはそうなる可能性を回避するために，参加所得に賛成する者もいる．ところがエコロジストにしてみれば，人びとは労働市場から離脱す・べ・き・である．GDPの成長に実際に貢献している者の数が減れば減るほど，その成長を止めるブレーキをより強くかけることができる．要するに，賃金稼得をやめるインセンティブを人びとに与えるためには完全BIを志向すべきである．理論的には，BIが高ければ高いほど，GDPの成長率が引き下げられるだろう．

　これに対する全面的な反論のひとつは，エコロジストの考える完全BIは実施不可能だというものである．なぜなら完全BIが労働市場からの大量離脱を促進するにつれて，社会のBIに対する資金供給能力は弱くなるからである (Irvine and Ponton, 1988：73；Kemp and Wall, 1990：78)．しかしエコロジストがBIの資金源として，土地とエネルギーに対する課税を重視していることは脇に置くが（次節をみよ），通常，緑のBI支持者は「最適BI」，すなわち，経済を縮小させずに環境が持続可能な範囲に成長を鈍化させるBIを擁護する．これを示したものが図9.2である．

　BIの水準が高くなるにつれて，GDPの成長は鈍化する（線 X-O）．曲線上の点 OP では，BIは最適水準に到達し，それ以上の成長を抑制するためにどのような試みを行っても（線 O-Y），BIに必要な資金を供給する税金が減少するため，BIの水準が下がるだけである．このようにBIが減額されると，人びとの労働市場への再参入が促進され，さらなる経済成長がもたらされる．反成長のための手段としてBIを使用する場合，GDPの成長は，理論上，水平軸上の点 O までしか鈍化させられない．なぜなら，曲線状の点 OP を超えると，BIの価値が下落し始めるからである．

　この最適BIがどの程度の所得に相当するのか，という質問は重要である．もしBIが比較的控え目な水準にとどまるのであれば，市場からの離脱はそれほど生じず，結局はGDPの成長はそれほど鈍化しない．すなわち，図9.2の点 O におけるGDPの成長は，点 X におけるそれとそれほど大きく違わない．したがってエコロジストがBIを正統化する主要な根拠は薄弱になる．しかしながら緑のBI支持者は，実際に導入してみないとBIの影響を十分に評価することができないとはいえ，BIの望ましい給付水準が存在すると主張している．

第9章　エコロジズムとベーシック・インカム

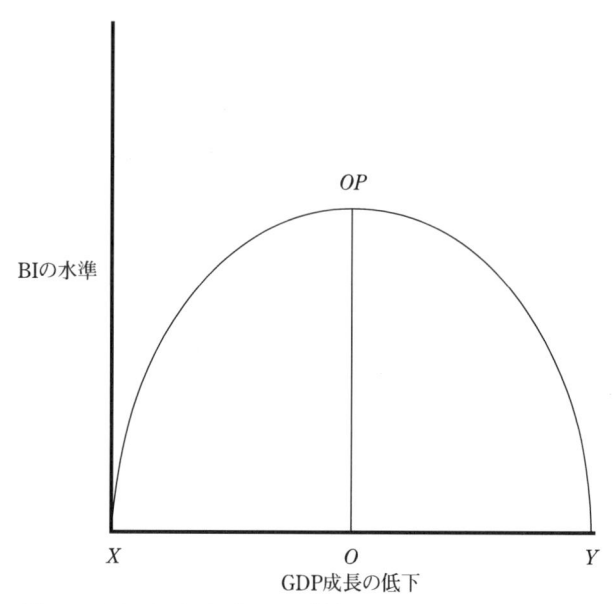

図9.2　ベーシック・インカムとGDPの成長

エコロジストがBIを支持する第2の主な理由は、それが経済に与える影響ではなくて、共有の倫理を具現化することである．この点については第Ⅰ部でふれた．第3章で指摘したように、ペインはかなり早い時期からBIに類似したものを擁護していた．（ペインが擁護した）私的所有の経済システムは、正確に言えば、全員で共有していたものを収用することになるため、これに対する何らかの補償が必要となる、とペインは論じた．このためペインは、国民基金を創設して、そこから一時金と市民年金を支給すべきだと主張した．

第4章で、社会の富には、(a) 自然資産、(b) 経済的・技術的遺産、(c) 現在の労働者/拠出者の相互努力の3つの源泉があると考えられると述べた．たとえBIが、社会の富に対する貢献とは関係なく受け取ることができるため、(c) によって正当化することができなかったとしても、(a) と (b) から正当化することができる．この議論は、地球の資源は共同所有物だと考えられるため、地球市民であるということは、執事ないし管財人となって、次の世代の共同所有者に地球を引き継ぐことを意味するという、緑の主張と一致する．この

ことは，地球を「原始状態」に戻すことを意味するわけではない．なぜなら資源，とくに再生可能な資源を利用することができるからである．しかしそのことは，究極的にはこの共有によって得られた富の一定割合を，無条件に分配するべきであることも意味する．共有とは，所有の基本的な平等を意味する．現在の移転システムは，環境破壊的な成長に最も貢献した者に最も多くの物を与えるが，BIは保険/扶助モデルによっては得られない，共有制平等主義（communal egalitarianism）を表現し具現するだろう．BIがこの共有制平等主義を実現する唯一の手段でないことは明らかだが，BIは，共有の倫理，共通利益，共通善を具現することによって，現行の所得分配方法に代わる現実的な選択肢を提供する（Jordan, 1992）．

多くの環境保護主義者がBIを支持する最後の理由は，すでに私たちにとってはおなじみのものであるので簡単に述べる（Ekins, 1986；British Green Party, 1987；1992；1997；Irvine and Ponton, 1988：70；Lambert, 1997：60-1）．BIは貧困と失業の罠を軽減または除去できるので，パートタイム労働や，〔賃金〕水準にもよるが，低賃金労働がより魅力的なものになる．これは前節で設定した目的——数年間にわたってフルタイムで働く必要があることを強調するのをやめて，現在ある職を再分配すること——を達成するうえで，いくらかの助けになる（Kemp and Wall, 1990：77）．パートタイム労働がより金銭的に有利になるにつれて，多くの人がパートタイムで働くという選択をするようになるだろうし，休暇を取る人が増えればワークシェアリングが拡大するだろう．要するに，BIだったらセーフティネットを修繕して全員に最低保証所得を提供するだろう．仕事への課税とはならないだろう．選択の幅を広げるだろう（Nissen, 1992）．低賃金労働を不安定化することなしに，労働の柔軟性を高めるだろう[9]．

しかし環境保護主義者がBIを支持したがらない主要な理由が3つある．

第1の潜在的な問題は，第7章で取り上げた，社会主義者による批判のひとつと似ている．これは，BIが未来のエコロジカルな社会において役割を果たす可能性はあるが，私たちをその社会に導く力は弱い，あるいは存在しない，というものである．例えばメアリー・メラーは，BIの原理に魅力を感じているが，それが導入されるか否かは，それに先立って，生産財の所有権が転換さ

---

9 その一方で，環境保護主義者は，他の多くの者に比べると，自ら進んで最低賃金法の廃止を検討しているように思われる（British Green Party, 1995a；1995b）

第9章 エコロジズムとベーシック・インカム

れるかどうかにかかっていると主張する（Mellor, 1992：206-7）．再度図9.2を みると，XとOとの差はそれほど大きくない，という主張がある．言い換えれば，BIの最適水準は，GDPの成長をそれほど鈍化させるわけではない，ということである．緑の社会と経済に到達するためには，大衆意識を大きく変革し，制度を再編することが必要となるが，BIは既存の価値観，想定，習慣を強固にするだけである．したがってエコロジストによる批判はフェミニストによる批判と同じである．つまりBIの導入された社会の水曜日は，BIが導入される前の社会の月曜日と本質的に同じであると指摘している（第8章をみよ）．
アンドリュー・ドブソンによれば，BIは

> ……成長の限界についての悲観的な予測をもとに，エコロジストが持続可能性の問題を根本的に解決するために提起した手段には見えない．むしろ，困難を抱える脱工業社会の政治体制に対して無理やり接ぎ木された，社会民主主義的な政策に見える（Dobson, 1995：111. Frankel, 1987：79-83；George and Wilding, 1994：181を参照）．

したがってドブソンは，エコロジストの思想に含まれる反物質主義と，BIの財源を調達するためには高水準の物質的な豊かさが必要であるという事実とが矛盾を来すと考えている．

たしかにBI支持者のなかには，BIを経済成長の鈍化という目的から切り離すこの試みに賛成する者もいる．ヴァン・パライスは，BIには経済効率を高める効果があるため，反成長的であるどころか成長に親和的であると論じている（Van Parijs, 1992：26-8；Van Parijs, 1991を参照）．このことは，もしエコロジストが経済的な根拠からBIを支持しようとするならば，BIが環境に配慮した成長を可能にするとの理由から支持すべきである，ということを意味する（Johnson, 1973：180-9を参照）．これとは逆に，クラウス・オッフェはこれらの立場の中間に進もうとしている．

> ……市民の権利として無条件に所得を手に入れる権利自体は，産業の成長やその成長を条件とする完全雇用が環境や生態系に与えるリスクや脅威を軽減するわけではないが，おそらくそれに間接的な貢献をするだろう．なぜなら，それは，生産主義的な圧力や不安をある程度取り除くため，対象

を限定した選別的な環境政策を実施することが政治的に容易になるからである．その政策のうちのいくつかは，生産や生産過程の道筋を終焉させることになる．ベーシック・インカムがあることで，産業主義に対するエコロジカルな批判が，政治的により受容されやすくなるだろう（Offe, 1993：230）．

あるいは，ドイツ緑の党のトーマス・シュミットが言うように，BI は「……ほとんど何も達成できないように思われる一方で，かなりのことが達成できるようにも思われる……」(Hulsberg, 1985：12 からの引用）．

エコロジストによる第 2 の批判は，以前から何度も行われているものであって，BI が無条件に給付される性質と関係している．BI によって，競争や獲得の理念を伴う「労働社会」から退出し，他の活動を追求するのが可能になるということはある程度事実である．問題は，これらの他の活動が，環境にやさしいという保証がないことである．ことによると，そのような活動は，まさにエコロジストたちが激しく反対してきた生産主義や物質主義に依存しているだけのものになるかもしれない．例えば，アンドレ・ゴルツは，最低保証所得は社会参加を行うための必要条件ではあるが，十分条件ではないと論じている（Gorz, 1992）．また，次節で検討するが，ゴルツは，個人に対する BI の給付は，彼/彼女の生涯の間に最低限の労働を行ったことを条件にすべきだと論じてきた[10]．アラン・リピエッツは，無条件で所得を給付する構想が，そのための財源を提供する者に対して不公平となるだけでなく，仕事を見つけられずにそれに頼るようになった者にとっては道徳的に衰弱させる，と論じてこれに同意している．

> ……最低賃金の 3 分の 2 にのぼる普遍的な手当は，受給者が社会と連帯する準備があるときにかぎって，受け入れられるだろう……何もせずに援助を受けている者がいる状態が恒久的に続くことは，働いている人びとを刺激するだけでなく，現に援助を受けている者にも心理的に有害である（Lipietz, 1992：99）．

---

[10] この主張は，現在は大幅に変更されている（Gorz, 1997）．

第9章　エコロジズムとベーシック・インカム

　この種の反対論を受けて，ジャン・オットー・アンダーソンは，完全BIに到達することを願って無条件で給付される所得の水準を引き上げても，エコロジカルな社会にとって有益な活動やライフスタイルが促進されるとは思えない，と論じている（Andersson, 1996a, 1996b. Dobell, 1996 を参照）．彼は，少額だがすべての者に対して無条件に支給されるBI（これは，個人の自律性を高めるから，依然として支持される）を，市民賃金〔シティズンズ・ウェイジ〕——参加所得とそれほど違いはない——と組み合わせて，社会的に有益で環境にやさしいと判断された，労働市場の外での活動に従事する者に対して支給するという代替案を提示している．これは，第3セクター，すなわち国家でも市場でもないところで結成された組織の拡大を促進することを目的としている．アンダーソンが目ざしているものはジェレミー・リフキンが目指しているものと同じである（Rifkin, 1995: 256-67）．リフキンは保証所得を，「社会的経済」のなかで共同活動によって提供されるサービスと結びつけようとしている．

　最後の反対論は，環境保護派が望む分権化と，BIは中央集権的に運営しなければならないという事実——例えば裕福な地域から困窮している地域への再分配を容易にするためには集権的とならざるをえない——との間の矛盾を指摘する（Frankel, 1987）．これに対する反批判は，おそらくブクチンまたはセールが示した線に沿って，緑の社会を，運営上可能なかぎり，分権的にするという見通しに依拠したものである（Bookchin, 1972；Sale, 1985）．しかし，私たちがこのタイプのアナーキーなアプローチを好まず，また，中央政府が継続的に果たすべき役割——グローバル経済による環境破壊が止まらないため，中央政府は必要と思われる．人びとの集団は「生命地域〔バイオリージョン〕」を構成するからである——を思い描くならば，この矛盾は消失する．緑の社会において，BIは，集権的な行政の形態をとりうるが，その機能は，アンダーソンのいう第3セクターの分権的な自主管理を促進しうるものである（Dobson, 1995: 210を参照）．

　前にみた諸イデオロギーと同様に，環境保護派がBIを支持あるいは反対する理由が，非常に多様であることが分かる．BIは，生産主義的な賃金稼得活動に従事するために社会権を具現化するわけではないが（ただし，BIはパートタイム労働に就くのを容易にする），人類以外の存在や将来の世代に対して負う義務についてほとんど何も語らない．BIはおそらく，経済成長が環境に対して与える影響を考慮するが，それが導入された時に，GDPの成長を鈍化させるような影響がどの程度あるのかはっきりしない．BIは全員に最低所得を保証し，

雇用倫理に挑戦するが，環境保護派がまさに異議を唱えている環境破壊的な活動に依存しているようにも思われる．したがって問題は，上述のBI反対論を退けることができるような形で，BIを機能させることができるかどうか，というところにある．フェミニズムの場合と同様に，緑のBIという特定のBIは存在しないが，BIが含まれる政策パッケージは存在する．次節では，このパッケージの内容を概観することを課題にする．

9.5　緑の政策パッケージの一部としてのベーシック・インカム

　いまのところ社会配当などに匹敵する独自の緑のBIが存在しないという事実があるからといって，エコロジストたちがBIの提案のために時間を費やす資格がないということにはならない．ひとつの可能性として，BIを最初の2人の子どもにだけに支給し，それ以降の子どもには与えない，というものがありうる．これは子孫を増やすことにディスインセンティブを与える——すなわち子どもが増えたことにともなうコストを親に負担させる——ことによって人口増加を抑制することができるという理由で正当化される．この種の改革を，ジョンソンやアーバインとポントンのようなBI支持派のエコロジストが提唱してきた（Johnson, 1973 ; Irvine and Ponton, 1988 : 70）．
　私としては，このような提案を受け入れることはできない．先進国の人口は比較的安定しているうえに，普遍的な給付を行うと人びとが多産になるとの証拠はない．したがってBIを導入したからといって，そのようなことを心配するには及ばない．しかし，人口増加が問題となっている国にBIを導入するとどうなるだろうか．その政策を「社会的避妊薬」として用いることはできないだろうか．しかし私はこれについてもそうは思わない．私はこう述べることによって，人口問題——エコロジズムには，このテーマをめぐって，「マルサス主義的なパニック」に巻き込まれた不健全な歴史があるとはいえ——が重要でない，と主張しているわけではない．産児制限の効果は，子どもに対する給付を制限する——そうすると結局子どもの多くが苦難にあえぐことになる——のではなく，教育という方法を用いるときに最も高まると主張しているのである．
　したがってBIは政策パッケージの一部と考えるのがよい．以下の3つの小節で，税制改革，労働時間の短縮，インフォーマル経済とBIとの関係について検討していく．

第9章　エコロジズムとベーシック・インカム

9.5.1　ジェームス・ロバートソンと環境税の擁護

　ジェームス・ロバートソンは，税制改革に関心を持っている緑の理論家と経済学者の視点から，長らくBIを提唱してきた．1970年代の半ばから，ロバートソンは，課税は私たちにとって不要なもの——例えば汚染——に対してなされるべきであって，私たちが必要とするもの——例えば仕事——に対してなされるべきでないと主張してきた（Robertson, 1974）．というのは，人びとが社会から減じた価値に対して課税するのではなくて，社会に加えた価値に対して課税するのは不合理だからである．したがって所得税は財産税と消費税に置き換え，既存の移転システムは普遍的な定額給付に置き換えるべきである（なぜなら保険料の拠出は労働に対する課税だからである）．ロバートソンは1970年代後半までに，彼が脱工業SHE（健全でSane，人間的でHumane，エコロジカルなEcological）社会と呼ぶものを擁護するようになった．そこでは，成長の限界が遵守・尊重され，また「手に入れる」ことよりも「そのままでいる」ことの方が人間らしいものとして重視される（Robertson, 1983）．この社会において最も重要なものは，「自分自身の仕事」（ownwork），すなわち有償であるか無償であるかを問わず，自己管理された有意義な活動である（Robertson, 1985）．要するに，自分自身の仕事にとって金銭的な報酬は最も重要な動機ではないし，有償の雇用につくことはもはや規範ではない．また，保証所得は賃金の稼得によって決まるわけではない．持続可能な土地利用を推奨し不当利得を処罰するために土地税を導入することも同様に重要である．ロバートソンは，多くの環境保護派と同じように，第3セクターと呼ぶか社会的経済と呼ぶかは別として，給付形態を地方化（ローカライズ）することを提唱している（Robertson, 1989）．これは国家のインフラストラクチャーに対する圧力を減らすためであるが，彼は，世界経済の制度が改革され，現在の投機・汚染・輸入に対して世界規模での課税が実施されるときにはじめて，このような移行が可能になるという事実に気づいている．

　ロバートソンによれば，BIが導入されると3つの機能が遂行される．BIが導入されると諸資源の共同所有権が確保されるだろう．BIが導入されると第3セクターの非国家・非市場による社会的経済が促進されるだろう．BIが導入されると環境税の逆進性が緩和されるだろう．彼は，次のような3段階の移行を想定する（Robertson, 1994 ; 1996）．

- 利潤への課税，所得税（保険料を含む），付加価値税の段階的廃止
- 富の自然的および社会的な源泉の利用（例えば化石燃料の採掘）に対する課税，土地の賃借料（共有地の地代として知られる）の徴収，共有資源（汚染や廃棄物に対する環境の処理能力）の利用に対する課税の段階的導入
- BIの段階的導入

共有資源の価値の分け前を共有することによって，

> ……この改革パッケージは，失業，貧困，社会的排除のより直接的な原因の裏に潜む，経済的・社会的不平等の根本的原因の1つを解決するだろう．現在，市民は，共有資源や価値の分け前を平等には受け取っていない．大多数は少ししか受け取っておらず，少数の者が多くを受け取っており，公平（フェア）な分け前になっていない（Robertson, 1996：56. Kemball-Cook et al., 1991 を参照）．

加えて，BIは人びとの国家や使用者に対する依存度を下げることによって，第3セクターによる社会的経済の拡大を促進する．またBIは土地税（これは住宅費を増やし，家賃収入を減らすことになるので，とくに富裕層に打撃を与える）と組み合わせることによって，エネルギー税——現在は所得税を免除されている低所得者も負担しなければならない——の逆進性を緩和することができる（Tindale and Holtham, 1996：50）．ロバートソンの推計によれば，土地税とエネルギー税を財源とすることによって，BIは，最終的に，年金生活者が月額308ポンド（1994年時点の数字）で，成人が月額220ポンド，子どもが月額60ポンドとなる（Robertson, 1994）．

　緑の運動は，長年にわたって，ある種のエコ税制改革を提唱してきた．提起された改革のうちでより控え目なものは，市場資本主義の租税システムのなかに少なくとも何らかの環境の次元を導入することである．例えば，「汚染者負担」のための無鉛ガソリン減税がこれにあたる（Pearce et al., 1989）．しかし急進的なエコロジストはこの方法に反対している．財産所有システムが変革されなければ，その種の税金は，金持ちの汚染活動を正当化し（金持ちは「汚染の代金を払う」だろう），極貧層の所得に悪影響を及ぼすだけで——これは，1994年に，イギリスで家庭用燃料に付加価値税を課した時に生じたことである——，

効果が乏しいというのが反対の理由である（Martell, 1994）．土地への課税や資源採掘という出発点での課税が，エコロジストのあいだで最も人気がある理由はここにある．エコロジストはまた，社会の持続可能性を促進するための税制改革がもたらす逆進性を，再分配的な方法によって弱める必要があるという認識も持っている．もちろん，そのための再分配は，BIの導入によらない方法によって行うこともできるだろう．しかしロバートソンの研究では，環境税がBIとセットで導入される時にのみ（逆もまた真である），上記の3つの目的——共有，第3セクターの拡大，再分配——が達成されることが示されており，緑のBI支持者はこの意見に賛成するだろう（例えば，British Green Party, 1987；1992；1997；Flo, 1996）．

9.5.2 アンドレ・ゴルツと労働時間短縮の擁護

ゴルツは，サルトルの実存主義的マルクス主義と長年格闘した末に，エコロジズムに到達した．このテーマについての彼の初期の著作（Gorz, 1975）は，マルクス主義のカテゴリーを，それと相容れない緑のパースペクティブの中に密輸入しようとしたとして非難された（Bookchin, 1980）．しかしゴルツは長年の間，マルクス主義/社会主義の伝統とエコロジズムの伝統とを，独特かつ斬新な方法で結びつけようとしたため，エコ社会主義を先導する理論家のひとりと見なされるようになった（Benton, 1996を参照）．ゴルツの思想の射程は幅広いが（Frankel, 1987；Little, 1996），ここでは彼が行った他律性の領域と自律性の領域との区別と，労働時間の短縮のための処方箋について検討することにする．

ゴルツは，1970年代の終わりに，革命的変化を担う可能性があるとされてきた労働者階級に見切りをつけ，非労働者から成る非階級集団が不満を持つ孤立した半市民の集団であることを認めたうえで，彼ら彼女らがオルタナティブかつ急進的な価値，仮説，実践を追求するだろうと主張した（Gorz, 1982）．この非階級集団は「脱退者(オプトアウト)」（西欧資本主義の規範を意識的に拒否した人びと），「脱落者(ファールア ウト)」（長期失業者と不完全就労者），「追放者(スルーアウト)」（社会が意識的に拒否した人びと）から成り立っているといえる．ゴルツは急進的な政治理論と，新しい社会・政治運動の意義を強調する脱産業社会的な主張を結びつけようとした．これは，統制経済や職場民主主義に基づく社会主義が，根本的に社会を改革するための戦略としては不要となったことを意味した．それどころかゴルツは，改革の出発点として最も有望なのは，賃労働からの解放であると主張した（Gorz, 1985）．これ

は初期の労働運動の目的を復活させ，再び活発にすることを意味した．というのは，初期の労働運動は，後の労働運動のように経済合理性——質（自由時間）より量（モノの獲得）に価値を置く——の論理のなかで陰謀を企てるのではなく，資本主義的な賃労働市場の隆盛に抵抗を試みるものであったからである（Polanyi, 1944 を参照）．

　彼は他律的活動の領域と自律的活動の領域を区別する（Gorz, 1989）．前者は必然性の領域であり，雇用労働や家族の再生産のように，本質的に満足できないが避けることもできない活動が含まれる．後者は自由の領域であり，強制されずに自主管理によって行われる創造的，芸術的な活動が含まれる．ゴルツによれば，公正な社会とは，必然性の領域で費やすことが求められる時間が最も短くなり，自由の領域で費やすことのできる時間が最も長くなった社会のことである．ところが資本主義社会は，現在，その逆になっている．

　この目的を達成するために，ゴルツは2つの提言を行っている（Gorz, 1989：191-202）．労働時間の短縮とBIの導入である．労働時間の短縮は必然性の領域で過ごすことが強いられる時間を短くするために必要である．現在，私たちは過剰労働/不完全雇用社会のなかで暮らしており，ある者は過剰なほど雇用労働に従事し，別の者は不十分にしか従事していない．この不均衡を是正するためには，労働時間を再分配するだけでなく（前述の9.3節をみよ），就労可能なひとはすべて最低労働時間だけ働くことが要求される．ゴルツの論法は以下の通りである．自律性の領域は他律性の領域が縮小するときにのみ拡大する．このことは逆に，すべての社会的必然労働は公平に分担されるべきことを意味するが，これは就労可能なひとすべてが最低労働時間だけ働くことによってはじめて実現する．彼は1人当たりの最低労働時間は生涯をつうじて約20,000時間に相当すると試算している．これはすなわちフルタイム労働で約20年，パートタイム労働で約40年に相当する．したがってゴルツの想定する社会では，BIは2つの機能を果たすことになるだろう．第1に，雇用労働が所得の主要な源泉ではなくなるため，BIはいわば「差額を補填する」第2の小切手のようなものになる．第2に，BIはこの社会的最低限の実行を条件に支給されるため，最低労働時間の労働を行わなかったり拒否したりすると，BIの受給権が剥奪されることになる（Gorz, 1992）．

　無条件に支給されるBIの提案を，ゴルツはきびしく批判してきた（以下をみよ）．

> 各市民は標準的な水準の生活を営む権利を有する．しかし各人には，自らの消費分と等価な労働を社会のために遂行する可能性（権利と義務）が付与されなければならない（Gorz, 1989：205）．

> ……人びとを経済領域におけるいかなる労働からも免除するような手当は，社会の亀裂を深めるだろう（Gorz, 1994：96）．

　しかし反対派は，何らかの体系的な目標に向かって労働時間の短縮を始めることには大きな問題がある，と指摘している．国家がこの改革を進めるべきなのだろうか．そうだとすると，人びとがとうてい受け入れることのできないような中央集権的な指令と強制が生じる．この労働時間の短縮は自発的に行われるのだろうか．たしかに，これまでと同じ賃金が払われるならば，多くの労働者が労働時間を短縮したいと思うだろう．しかし，そのためには法外な費用がかかる．労働者は，現在の失業者に労働時間を提供するために，自分の労働時間を短縮し，かつ，時短分の賃金を削減することを望むだろうか．オッフェはその可能性に懐疑的だが（Offe, 1996），そうした懐疑はおそらくオッフェひとりだけのものではないだろう．他方，そもそも再分配することのできる労働時間数がどんどん少なくなっているため，ゴルツが望む戦略を成功させることはできない，と論じる者もいる（Vilrokx, 1993）．その種の反対派は，労働時間の短縮を有益な目標だとするものの，好きな場所で好きな時間に個人が働く自由をBIによって高めることの方が，より実現可能性が高いと主張している．もしそうだとすれば，ゴルツのように条件付きのBIを正当化することはできない．

　この論争の当否はともかくとして，ゴルツは少なくともエコ社会主義者の提案には労働時間の短縮とBI改革が含まれるとの考え方を確立した．しかし，結論を下す前に，私たちはゴルツが近年，条件付きBIの実行可能性や望ましさについての意見を変えたことについて注目すべきである（Gorz, 1997：140-51）．自由の領域を拡大したいとする希望は変わっておらず，また，生活を支えることができないような形でのBI制度に対して，彼は批判的である．しかし，いまでは最低保証所得を無条件に支給することに賛成している．それは第1に，必然性に基づく労働を測定することが困難なためである．第2に，BIがボランタリーな活動や，個人の素質と能力の拡大を促進するためである．第3に，

BIは，富には社会的な性質があり，自由時間を作り出すためにその富を用いることが望ましい，といった考え方を反映しているからである．

9.5.3 クラウス・オッフェとインフォーマル経済の擁護

オッフェは，ゴルツと同様に，マルクス主義を経て環境思想に到達し，エコ社会主義を指導する理論家の一人と目されるようになった．オッフェもゴルツと同様に，著作の射程が広く，多岐にわたる (Pierson, 1991：40-68；Klein, 1993；Dean, 1995)．しかし，ここでは，先進資本主義における福祉サービスの役割，新しい社会運動の重要性，従来に代わる福祉供給のあり方に焦点を当てる．

ハーバーマスやオッフェによるネオマルクス主義的な戦後資本主義批判が，急進右派による批判とよく似ていることは，これまでにもしばしば指摘されてきた．どちらのイデオロギーも，資本蓄積の条件を維持する資本主義の要請と，福祉国家がこれらの条件を蝕む傾向との間に葛藤があることを認識してきた．しかし急進右派が，福祉国家を廃絶，民営化，市場化，残余主義化することが解決策だと主張するのに対して（著者によって主張の細部は異なるが），ネオマルクス主義者は，これを資本主義に賛成する者が，資本主義の本質を誤解していることの証左だと見なす．資本主義は「蓄積」だけでなく「正統性」も要請するからである（O'Connor, 1973 を参照）．ハーバーマスとオッフェは「システム分析」を用いて，資本主義が陥る傾向にあるといわれるある種の「危機的傾向」を特定する（Habermas, 1975；Offe, 1984）．

図9.3から，政治行政システムが，経済システムの「操縦」と調整を行い，機能不全を防止していることが分かる．それと引き換えに，経済システムは国家に財源を調達する．国家はこの財源を国家福祉システムのために用いて，一方で，大衆に国家資本主義の要請を遵守させ，他方で，国家資本主義の悪影響を緩和する．このことによって国家資本主義に対する大衆の忠誠が確保される．したがって資本主義経済と国家福祉との間の葛藤は，戦後の政治家が誤った方向に指導したために生じたのではなくて，資本主義のサブシステムに内在的な矛盾のために生じたものである．社会政策は「組織」資本主義の自己調整的メカニズムの一要素であり，一連の経済的，政治的，社会経済的な危機が生ずる可能性はつねにある．オッフェは，福祉国家に対する分析を以下のように要約している．

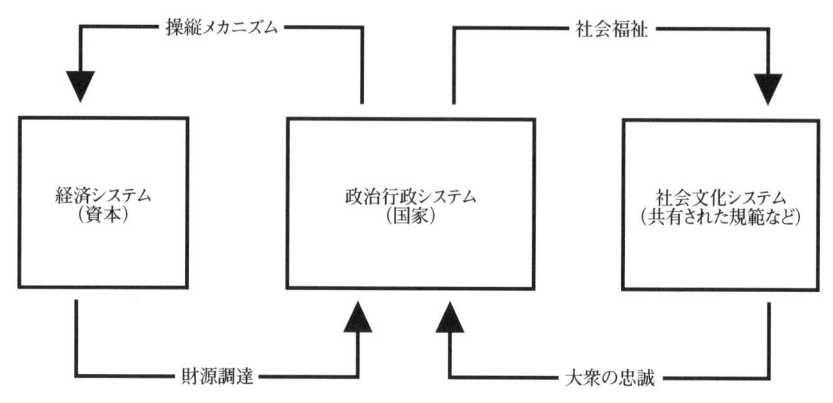

第9章 エコロジズムとベーシック・インカム

図9.3 資本主義の3つのサブシステム

福祉国家の驚くべき秘密とは，それが資本主義の蓄積に対して壊滅的な打撃を与えることが明らかであるにもかかわらず……福祉国家を廃止したとしても資本主義に壊滅的な打撃を与えることが明らかだということである．資本主義は福祉国家と共存できないが，福祉国家がなければ資本主義が存在できないという矛盾がある（Offe, 1984：153）．

オッフェはその後，組織された資本主義は組織されない資本主義の段階に移行する過程にあると主張した（Offe, 1985, 1996：147-82. Lash and Urry, 1987を参照）．そこでは，大量生産，国家介入，混合経済を背景にした完全雇用，集権化された行政，戦後における資本と労働の対抗関係が，新たに出現しつつある社会的権力と経済的組織の形態に屈服しつつある．これは国家福祉──社会集団と階級を統合する国家の能力──に対する支持が，グローバル資本の覇権の強化によって徐々に弱体化していることを意味する．ケインズ主義福祉国家は，それが依存する完全雇用の混合経済とともに，過去の思い出になってしまった．このことによって，急進右派の多くが望み，予言しているように，国家福祉が消滅に向かうわけではない．しかし消費者としての市民が自らの福祉に対するより多くの責任を担うことが期待されるようになるにつれて，福祉システムは権威主義的かつ残余主義的なものになることを意味する．ジェソップはこれをワークフェア国家と呼んでいる（Jessop, 1994. Fitzpatrick, 1998bを参照）．

第Ⅱ部　誰にとっての自由か？誰にとっての保障か？

　このような傾向を懸念するひとにとって，問われるべき明白な問題は，「私たちはこれからどこへ向かうのか」ということである．オッフェは，多くの左派と同じく，左派の伝統の支持者と新しい社会運動——例えば，動物の権利，公民権，環境権，同性愛者の権利，平和運動，女性運動——との「連合」の可能性について考えをめぐらしている．これらの運動は，潜在的には18世紀のブルジョワの運動や19世紀や20世紀初めの労働運動と同じくらい社会的な重要性を持つだろう (Offe, 1996 : 19)．ここで明らかな問題は，これらの運動がはっきりとした共通の政治綱領を確立してこなかったし，おそらくは確立できないことである．したがって，オッフェは，近年，その綱領の輪郭を描き，組織資本主義のケインズ主義福祉国家と，組織されない資本主義のワークフェア国家の概要を示すことをひとつの目標としている．オッフェをエコ社会主義者と呼ぶことができるのは，彼の著作のこの側面に関してである．

　オッフェは，やや慎重な姿勢を保ちながら，BIを支持している (Offe, 1992 : 74-7 ; Offe et al., 1996)．彼は，未来の社会的公正の秩序をBIが創出することができるとまでは考えていないが，現在の社会環境に対してBIを採用することによって，社会的公正の概念を擁護することができるかもしれないと強調することには意味があると考えている．したがってオッフェのBI支持は用意周到である．オッフェによれば，BIは，彼自身が政策パッケージと呼ぶもの——その目的はインフォーマル経済と「協働サークル」の成長を促すことにある——の一部となるときにはじめて大きな力を発揮することができる．

　　……私たちの「協働サークル」のモデルは，集合的供給が共同体的な方法や行政的な方法で組織されるのではなく，市場の形態で組織されることを提案する．しかしそこには2つの条件がある．第1に，サービスの交換は，貨幣メディアを介して行われるのではなく，サービス・バウチャーを介して行われなければならない．このバウチャーはメンバー間でのみ有効で，一定地域内における世帯間のサービスの交易を目的とする．第2に，不換通貨の用いられるこの種の市場を創設し維持するために，公的補助がなされなければならない．この場合の補助は財政支援の形ではなく，空間，設備，現物支給，および人的資本の提供という形をとる (Offe, 1996 : 142)．

オッフェはロルフ・ハインツとともに，すでに存在する，一種の萌芽的な協働

サークルについての比較分析を行っている．

オッフェとハインツが「地域における貨幣を用いない交換システム」と呼んだもののなかで（Offe and Heinze, 1992），おそらく最も有名なものは，LETS (Local Employment and Trading System〔地域交換交易システム〕) であろう．LETSに関する調査結果は徐々に蓄積されつつあるので（Dauncey, 1988 ; Dobson, 1993 ; Lang, 1994 ; Williams, 1996a ; 1996b ; Fitzpatrick, 1998d），この制度を簡単に説明しておこう．これは1980年代初頭のカナダで創始された．少なくとも12人からなるグループが，独自の通貨または交換単位を持った組合を結成し，そこで財やサービスを交換する．各メンバーは，自らが提供できる財やサービスのリストを作成して値段をつけ，そして自分が買いたいと思うもののリストも作成する．メンバーが提供できるものと欲しいものの一覧表が各人に配られると取引が開始され，その一覧表は定期的に更新される．各メンバーは口座を持っており，組合は，地域通貨を用いて実施されたすべての取引の記録を保管している．この地域通貨は，中央銀行が発行した貨幣の代わりとして使うことができるし，それと組み合わせて使うこともできる．したがってLETSは，直接的な物々交換——当事者間で交換されるものはすべて等価値でなければならない——よりもかなり優れている．LETSは貧困者や失業者に利益があるだけでなく，オルタナティブな緑の生活スタイルを追求したいと望んでいるひとにとっても利益があると言われている．

したがってオッフェの提案は，ポスト・ワークフェア国家と社会的に公正な未来を実現するための政策パッケージには，BIと何らかの協働サークルとの双方が含まれなければならないことを示しているように思われる．BIはそのままでも有効かもしれないし，そうではないかもしれない．しかし，BIと非貨幣的交換が連携したシステムは，すでに言及した第3セクターにおいて，重要な役割を果たすだろう．それぞれがお互いを補強するのである．賃労働に従事したくない者は，第3セクターにおいて他者と財やサービスを交換する機会を与えられるため，BIに頼る必要はない．日常的に貨幣を用いないで交換を行っている者は，状況が変わったときにはBIを最後の拠り所にすることができる．

9.6 結論

ロバートソン,ゴルツ,オッフェといったBI支持者の著作を引用することで,緑の政策パッケージには,BIだけでなく,土地税・エネルギー税,労働時間短縮,第3セクターにおけるインフォーマルな交換の拡大などが含まれていることが分かる.したがって,このことは,BIがエコロジカルなパッケージの4つの同格な構成要素のうちのひとつであることを意味する.しかしロバートソン,ゴルツ,オッフェの全員がBIを不可欠な要素であると見なしていることを考慮するならば,BIは緑の政策パッケージにとっての共通分母と考えるべきである.すなわちBIは,土地／エネルギー税,労働時間の短縮,インフォーマル経済の推進者を相互に結びつける手段と考えることができる.このように考えるならば,BIは緑の政策パッケージのもう1つの構成要素というよりは,そのパッケージをそもそも構築するための道具として考えられるのである.

この文脈でBIを見たとき,9.4節で言及した反対論は解決されたと言えるだろうか.私は,9.5節における議論をつうじて,緑の視点からBIの重要性を確立したと考えたい.しかし,BIの「保守主義」,無条件性,集権的管理を拒絶するエコロジストたちが,他の改革とBIとの結びつきを強調する議論を行うことによって,懐柔されるのを拒むのも無理ないことである.しかし前の章と同様,私たちはいまやBIが眺められるべき政治的文脈について,少なくともある程度の知識を持っている.BIが何の助けも借りずに緑の社会を生み出すと考えるのは傲慢である.しかし,もしロバートソン,ゴルツ,オッフェが正しい分析や処方箋を提示しているとしたら,そしてもしBIをすでに述べたような種類の共通分母として捉えるべきだとすれば,緑の社会政策としてBIが名声をもつことは,十分に根拠のあることである.

Bibliography

Abramovitz, M. (1988) *Regulating the Lives of Women*, Boston: South End Press.
Albert, M. and Hahnel, R. (1991) *Looking Forward: Participatory Economics for the Twenty-First Century*, Boston: South End Press.
Alcock, P. (1993) *Understanding Poverty*, London: Macmillan.
Alperovitz, G. (1994) 'Distributing our Technological Inheritance', *Technology Review*, October, pp. 31–6.
Althusser, L. (1969) *For Marx*, London: Allen Lane. * 1
Andersen, M. (1978) *Welfare*, Stanford University, Calif. Hoover Institution.
Anderson, V. (1991) *Alternative Economic Indicators*, London: Routledge.
Andersson, J. O. (1996a) 'Fundamental Values for a Third Left', *New Left Review*, no. 216, pp. 66–78.
Andersson, J. O. (1996b) *Why a Citizen's Income Should be Combined with a Citizen's Wage*, paper presented to the Sixth International Congress of the Basic Income European Network, Vienna International Centre, Vienna, 12–14 September 1996.
Arber, S. and Ginn, J. (1995) 'The Mirage of Gender Equality: Occupational Success Within the Labour Market and Within Marriage', *British Journal of Sociology*, vol. 46, no. 1, pp. 21–43.
Arneson, R. (1989) 'Equality and Equal Opportunity for Welfare', *Philosophical Studies*, vol. 56, pp. 77–93.
Arneson, R. (1992) 'Is Socialism Dead? A Comment on Market Socialism and Basic Income Capitalism', *Ethics*, vol. 102, pp. 485–511.
Aronowitz, S. and Difazio, W. (1994) *The Jobless Future: Sci-Tech and the Future of Work*, Minneapolis: University of Minnesota Press.
Ashdown, P. (1989) *Citizen's Britain*, London: Fourth Estate.
Atkinson, A. (1969) *Poverty in Britain and the Reform of Social Security*, Cambridge: Cambridge University Press. * 2
Atkinson, A. (1973) *The Tax Credit Scheme and the Redistribution of Income*, London: FIS.
Atkinson, A. (1975) *The Economics of Inequality*, Oxford: Clarendon. * 3
Atkinson, A. (1989) *Poverty and Social Security*, Hemel Hempstead: Harvester Wheatsheaf.
Atkinson, A. (1993) 'Participation Income', *Citizens Income Bulletin*, no. 16, pp. 7–11.
Atkinson, A. (1995a) *Incomes and the Welfare State*, Cambridge: Cambridge University Press. * 4
Atkinson, A. (1995b) *Public Economics in Action*, Oxford: Oxford University Press.
Atkinson, A. (1996a) 'The Case for a Participation Income', *Political Quarterly*, vol. 67, no. 1, pp. 67–70.
Atkinson, A. (1996b) 'The Distribution of Income: Evidence, Theories and Policy', *The Economist*, vol. 144, pp. 1–21.

Bacon, R. and Eltis, W. (1978) *Britain's Economic Problem: Too Few Producers*, London: Macmillan. * 5
Barbalet, J. (1988) *Citizenship*, Milton Keynes: Open University Press.
Bardhan, P. and Roemer, J. (eds) (1993) *Market Socialism*, Oxford: Oxford University Press.
Barnett, C. (1987) *The Audit of War*, London: Macmillan.
Barr, N. and Coulter, F. (1990) 'Social Security: Solution or Problem?', in Hills, J. (ed.) *The State of Welfare*, Oxford: Oxford University Press.
Barry, B. (1996a) 'Surfers' Saviour?', *Citizen's Income Bulletin*, no. 22, pp. 2–4.
Barry, B. (1996b) 'Real Freedom and Basic Income', *Journal of Political Philosophy*, vol. 5, no. 3, pp. 242–76.
Barry, B. (1997) 'The Attractions of Basic Income', in Franklin, J. (ed.) *Equality*, London: IPPR.
Barry, J. (1998) 'Ecology and Social Policy', in Ellison, N. and Pierson, C. (eds) *Developments in British Social Policy*, London: Macmillan.
Barry, N. (1987) *The New Right*, London: Croom Helm.
Basic Income European Network (1997) *Newsletter no. 27*, Autumn.
Bauman, Z. (1993) *Postmodern Ethics*, Cambridge: Polity Press.
Beck, U. (1992) *Risk Society*, London: Sage. * 6
Becker, S. (1997) *Responding to Poverty: The Politics of Cash and Care*, Harlow: Longman.
Beenstock, M. (1987) *Work, Welfare and Taxation*, London: George Allen & Unwin.
Bellamy, E. (1982) *Looking Backward*, Harmondsworth: Penguin. * 7
Benton, S. (1991) 'Gender, Sexuality and Citizenship', in Andrews, G. (ed.) *Citizenship*, London: Lawrence & Wishart.
Benton, T. (ed.) (1996) *The Greening of Marxism*, London: Guilford.
Berger, J. (1987) 'The Capitalist Road to Communism: Groundwork and Practicability', *Theory and Society*, vol. 15, pp. 689–94.
Besley, T. and Coate, S. (1995) 'The Design of Income Maintenance Programmes', *Review of Economic Studies*, vol. 62, pp. 187–221.
Beveridge, W. (1942) *Social Insurance and Allied Services*, London: HMSO. * 8
Beveridge, W. (1944) *Full Employment in a Free Society*, London: George Allen & Unwin. * 9
Beveridge, W. (1948) *Voluntary Action*, London: George Allen & Unwin.
Bishop, J. (1980) 'Jobs, Cash Transfers and Marital Instability', *Journal of Human Resources*, vol. 15, pp. 301–34.
Block, F. (1996) *The Vampire State*, New York: New Press.
Blum, L. (1988) 'Gilligan and Kohlberg: Implications for Moral Theory', *Ethics*, vol. 98, pp. 472–91.
Bock, G. and James, S. (eds) (1992) *Beyond Equality and Difference*, London: Routledge.
Bookchin, M. (1972) *Post-Scarcity Anarchism*, Montreal: Black Rose Books.
Bookchin, M. (1980) *Towards an Ecological Society*, Montreal: Black Rose Books.
Booth, D. (1987) *Regional Long Waves, Uneven Growth and the Cooperative Alternative*, New York: Praeger.

参考文献

Borchorst, A. and Siim, B. (1987) 'Women and the Advanced Welfare State – New Kind of Patriarchal Power?', in Sasson, A. (ed.) *Women and the State*, London: Hutchinson.
Boskin, M. (1975) 'Comment', in Pechman, J. A. and Timpane, P. M. (eds) *Work Incentives and Income Guarantees*, Washington, DC: Brookings Institute.
Bowen, A. and Mayhew, K. (eds) (1990) *Improving Incentives for the Low Paid*, London: Macmillan.
Bowles, S. (1992) 'Is Income Security Possible in a Capitalist Economy? An Agency-Theoretic Analysis of an Unconditional Income Grant', *European Journal of Political Economy*, vol. 8, pp. 557–78.
Bradshaw, J. (ed.) (1993) *Housing Budgets and Living Standards*, York: Joseph Rowntree.
Breitenbach, H., Burden, T. and Coates, K. (1990) *Features of a Viable Socialism*, Hemel Hempstead: Harvester Wheatsheaf.
British Green Party (1987) *General Election Campaign Manifesto*, London: Green Party.
British Green Party (1992) *General Election Campaign Manifesto*, London: Green Party.
British Green Party (1995a) *Minimum Wages or Basic Income – or Both?*, London: Green Party.
British Green Party (1995b) *A Guide to the Green Party's Basic Income Scheme*, London: Green Party.
British Green Party (1997) *General Election Campaign Manifesto*, London: Green Party.
Brittan, S. (1968) *Left or Right: The Bogus Dilemma*, London: Secker & Warburg.
Brittan, S. (1988) *A Restatement of Economic Liberalism*, London: Macmillan.
Brittan, S. (1995) *Capitalism with a Human Face*, Aldershot: Edward Elgar.
Brittan, S. and Webb, S. (1990) *Beyond the Welfare State*, Aberdeen: Aberdeen University Press.
Britton, A. (1997) 'Unemployment and the Future of Work', *Citizen's Income Bulletin*, no. 24, pp. 5–6.
Brown, J. (1990) *Victims or Villains?*, London: Joseph Rowntree Memorial Trust.
Brown, W. and Thomas, C. (1994) 'The Alaska Permanent Fund: Good Sense or Political Expediency?', *Challenge*, September–October, pp. 38–44.
Brus, W. (1972) *The Market in a Socialist Economy*, London: Routledge.
Bryson, L. (1992) *Welfare and the State*, London: Macmillan.
Buchanan, A. (1985) *Ethics, Efficiency and the Market*, Oxford: Clarendon.
Buchanan, J. M. (1986) *Liberty, Market and the State*, Hemel Hempstead: Harvester Wheatsheaf.
Cahill, M. (1991) 'The Greening of Social Policy?', in Manning, N. (ed.) *Social Policy Review 1990–91*, Harlow: Longman.
Cahill, M. (1994) *The New Social Policy*, Oxford: Basil Blackwell.
Cahill, M. (1995) 'Robertson', in George, V. and Page, R. (eds) *Modern Thinkers on Welfare*, Hemel Hempstead: Prentice Hall/Harvester Wheatsheaf.
Callan, T. and Sutherland, H. (1997) 'Income Supports in Ireland and the UK', in Callan, T. (ed.) *Income Support and Work Incentives*, Dublin: ESRI.

235

参考文献

Callender, C. (1996) 'Women and Employment', in Hallett, C. (ed.) *Women and Social Policy*, Hemel Hempstead: Harvester Wheatsheaf.
Campbell, T. D. (1983) *The Left and Rights*, London: Routledge & Kegan Paul.
Carens, J. (1987) 'The Virtues of Socialism', *Theory and Society*, vol. 15, pp. 679–87.
Carling, A. (1992) *Social Division*, London: Verso.
Carlson, J. (1997) *Is a Basic Income Women Friendly? Assessment of the Problems and Prospects Associated with Basic Income Schemes*, Social Policy Paper no. 1, University of Hertfordshire.
Cass, B. (1991) 'Expanding the Concept of Social Justice: Implications for Social Security', in Adler, M., Bell, C. and Sinfield, A. (eds) *The Sociology of Social Security*, Edinburgh: Edinburgh University Press.
Chase, M. (1988) *The People's Farm: English Radical Agrarianism, 1775–1840*, Oxford: Clarendon.
Christopher, A., Polanyi, G., Seldon, A. and Shenfield, B. (1970) *Poverty for Policy*, Norwich: IEA.
Clark, C. (1977) *Poverty Before Politics*, Norwich: IEA.
Clark, C. and Healey, J. (1997) *Pathways to a Basic Income*, Dublin: CORI.
Clark, C. and Kavanagh, C. (1996) 'Basic Income, Inequality and Unemployment', *Journal of Economic Issues*, vol. 30, no. 2, pp. 399–407.
Clasen, J. (ed.) (1998) *Social Insurance in Europe*, Bristol: Policy Press.
Cohen, G. A. (1985) 'Nozick on Appropriation', *New Left Review*, no. 150, pp. 89–105.
Cohen, G. A. (1986) 'Self-Ownership, World Ownership and Equality, Part 2', *Social Philosophy and Policy*, no. 3, pp. 77–96.
Cohen, G. A. (1997) 'Back to Socialist Basics', in Franklin, J. (ed.) *Equality*, London: IPPR.
Cole, G. D. H. (1920) *Guild Socialism Re-Stated*, London: Leonard Parsons. *10
Commission on Social Justice, (1994) *Social Justice: Strategies for National Renewal*, London: Vintage.
Creedy, J. and Disney, R. (1985) *Social Insurance in Transition*, London: Clarendon.
Crosland, A. (1956) *The Future of Socialism*, London: Jonathan Cape. *11
Cuvillier, R. (1993) 'Equality of Treatment for Housewives in the Tax and Benefit System: A Proposal', *Journal of Social Policy*, vol. 22, no. 4, pp. 439–60.
Dahrendorf, R. (1994) 'A Citizen's Income Would Cut Red Tape', *Financial Times*, 14 January.
Dahrendorf, R. (1995) *Report on Wealth Creation and Social Cohesion in a Free Society*, London.
Daly, H. and Cobb, J. (1990) *For the Common Good*. London: Green Print.
Daly, M. (1997) 'Cash benefits in European Welfare States', *Journal of European Social Policy*, vol. 7, no. 2, pp. 129–46.
Dauncey, G. (1988) *After the Crash*, London: Green Print.
de Jager, N., Graafland, J. and Gelauff, G. (1996) 'A Negative Income Tax in a Mini-Welfare State', *Journal of Policy Modeling*, vol. 18, no. 2, pp. 223–31.
de Jasay, A. (1990) *Market Socialism*, London: IEA.
Deacon, A. and Bradshaw, J. (1983) *Reserved for the Poor: The Means-Test in British Social Policy*, Oxford: Blackwell.

Dean, H. (1991) *Social Security and Social Control*, London: Routledge.
Dean, H. (1995) 'Offe', in George, V. and Page, R. (eds) *Modern Thinkers on Welfare*, Hemel Hempstead: Prentice Hall/Harvester Wheatsheaf.
Dean, H. (1996) *Welfare, Law and Citizenship*, Hemel Hempstead: Prentice Hall/Harvester Wheatsheaf.
Delsen, L. (1997) 'A New Concept of Full Employment', *Economic and Industrial Democracy*, vol. 18, pp. 119–35.
Devine, P. (1988) *Democracy and Economic Planning*, Cambridge: Polity Press.
DHSS (Department of Health and Social Security) (1969) *Superannuation and Social Insurance*, London: HMSO.
DHSS (Department of Health and Social Security) (1985) *Reform of Social Security*, London: HMSO.
Dickinson, H. D. (1939) *Economics of Socialism*, Oxford: Oxford University Press.
Dietz, M. (1985) 'Citizenship with a Feminist Face: the Problem with Maternal Thinking', *Political Theory*, vol. 13, no. 1, pp. 19–37.
Dobell, R. (1996) 'The Dance of the Deficit and the Real World of Wealth', *Family Security in Insecure Times*, Ottawa: National Forum on Family Security.
Dobson, A. (1995) *Green Political Thought: An Introduction*, 2nd edn, London: Routledge. *12
Dobson, R. (1993) *Bringing the Economy Home from the Market*, Oxford: Jon Carpenter.
Dore, R. (1996) 'A Feasible Jerusalem?', *The Political Quarterly*, vol. 67, no. 1, pp. 58–63.
Douglas, C. H. (1974) *Economic Democracy*, Sudbury: Bloomfield. *13
Doyal, L. and Gough, I. (1991) *A Theory of Human Need*, London: Macmillan.
DSS (Department of Social Security) (1995) *Social Security Statistics 1995*, London: HMSO.
Duncan, A. and Hobson, D. (1995) *Saturn's Children*, London: Sinclair-Stevenson.
Dworkin, R. (1981) 'What Is Equality? Part 1: Equality of Welfare', *Philosophy and Public Affairs*, vol. 10, no. 3, pp. 185–246.
Ehrlich, P. and Ehrlich, P. (1990) *The Population Explosion*, New York: Simon & Schuster. *14
Ekins, P. (ed.) (1986) *The Living Economy*, London: Routledge. *15
Elshtain, J. (1981) *Public Man, Private Women*, Princeton, NJ: Princeton University Press.
Elson, D. (1988) 'Market Socialism or Socialization of the Market', *New Left Review*, no. 172, pp. 3–44.
Elster, J. (1987) 'Comment on Van Der Veen and Van Parijs', *Theory and Society*, vol. 15, pp. 709–21.
Elster, J. (1989) 'From Here to There, or: If Co-operative Ownership is Desirable, Why are There so Few Co-operatives?', *Social Philosophy and Policy*, vol. 6, no. 2, pp. 93–111.
Erreygers, G. and Van Trier, W. (1996) 'The Origins of Basic Income: From Cole Back to Mill and Fourier', *Basic Income European Network Newsletter no. 25*, December.

Esam, P. and Berthoud, R. (1991) *Independent Benefits for Men and Women*, London: PSI.

Esping-Andersen, G. (1985) *Politics Against Markets*, Princeton, NJ: Princeton University Press.

Esping-Andersen, G. (1990) *The Three Worlds of Welfare Capitalism*, Cambridge: Polity Press. *16

Ferris, J. (1991) 'Green Politics and the Future of Welfare', in Manning, N. (ed.) *Social Policy Review 1990–91*, Harlow: Longman.

Ferris, J. (1993) 'Ecological Versus Social Rationality: Can there be Green Social Policies?', in Dobson, A. and Lucardie, P. (eds) *The Politics of Nature: Explorations in Green Political Theory*, London: Routledge.

Field, F. (1995) *Making Welfare Work*, London: Institute of Community Studies.

Fitzgerald, G. (1997) 'Basic Income System has Merit for Ireland', *Citizen's Income Bulletin*, no. 24, pp. 4–5.

itzpatrick, T. (1996) 'Postmodernism, Welfare and Radical Politics', *Journal of Social Policy*, vol. 25, no. 3, pp. 303–20.

Fitzpatrick, T. (1998a) 'The Implications of Ecological Thought for Social Welfare', *Critical Social Policy*, vol. 18, no. 1, pp. 5–26.

Fitzpatrick, T. (1998b) 'The Rise of Market Collectivism', in Brunsdon, E., Dean, H. and Woods, R. (eds) *Social Policy Review 10*, London: SPA.

Fitzpatrick, T. (1998c) 'Democratic Socialism and Social Democracy', in Lent, A. (ed.) *New Political Thought: An Introduction*, London: Lawrence & Wishart.

Fitzpatrick, T. (1998d) 'New Welfare Associations: An Alternative Model of Well-Being', in Jordan, T. and Lent, A. (eds) *Storming the Millennium: A New Politics of Change*, London: Lawrence & Wishart.

Fitzpatrick, T. (1999) 'Cash Transfers', in Manning, N. and Baldock, J. (eds) *Social Policy: A Textbook*, Oxford: Oxford University Press.

Flax, J. (1992) 'Beyond Equality: Gender, Justice and Difference', in Bock, G. and James, S. (eds) *Beyond Equality and Difference*, London: Routledge.

Flo, G. (1996) *Tom Paine was Right! Basic Income Must Come from Ground Rent*, paper presented to the Sixth International Congress of the Basic Income European Network, Vienna International Centre, Vienna, 12–14 September, 1996.

Foot, M. and Kramnick, I. (eds) (1987) *The Thomas Paine Reader*, Harmondsworth: Penguin.

Foucault, M. (1975) *Discipline and Punish*, New York: Vintage Books.

Frankel, B. (1987) *The Post-Industrial Utopians*, Cambridge: Polity Press.

Fraser, D. (1984) *The Evolution of the British Welfare State*, 2nd edn, London: Macmillan.

Fraser, E. and Lacey, N. (1993) *The Politics of Community*, Hemel Hempstead: Harvester Wheatsheaf.

Fraser, N. (1989) *Unruly Practices*, London: Routledge.

Fraser, N. (1997) *Justice Interruptus*, Cambridge: Polity Press. *17

Freeden, M. (1996) *Ideologies and Political Theory*, Oxford: Clarendon Press.

Friedman, M. (1962) *Capitalism and Freedom*, Chicago: University of Chicago Press. *18

参考文献

Friedman, M. and Friedman, R. (1980) *Free to Choose*, Harmondsworth: Penguin. *19
Galbraith, J. (1962) *The Affluent Society*, Harmondsworth: Penguin. *20
Garfinkel, I. (ed.) (1982) *Income-Tested Transfer Programmes*, New York: Academic Press.
George, V. (1973) *Social Security and Society*, London: Routledge and Kegan Paul.
George, V. and Wilding, P. (1976) *Ideology and Social Welfare*, London: Routledge and Kegan Paul. *21
George, V. and Wilding, P. (1994) *Welfare and Ideology*, Hemel Hempstead: Harvester Wheatsheaf.
Giddens, A. (1994) *Beyond Left and Right*, Cambridge: Polity Press. *22
Gilain, B. (1996) *L'allocation universelle à 8000 francs: entre nécessité et utopie*, IRES Working Paper no. 189, Université Catholique de Louvain, Département des sciences économiques.
Gilder, G. (1981) *Wealth and Poverty*, New York: Basic Books. *23
Gilligan, C. (1982) *In a Different Voice*, Cambridge, Mass.: Harvard University Press. *24
Gilligan, C. (1986) 'Remapping the Moral Domain', in Heller, T., Sosner, M. and Wellbury, D. (eds) *Reconstructing Individualism*, Stanford, Calif. Stanford University Press.
Gilmour, I. (1978) *Inside Right*, London: Quartet.
Ginn, J. (1996) 'Citizens' Pensions and Women', *Citizen's Income Bulletin*, no. 21, pp. 10–12.
Ginsburg, N. (1979) *Class, Capital and Social Policy*, London: Macmillan.
Ginsburg, N. (1992) *Divisions of Welfare*, London: Sage.
Glennerster, H. (1995) *British Social Policy Since 1945*, Oxford: Blackwell.
Goodin, R. E. (1992) 'Towards a Minimally Presumptuous Social Welfare Policy', in Van Parijs, P. (ed.) *Arguing for Basic Income*, London: Verso.
Gorz, A. (1975) *Ecology as Politics*, London: Pluto. *24a
Gorz, A. (1982) *Farewell to the Working Class*, London: Pluto.
Gorz, A. (1985) *Paths to Paradise*, London: Pluto.
Gorz, A. (1989) *Critique of Economic Reason*, London: Verso.
Gorz, A. (1992) 'On the Difference Between Society and Community, and Why Basic Income Cannot by Itself Confer Full Membership of Either', in Van Parijs, P. (ed.) *Arguing for Basic Income*, London: Verso.
Gorz, A. (1994) *Capitalism, Socialism and Ecology*, London: Verso.*24b
Gorz, A. (1997) *Misères du Présent, Richesse du Possible*, Paris: Galilée.
Gough, I. (1996) 'Justifying a Basic Income?', *Imprints: a Journal of Analytical Socialism*, vol. 1, no. 1, pp. 72–88.
Gough, I., Bradshaw, J., Ditch, J., Eardley, T. and Whiteford, P. (1997) 'Social Assistance in OECD Countries', *Journal of European Social Policy*, vol. 7, no. 1, pp. 17–43.
Gray, J. (1992) *The Moral Foundations of Market Institutions*, London: IEA.
Gray, J. (1997) *Endgames: Questions in Late Modern Political Thought*, Cambridge: Polity Press.
Green, C. (1967) *Negative Taxes and the Poverty Problem*, Washington, DC: Brookings Institute.
Green, D. (1993) *Reinventing Civil Society*, London: IEA.

参考文献

Green, D. (1996) *Community Without Politics*, London: IEA.
Groot, L. and de Beer, P. (1998) 'Netherlands: CI Pilot in Dordrecht?', *Citizen's Income Bulletin*, no. 25, p. 16.
Gundersen, A. (1995) *The Environmental Promise of Democratic Deliberation*, Madison: University of Wisconsin Press.
Habermas, J. (1975) *Legitimation Crisis*, London: Hutchison. *25
Hadley, R. and Hatch, S. (1981) *Social Welfare and the Failure of the State*, London: George Allen & Unwin.
Hall, S. and Held, D. (1989) 'Left and Rights', *Marxism Today*, June, pp. 16–23.
Hallett, C. (ed.) (1996) *Women and Social Policy*, Hemel Hempstead: Harvester Wheatsheaf.
Halsey, A. H. (1997) 'Poverty and Wickedness', *Prospect*, April.
Harrington, M. (1984) *The New American Poverty*, Harmondsworth: Penguin.
Harris, J. (1997) *William Beveridge: A Biography*, 2nd edn, Oxford: Oxford University Press. *26
Haslett, D. H. (1994) *Capitalism with Morality*, Oxford: Oxford University Press.
Haveman, R. (1988) *Starting Even*, New York: Simon & Schuster.
Haveman, R. (1996) 'Reducing Poverty while Increasing Employment: A Primer on Alternative Strategies and a Blueprint', *OECD Economic Studies*, no. 26, pp. 7–42.
Hayek, F. A. (1944) *The Road to Serfdom*, London: Routledge & Kegan Paul. *27
Hayek, F. A. (1960) *The Constitution of Liberty*, London: Routledge & Kegan Paul. *28
Hayek, F. A. (1973) *Law, Legislation and Liberty*, vol. 1, London: Routledge. *29
Hayek, F. A. (1976) *Law, Legislation and Liberty*, vol. 2, London: Routledge. *30
Hayek, F. A. (1979) *Law, Legislation and Liberty*, vol. 3, London: Routledge. *31
Heelas, P. (1991) 'Reforming the Self: Enterprise and the Characters of Thatcherism', in Keat, R. and Abercrombie, N. (eds) *Enterprise Culture*, London: Routledge.
Heidenheimer, A., Heclo, H. and Adams, C. (1976) *Comparative Public Policy*, London: Macmillan.
Held, D. (1989) *Political Theory and the Modern State*, Cambridge: Polity Press.
Hewitt, P. (1996) 'Social Justice in a Global Economy?', in Bulmer, M. and Rees, A. (eds) *Citizenship Today: the Contemporary Relevance of T. H. Marshall*, London: UCL Press.
Hill, M. (1990) *Social Security Policy in Britain*, Aldershot: Edward Elgar.
Hills, J. (1988) *Changing Tax*, London: CPAG.
Hills, J. (1995) *Joseph Rowntree Inquiry into Income and Wealth*, vol. 2, York: Joseph Rowntree.
Hills, J. (1998) 'Housing: A Decent Home Within the Reach of Every Family?', in Glennerster, H. and Hills, J. (eds) *The State of Welfare: The Economics of Social Spending*, 2nd edn, Oxford: Oxford University Press.
Hills, J. with Karen Gardiner and the LSE Welfare Programme (1997) *The Future of Welfare: A Guide to the Debate*, revised edn, York: Joseph Rowntree.
Hirsch, F. (1976) *The Social Limits to Growth*, Cambridge, Mass.: Harvard University Press. *32

参考文献

Hirst, P. (1986) *Law, Socialism and Democracy*, London: Allen & Unwin.
Hoogendijk, W. (1991) *The Economic Revolution*, London: Merlin Press.
Hooper, C. A. (1996) 'Men's Violence and Relationship Breakdown: Can Violence be Dealt with as an Exception to the Rule?', in Hallett, C. (ed.) *Women and Social Policy*, Hemel Hempstead: Harvester Wheatsheaf.
Horvat, B. (1982) *The Political Economy of Socialism*, Armonk, NY: M. E. Sharpe.
Howson, S. (ed.) (1988) *The Collected Papers of James Meade*, London: Unwin Hyman.
Hülsberg, W. (1985) 'The Greens at the Crossroads', *New Left Review*, no. 152, pp. 5–29.
Hum, D. (1997) 'Canada: Backdoor Negative Income Tax', *Citizen's Income Bulletin*, no. 23, pp. 15–17.
Hum, D. and Simpson, W. (1992) 'Demogrant Transfers in Canada and the Basic Income Standard', *Basic Income Research Group Bulletin*, no. 15, pp. 9–11.
Irvine, S. and Ponton, A. (1988) *A Green Manifesto*, London: Macdonald Optima.
Jackson, T. and Marks, N. (1994) *Index of Sustainable Economic Welfare*, Stockholm: Stockholm Environment Institute in cooperation with the New Economics Foundation.
Jessop, B. (1994) 'The Transition to Post-Fordism and the Schumpeterian Workfare State', in Burrows, R. and Loader, B. (eds) *Towards a Post-Fordist Welfare State*, London: Routledge.
Johnson, W. (1973) 'The Guaranteed Income as an Environmental Measure', in Daly, H. (ed.) *Toward a Steady-State Economy*, San Francisco: W. H. Freeman.
Jordan, B. (1984) 'The Social Wage: A Right for All', *New Society*, April, pp. 143–4.
Jordan, B. (1985) *The State: Authority and Autonomy*, Oxford: Blackwell.
Jordan, B. (1987) *Rethinking Welfare*, Oxford: Blackwell.
Jordan, B. (1989) *The Common Good*, Oxford: Blackwell.
Jordan, B. (1992) 'Basic Income and the Common Good', in Van Parijs, P. (ed.) *Arguing for Basic Income*, London: Verso.
Joseph, K. and Sumption, K. (1979) *Equality*, London: John Murray.
Justice Commission (1997) *Planning for Progress*, Dublin: CORI.
Keane, J. (1988) *Democracy and Civil Society*, London: Verso.
Keane, J. (1995) *Thomas Paine; A Political Life*, London: Bloomsbury.
Kemball-Cook, D., Baker, M. and Mattingly, C. (1991) *The Green Budget*, London: Green Print.
Kemp, P. and Wall, D. (1990) *A Green Manifesto for the 1990s*, Harmondsworth: Penguin.
Kesenne, S. (1993) 'The Unemployment Impact of a Basic Income', *Studiecentrum voor Economisch en Sociaal Onderzoek*, Report 93/286, University of Antwerp.
Keynes, J. M. (1927) *The End of Laissez Faire*, reprinted in *Essays in Persuasion* (1931), London: Macmillan.
Keynes, J. M. (1954) *The General Theory of Employment, Interest and Money*, London: Macmillan. *33

参考文献

Kincaid, J. (1973) *Poverty and Equality in Britain*, Harmondsworth: Penguin. *34
King, D. S. (1987) *The New Right*, London: Macmillan.
Klein, R. (1993) 'O'Goffe's Tale', in Jones, C. (ed.) *New Perspectives on the Welfare State in Europe*, London: Routledge.
Kliemt, H. (1993) 'On Justifying a Minimum Welfare State', *Constitutional Political Economy*, vol. 4, no. 2, pp. 159–72.
Kornai, J. (1992) *The Socialist System*, Princeton, NJ: Princeton University Press.
Korpi, W. (1983) *The Democratic Class Struggle*, London: Routledge & Kegan Paul.
Lambert, J. (1997) *No Change? No Chance!*, London: Jon Carpenter.
Lambsdorff, O. (1996) 'Hätten wir doch eine Job Creation Machine, Eine Alternative: Bürgergeld', *Frankfurther Allegemaine Zeitung 28*, p. 14.
Lang, P. (1994) *LETS Work: Rebuilding the Local Economy*, Bristol: Grover Books.
Lange, O. and Taylor, F. M. (1938) *On the Economic Theory of Socialism*, Minneapolis: University of Minnesota Press. *35
Lash, S. and Urry, J. (1987) *The End of Organised Capitalism*, Cambridge: Polity Press.
Lawler, J. (1998a) 'Criticism of Ollman', in Ollman, B. (ed.) *Market Socialism: The Debate Among Socialists*, London: Routledge.
Lawler, J. (1998b) 'Response to Ollman', in Ollman, B. (ed.) *Market Socialism: The Debate Among Socialists*, London: Routledge.
Lees, D. (1967) 'Poor Families and Fiscal Reform', *Lloyds Bank Review*, no. 86, pp. 1–15.
Le Grand, J. (1982) *The Strategy of Equality*, London: Allen & Unwin.
Le Grand, J. (1997) 'Knights, Knaves or Pawns? Human Behaviour and Social Policy', *Journal of Social Policy*, vol. 26, no. 2, pp. 149–69.
Le Grand, J. and Estrin, S. (eds) (1989) *Market Socialism*, Oxford: Clarendon.
Lerner, S. (1994) 'The Future of Work in North America: Good Jobs, Bad Jobs, Beyond Jobs', *Futures*, vol. 26, no. 2, pp. 185–96.
Lewis, J. (1992) 'Gender and the Development of Welfare Regimes', *Journal of European Social Policy*, vol. 2, no. 2, pp. 159–74.
Lewis, J. and Ostner, I. (1994) *Gender and the Evolution of European Social Policies*, Working Paper 4/94, Centre for Social Policy Research, Bremen University.
Lipietz, A. (1992) *Towards a New Economic Order*, Cambridge: Polity Press.
Lister, R. (1975) *Social Security*, London: CPAG.
Lister, R. (1989) 'Social Security', in McCarthy, M. (ed.) *The New Politics of Welfare*, London: Macmillan.
Lister, R. (1990a) *The Exclusive Society*, London: CPAG.
Lister, R. (1990b) 'Women, Economic Dependency and Citizenship', *Journal of Social Policy*, vol. 19, no. 4, pp. 445–67.
Lister, R. (1992) *Women's Economic Dependency and Social Security*, Manchester: Equal Opportunities Commission.
Lister, R. (1994) '"She has other duties" – Women, Citizenship and Social Security', in Baldwin, S. and Falkingham, J. (eds) *Social Security and Social Change*, Hemel Hempstead: Harvester Wheatsheaf.
Lister, R. (1996) 'Citizenship Engendered', in Taylor, D. (ed.) *Critical Social Policy*, London: Sage.

参考文献

Lister, R. (1997) *Citizenship: Feminist Perspectives*, London: Macmillan.
Lister, R. (1998) 'New Labour, Old Times?', *Citizen's Income Research Group Bulletin*, no. 25, pp. 2–4.
Little, A. (1996) *The Political Thought of André Gorz*, London: Routledge.
Little, A. (1997) 'Flexible Working and Socialist Theories of Welfare', *Imprints: a Journal of Analytical Socialism*, vol. 1, no. 3, pp. 37–56.
Lyotard, J.-F. (1984) *The Postmodern Condition: A Report on Knowledge*, Manchester: Manchester University Press. * 36
McKay, A. and VanEvery, J. (1995) *Thoughts on a Feminist Argument for Basic Income*, Department. of Economics, Discussion Series no. 27, Glasgow Caledonian University.
Macmillan, H. (1938) *The Middle Way*, London: Macmillan.
Macpherson, C. B. (1962) *Democracy in Alberta*, 2nd edn, Toronto: University of Toronto Press.
Mandel, E. (1986) 'In Defence of Socialist Planning', *New Left Review*, no. 159, pp. 5–37.
Manza, J. (1992) 'Postindustrial Capitalism, the State, and the Prospects for Economic Democracy', *Journal of Political and Military Sociology*, vol. 20, no. 2, pp. 209–41.
Marshall, T. H. (1981) *The Right to Welfare*, London: Heinemann. * 37
Marshall, T. H. and Bottomore, T. (1992) *Citizenship and Social Class*, London: Pluto. * 38
Martell, L. (1994) *Ecology and Society: An Introduction*, Cambridge: Polity Press.
Marx, K. (1975) *Early Writings*, ed. L. Colletti, Harmondsworth: Penguin.
Mayer, T. (1994) *Analytical Marxism*, London: Sage.
Mead, L. (1986) *Beyond Entitlement*, New York: Free Press.
Meade, J. (1948) *Planning and the Price Mechanism*, London: George Allen & Unwin. * 39
Meade, J. (1972) 'Poverty in the Welfare State', *Oxford Economic Papers*, vol. 24, no. 3, pp. 289–326.
Meade, J. (1984) 'Full Employment, New Technologies and the Distribution of Income', *Journal of Social Policy*, vol. 13, no. 2, pp. 129–46.
Meade J. (1989) *Agathotopia: The Economics of Partnership*, David Hume Institute, Aberdeen: Aberdeen University Press.
Meade, J. (1990) 'Topsy-Turvy Nationalisation', *Basic Income Research Group Bulletin*, no. 10, pp. 3–4.
Meade, J. (1993) *Liberty, Equality and Efficiency*, London: Macmillan.
Meade, J. (1995) *Full Employment Regained?*, Cambridge: Cambridge University Press.
Meade Committee (1978) *The Structure and Reform of Direct Taxation*, London: George Allen & Unwin.
Meadows, D. H., Meadows, D. L. and Randers, J. (1992) *Beyond the Limits: Global Collapse or a Sustainable Future*, London: Earthscan. * 40
Meinhardt, V., Teichmann, D. and Wagner, G. (1994) 'Negative Income Tax: Not a Panacea', *Economic Bulletin 31*, pp. 35–40.
Mellor, M. (1992) *Breaking the Boundaries*, London: Virago. * 41
Mendus, S. (1989) *Toleration and the Limits of Liberalism*, London: Macmillan. * 42

参考文献

Miliband, R. (1994) *Socialism for a Sceptical Age*, Cambridge: Polity Press.
Mill, J. S. (1987) *Principles of Political Economy*, New York: Augustus Kelley. *43
Millar, J. (1989) 'Social Security, Equality and Women in the UK', *Policy and Politics*, vol. 17, no. 4, pp. 311–19.
Millar, J. (1996) 'Women, Poverty and Social Security', in Hallett, C. (ed.) *Women and Social Policy*, Hemel Hempstead: Prentice Hall/Harvester Wheatsheaf.
Miller, A. (1983) *In Praise of Social Dividends*, Edinburgh: Department of Economics, Heriot-Watt University.
Miller, A. (1986) 'Basic Incomes and Women', in Miller, A. (ed.) *Proceedings of the First International Conference on Basic Income*, Louvain: BIEN.
Miller, D. (1976) *Social Justice*, Oxford: Oxford University Press.
Miller, D. (1989) *Market, State and Community: Theoretical Foundations of Market Socialism*, Oxford: Clarendon.
Minford, P. (1987) 'The Role of the Social Services: a View from the New Right', in Loney, M., Bocock, R., Clarke, J., Cochrane, A., Graham, P. and Wilson, M. (eds) *The State or the Market*, London: Sage.
Mishra, R. (1977) *Society and Social Policy*, London: Macmillan.
Mishra, R. (1984) *The Welfare State in Crisis*, Brighton: Wheatsheaf.
Mitschke, J. (1995) 'Bürgergeld', in *Volkswirtschaftliche Korrespondenz der Adolf-Weber-Stiftung*.
Morgan, P. (1995) *Farewell to the Family?*, London: IEA.
Morgan, P. (1996) *Are Families Affordable?*, London: Centre for Policy Studies.
Mouffe, C. (1993) *The Return of the Political*, London: Verso. *44
Moynihan, D. (1973) *The Politics of a Guaranteed Minimum*, New York: Random House.
Munnell, A. H. (ed.) (1989) *Lessons from the Income Maintenance Experiments*, Washington, DC: Federal Reserve Bank of Boston and Brookings Institution.
Murray, C. (1984) *Losing Ground*, New York: Basic Books.
Murray, C. (1990) *The Emerging British Underclass*, London: IEA.
Myles, J. (1996) 'When Markets Fail: Social Welfare in Canada and the United States', in Esping-Andersen, G. (ed.) *Welfare States in Transition*, London: Sage. *45
Naylor, K. (1994) 'Part-time Working in Britain – An Historical Analysis', *Employment Gazette 102*, pp. 472–85.
Needham, R. (1996) *The Contributions of Free Time to the Fulfilment of Human Needs*, paper given to the Sixth International Conference of the Basic Income European Network, Vienna International Centre, Vienna, 12–14 September.
Neuberg, L. (1995) *What Defeated a Negative Income Tax? Constructing a Causal Explanation of a Controversial Historical Event*, New York University: Robert F. Wagner Graduate School of Public Service.
Newby, H. (1996) 'Citizenship in a Green World', in Bulmer, M. and Rees, A. (eds) *Citizenship Today: the Contemporary Relevance of T. H. Marshall*, London: UCL Press.
Nissen, S. (1992) 'The Jobs Dilemma: Ecological Versus Economic Issues', *Basic Income Research Group Bulletin*, no. 14, pp. 9–11.

参考文献

Novak, M. (1990) *Morality, Capitalism and Democracy*, London: IEA.
Nove, A. (1991) *The Economics of Feasible Socialism Revisited*, 2nd edn, London: Allen & Unwin.
Nozick, R (1974) *Anarchy, State & Utopia*, Oxford: Blackwell. *46
O'Brien, P. and Olson, D. (1991) 'The Alaska Permanent Fund and Dividend Distribution Programme', *Basic Income Research Group Bulletin*, no. 12, pp. 3–6.
O'Connor, J. (1973) *The Fiscal Crisis of the State*, New York: St. Martin's Press. *47
Offe, C. (1984) *Contradictions of the Welfare State*, London: Hutchison.
Offe, C. (1985) *Disorganised Capitalism*, Cambridge: Polity Press.
Offe, C. (1992) 'A Non-Productivist Design for Social Policies', in Van Parijs, P. (ed.) *Arguing for Basic Income*, London: Verso.
Offe, C. (1993) 'A Non-Productivist Design for Social Policies', in Coenan, H. and Leisnik, P. (eds) *Work and Citizenship in the New Europe*, Aldershot: Edward Elgar.
Offe, C. (1996a) 'Full Employment: Asking the Wrong Question?', in Eriksen, E. O. and Loftager, J. (eds) *The Rationality of the Welfare State*, Oslo: Scandinavian University Press.
Offe, C. (1996b) *Modernity and the State: East, West*, Cambridge: Polity Press.
Offe, C. and Heinze, R. (1992) *Beyond Employment*, Cambridge: Polity Press.
Offe, C., Mückenberger, U. and Ostner, I. (1996) 'A Basic Income Guranateed by the State: A Need of the Moment in Social Policy', in Offe, C. (1996b) *Modernity and the State: East, West*, Cambridge: Polity Press.
Ogus, A. (1982) 'Great Britain', in Kohler, P., Zacher, H. and Partington, M. (eds) *The Evolution of Social Insurance*, London and New York: Frances Pinter.
Okin, S. M. (1979) *Women in Western Political Thought*, Princeton, NJ: Princeton University Press.
Oliver, D. and Heater, D. (1994) *The Foundations of Ctizenship*, Hemel Hempstead: Harvester Wheatsheaf.
Ollman, B. (1998) 'Market Mystification in Capitalist and Market Socialist Societies', in Ollman, B. (ed.) *Market Socialism: The Debate Among Socialists*, London: Routledge.
Olson, D. and O'Brien, P. (1990) 'The Great Alaskan Money Give Away Program', *Economic Inquiry*, vol. 27, pp. 604–15.
O'Neill, J. (1993) *Ecology, Policy and Politics*, London: Routledge.
Oppenheim, C. and Harker, L. (1996) *Poverty: the Facts*, 3rd edn, London: CPAG.
Orloff, A. (1993) 'Gender and the Social Rights of Citizenship: the Comparative Analysis of Gender Relations and the Welfare States', *American Sociological Review*, vol. 58, pp. 303–28.
Pahl, J. (1986) 'Social Security, Taxation and Family Financial Arragements', *Basic Income Research Group Bulletin*, no. 5, pp. 2–4.
Pahl, J. (1989) *Money and Marriage*, London: Macmillan. *48
Paine, T. (1969) *Rights of Man*, Harmondsworth: Penguin. *49
Parker, H. (1982) *The Moral Hazard of Social Benefits*, Research Monograph no. 37, London: IEA.
Parker, H. (1989) *Instead of the Dole*, London: Routledge.

参考文献

Parker, H. (1991a) 'Terminology', *Basic Income Research Group Bulletin*, no. 12, pp. 6–9.
Parker, H. (ed.) (1991b) *Basic Income and the Labour Market*, London: BIRG.
Parker, H. (ed.) (1993) *Citizen's Income and Women*, London: CISC.
Parker, H. (1995) *Taxes, Benefits and Family Life: The Seven Deadly Traps*, London: IEA.
Pascall, G. (1993) 'Citizenship – A Feminist Analysis', in Drover, G. and Kerans, P. (eds) *New Approaches to Welfare Theory*, Aldershot: Edward Elgar.
Pascall, G. (1997) *Social Policy: A New Feminist Analysis*, London: Routledge.
Pateman, C. (1987) *The Sexual Contract*, Cambridge: Polity Press.
Pateman, C. (1989) *The Disorder of Women*, Cambridge: Polity Press.
Pateman, C. (1992) 'Equality, Difference, Subordination: the Politics of Motherhood and Women's Citizenship', in Bock, G. and James, S. (eds) *Beyond Equality and Difference*, London: Routledge.
Pearce, D., Markandya, A. and Barbier, E. (1989) *Blueprint for a Green Economy*, London: Earthscan. *50
Pechman, J. A. (1989) *Tax Reform*, Washington, DC: Brookings Institute.
Pelzer, H. (1996) 'Bürgergeld – Vergleich zweier Modelle', *Zeitschrift für Sozialreform*, vol. 49, no. 9, pp. 595–613.
Phelps, E. S. (1997) *Rewarding Work*, Cambridge, Mass.: Harvard University Press.
Phillips, A. (1991) *Engendering Democracy*, Cambridge: Polity Press.
Phillips, A. (1992) 'Feminism, Equality and Difference', in McDowell, L. and Pringle, R. (eds) *Defining Women*, Cambridge: Polity Press.
Piachaud, D. (1997) 'The Growth of Means-Testing', in Walker, A. and Walker, C. (eds) *Britain Divided*, London: CPAG.
Pierson, C. (1991) *Beyond the Welfare State?*, Cambridge: Polity Press. *51
Pierson, C. (1995) *Socialism After Communism: The New Market Socialism*, Cambridge: Polity Press.
Pinker, R. (1979) *The Idea of Welfare*, London: Heinemann. *52
Pioch, R. (1996) 'Basic Income: Social Policy After Full Employment', in Erskine, A. (ed.) *Changing Europe*, Aldershot: Avebury.
Plant, R., Lesser, H. and Taylor-Gooby, P. (1980) *Political Philosophy and Social Welfare*, London: Routledge & Kegan Paul.
Polanyi, K. (1944) *The Great Transformation*, Boston, Mass.: Beacon Press. *53
Powell, M. (1995) 'The Strategy of Equality Revisited', *Journal of Social Policy*, vol. 24, no. 2, pp. 163–85.
Powell, R. (1989) 'Towards Ecological Security', *Social Alternatives*, vol. 9, no. 1, pp. 15–16.
Pressman, S. (1992) 'The $1000 question: A Tax Credit to End Child Poverty?', *Challenge*, January–February, pp. 49–52.
Przeworski, A. (1987) 'The Feasibility of Universal Grants under Democratic Capitalism', *Theory and Society*, vol. 15, pp. 695–707.
Purdy, D. (1988) *Social Policy and the Labour Market*, London: Macmillan.
Purdy, D. (1990) 'Incomes Policy, Citizenship and Basic Income', in Alcock, P. et al. (eds) *The Social Economy and the Democratic State*, London: Lawrence & Wishart.
Purdy, D. (1994) 'Citizenship, Basic Income and the State', *New Left Review*, no. 208, pp. 30–48.

参考文献

Rawls, J. (1972) *A Theory of Justice*, Oxford: Oxford University Press. *54
Rawls, J. (1988) 'The Priority of Right and Ideas of the Good', *Philosophy and Public Affairs*, vol. 17, pp. 251–76.
Rees, A. and Watts, H. (1975) 'An Overview of the Labour Supply Results', in Pechman, J. A. and Timpane, P. M. (eds) *Work Incentives and Income Guarantees*, Washington, DC: Brookings Institute.
Report of the Expert Working Group on the Integraton of the Tax and Social Welfare Systems (1996) *Integrating Tax and Social Welfare*, Dublin: Pn2755.
Rhys-Williams, B. (1967) *The New Social Contract*, London: Conservative Political Centre.
Rhys-Williams, B. (1989) *Stepping Stones to Independence*, Aberdeen: Aberdeen University Press.
Rhys-Williams, J. (1943) *Something to Look Forward To*, London: Macdonald.
Rhys-Williams, J. (1953) *Taxation and Incentive*, London: William Hodge.
Rifkin, J. (1995) *The End of Work*, New York: G. P. Putnam's Sons. *55
Rimlinger, G. (1971) *Welfare Policy and Industrialization in Europe, America and Russia*, New York: John Wiley & Sons.
Roberts, K. (1995) *A Working Britain; A Design for A Market Economy*, 2nd edn, Hampshire: Michelmersh Press.
Robertson, J. (1974) *Profit or People?*, London: Calder & Boyars.
Robertson, J. (1983) *The Sane Alternative: A Choice of Futures*, 2nd edn, Shropshire: James Robertson.
Robertson, J. (1985) *Future Work*, London: Gower/Maurice Temple Smith. *56
Robertson, J. (1989) *Future Wealth: A New Economics for the Twenty-first Century*, London: Cassell.
Robertson, J. (1994) *Benefits and Taxes: A Radical Strategy*, London: New Economics Foundation.
Robertson, J. (1996) 'Towards a New Social Compact: Citizen's Income and Radical Tax Reform', *Political Quarterly*, vol. 67, no. 1, pp. 54–8.
Roche, M. (1992) *Rethinking Citizenship*, Cambridge: Polity Press.
Roebroek, J. and Hogenboom, E. (1990) 'Basic Income: Alternative Benefit or New Paradigm?', *Basic Income Research Group Bulletin*, no. 11, pp. 8–11.
Roemer, J. (1992) 'The Morality and Efficiency of Market Socialism', *Ethics*, vol. 102, pp. 448–64.
Roemer, J. (1994) *A Future for Socialism*, London: Verso. *57
Roemer, J. (1996) *Equal Shares: Making Market Socialism Work*, ed. E. O. Wright, London: Verso.
Roland, G. (1986) 'Why Socialism Needs Basic Income, Why Basic Income needs Socialism', in Miller, A. (ed.) *Proceedings of the First International Conference on Basic Income*, Antwerp: BIEN.
Rose, H. (1981), 'Re-reading Titmuss: the Sexual Division of Welfare', *Journal of Social Policy*, vol. 10, no. 4, pp. 477–502.
Sagoff, M. (1988) *The Economy of the Earth*, Cambridge: Cambridge University Press.
Sainsbury, D. (1994) *Gendering Welfare States*, London: Sage.
Sale, K. (1985) *Dwellers in the Land*, San Francisco: Sierra Club.
Schorr, A. (1966) 'Against a Negative Income Tax', *Public Interest*, no. 5, pp. 110–17.

参考文献

Schweickart, D. (1993) *Against Capitalism*, Cambridge: Cambridge University Press.
Schweickart, D. (1998) 'Criticism of Ticktin', in Ollman, B. (ed.) *Market Socialism: The Debate Among Socialists*, London: Routledge.
Seldon, A. (1990) *Capitalism*, Oxford: Blackwell.
Sherman, B. and Judkins, P. (1995) *Licensed to Work*, London: Cassell.
Singer, P. (1983) *Animal Liberation*, Wellingborough: Thorsons. *58
Social and Liberal Democrats (1989) *Common Benefit*, Federal Green Paper no. 11.
Spicker, P. (1993) *Poverty and Social Security: Concepts and Principles*, London: Routledge.
Squires, P. (1990) *Anti-Social Policy*, Hemel Hempstead: Harvester Wheatsheaf.
Standing, G. (1992) 'The Need for a New Social Consensus', in Van Parijs, P. (ed.) *Arguing for Basic Income*, London: Verso.
Steiner, H. (1994) *An Essay on Rights*, Oxford: Blackwell.
Stephens, J. (1979) *The Transition from Capitalism to Socialism*, London: Macmillan.
Steward, F. (1991) 'Citizens of Planet Earth', in Andrews, G. (ed.) *Citizenship*, London: Lawrence & Wishart.
Stigler, G. (1946) 'The Economics of Minimum Wage Legislation', *American Economic Review*, vol. 36, pp. 358–65.
Suplicy, E. and Buarque, C. (1996) *A Guaranteed Minimum Income to Eradicate Poverty and Help Poor Children go to School instead of being Forced to Work*, paper presented to the Sixth International Conference of the Basic Income European Network, Vienna International Centre, Vienna, 12–14 September.
Tawney, R. H. (1931) *Equality*, George Allen & Unwin. *59
Taylor-Gooby, P. (1991) *Social Change, Social Welfare and Social Science*, Hemel Hempstead: Harvester Wheatsheaf.
Taylor-Gooby, P. and Dale, J. (1981) *Social Theory and Social Welfare*, London: Arnold.
Theobald, R. (ed.) (1966) *The Guaranteed Income*, New York: Doubleday. *60
Ticktin, H. (1998) 'The Problem is Market Socialism', in Ollman, B. (ed.) *Market Socialism: The Debate Among Socialists*, London: Routledge.
Timmins, N. (1995) *The Five Giants*, London: Fontana.
Tindale, S. and Holtham, G. (1996) *Green Tax Reform*, London: IPPR.
Titmuss, R. (1958) *Essays on 'the Welfare State'*, 2nd edn, London: George Allen & Unwin. *61
Titmuss, R. (1968) *Commitment to Welfare*, London: Allen & Unwin. *62
Titmuss, R. (1974) *Social Policy: An Introduction*, London: Allen & Unwin. *63
Tobin, J. (1966) 'The Case for an Income Guarantee', *Public Interest*, no. 4, pp. 31–41.
Townsend, P. (1979) *Poverty in the UK*, Middlesex: Penguin.
Tronto, J. (1987) 'Beyond Gender Difference to a Theory of Care', *Signs*, vol. 12, no. 4, pp. 644–63.
Twine, F. (1994) *Citizenship and Social Rights*, London: Sage.
Van der Bellen, A. and Kitzmuller, E. (1996) 'Grundeinkommen: die Debatte', *Die neue Furche 37/12*, September.

参考文献

Van der Linden, B. (1997) *Basic Income and Unemployment in a Unionised Economy*, IRES Working Paper no. 9714, Université Catholique de Louvain, Département des sciences économiques.
Van der Ploeg, R. (1996a) Plenary address given to the Sixth International Conference of the Basic Income European Network, Vienna International Centre, Vienna, 12–14 September.
Van der Ploeg, R. (1996b) 'Against the Basic Instinct: Why Basic Income Proposals Will Not Do the Job', *New Economy*, vol. 3, no. 4.
Van der Veen, R. (1991) *Between Exploitation and Communism*, Groningen: Wolters-Noordhoff.
Van der Veen, R. (1996) *Basic Income in the Netherlands*, paper presented to the Sixth International Conference of the Basic Income European Network, Vienna International Centre, Vienna, 12–14 September.
Van der Veen, R. and Van Parijs, P. (1987a) 'A Capitalist Road to Communism', *Theory and Society*, vol. 15, pp. 635–55.
Van der Veen, R. and Van Parijs, P. (1987b) 'Universal Grants versus Socialism: Reply to Six Critics', *Theory and Society*, vol. 15, pp. 723–57.
Van Parijs, P. (1985) 'Marx, l'écolisme et la transition directe du capitalisme au communisme', in Chavance, B. (ed.) *Marx en Perspective*, Paris: Editions de l'Ecole des Hautes Etudes.
Van Parijs, P. (1991) 'Basic Income: A Green Strategy for the New Europe', in Parkin, S. (ed.) *Green Light on Europe*, London: Heretic Books.
Van Parijs, P. (ed.) (1992) *Arguing for Basic Income*, London: Verso.
Van Parijs, P. (1995) *Real Freedom for All: What (if anything) can Justify Capitalism?*, Oxford: Oxford University Press.
Van Parijs, P. (1997) 'Reciprocity and the Justification of an Unconditional Basic Income: Reply to Stuart White', *Political Studies*, no. 45, pp. 327–30.
Van Steenbergen, C. (ed.) (1994) *The Condition of Citizenship*, London: Sage.
Van Trier, W. (1995) *Every One a King*, Katholieke Universiteit Leuven: Departement Sociologie.
Vilrokx, J. (1993) 'Basic Income, Citizenship and Solidarity', in Coenan, H. and Leisnik, P. (eds) *Citizenship and Work in the New Europe*, Aldershot: Edward Elgar.
Vobruba, G. (1991) 'Futures of Work and Security', in Room, G. (ed.) *Towards a European Welfare State*, Bristol: SAUS.
Vogel, U. (1991) 'Is Citizenship Gender Specific?', in Vogel, U. and Moran, M. (eds) *The Frontiers of Citizenship*, London: Macmillan.
Vogler, C. (1994) 'Money in the Household', in Anderson, M., Beckhofer, F. and Gershuny, J. (eds) *The Social and the Political Economy of the Household*, Oxford: Oxford University Press.
Vogler, C. and Pahl, J. (1993) 'Social and Economic Change and the Organisation of Money within Marriage', *Work, Employment and Society*, vol. 7, no. 1, pp. 71–95.
Vogler, C. and Pahl, J. (1994) 'Money, Power and Inequality within Marriage', *Sociological Review*, vol. 42, no. 2, pp. 263–88.
Walby, S. (1997) *Gender Transformations*, London: Routledge.
Walker, C. (1993) *Managing Poverty*, London: Routledge.
Walter, T. (1989) *Basic Income: Freedom from Poverty, Freedom to Work*, London: Marion Boyers.

参考文献

Weale, A. (1991) 'Citizenship Beyond Borders', in Vogel, U. and Moran, M. (eds) *The Frontiers of Citizenship*, London: Macmillan.
Webb, S. (1991) 'Can a BI-Type Scheme be made Affordable?, *Basic Income Research Group Bulletin*, no. 12, pp. 17–18.
Weisenthal, H. (1993) *Realism in Green Politics: Social Movements and Ecological Reform in Germany*, Manchester: Manchester University Press.
West, R. (1980) 'The Effects (of NIT) on Young Nonheads (of families)', *Journal of Human Resources*, vol. 15, pp. 587–8.
White, S. (1996) *Reciprocity Arguments for Basic Income*, paper given to the Sixth International Conference of the Basic Income European Network, Vienna International Centre, Vienna, 12–14 September.
White, S. (1997a) 'What Do Egalitarians Want?', in Franklin, J. (ed.) *Equality*, London: IPPR.
White, S. (1997b) 'Liberal Equality, Exploitation and the Case for an Unconditional Basic Income', *Political Studies*, no. 45, pp. 312–26.
Whyte, W. F. and Whyte, K. K. (1988) *Making Mondragon*, Ithaca, NY: ILR Press. *[64]
Wilensky, H. and Lebeaux, C. (1965) *Industrial Society and Social Welfare*, New York: Free Press. *[65]
Willetts, D. (1992) *Modern Conservatism*, Harmondsworth: Penguin.
Williams, B. (1962) 'The Idea of Equality', in Laslett, P. and Runciman, W. G. (eds) *Philosophy, Politics and Society*, Oxford: Blackwell.
Williams, B. (1997) 'Forward to Basics', in Franklin, J. (ed.) *Equality*, London: IPPR.
Williams, C. (1996a) 'Informal Sector Responses to Unemployment: An Evaluation of the Potential of Local Exchange Trading Systems (LETS)', *Work, Employment and Society*, vol. 10, no. 2, pp. 341–59.
Williams, C. (1996b) 'Local Exchange and Trading Systems: a New Source of Work and Credit for the Poor and Unemployed?', *Environment and Planning*, vol. 28, pp. 1395–415.
Williams, F. (1989) *Social Policy: A Critical Introduction*, Cambridge: Polity Press.
Wollstonecraft, M. (1985) *Vindication of the Rights of Women*, Harmondsworth: Penguin.
Wright, E. O. (1987) 'Why Something Like Socialism Is Necessary for the Transition to Something Like Communism', *Theory and Society*, vol. 15, pp. 657–72.
WRR (1985) *Safeguarding Social Security*, The Hague.
Young, I. M. (1989) *Justice and the Politics of Difference*, Princeton, NJ: Princeton University Press.

参考文献のうち邦訳のあるもの

1 ルイ・アルチュセール著,河野健二,田村俶,西川長夫訳『マルクスのために』平凡社,1994.
2 A.B.アトキンソン著,田中寿,今岡健一郎共訳『イギリスにおける貧困と社会保障改革』光生館,1974.
3 A.B.アトキンソン著,佐藤隆三,高川清明訳『不平等の経済学』時潮社,1981.
4 A.B.アトキンソン著,丸谷史訳『アトキンソン教授の福祉国家論Ⅰ』晃洋書房,2001.
5 ロバート・ベーコン,ウォルター・エルティス著,中野正,公文俊平,堀元訳『英国病の経済学:あまりにも生産者が少なすぎる』学習研究社,1978.
6 ウルリヒ・ベック著,東廉,伊藤美登里訳『危険社会:新しい近代への道』法政大学出版局,1998.
7 ベラミー作;山本政喜訳『顧りみれば』岩波書店,1953.
8 イギリス社会保険および関連サービスに関する検討を行なうべき委員会編,山田雄三監訳『社会保険および関連サービス:ベヴァリジ報告』至誠堂,1969.
9 ウイリアム・H・ベヴァリッヂ著,井手生訳『自由社會における完全雇用』日本大學經濟科學研究所,(上)1951/(下)1953.
10 コール著,白川威海訳『ギルド社会主義の理論と政策』内外出版,1923.
11 C.A.R.クロスランド著,関嘉彦監訳『福祉国家の将来:現代英国の分析』1・2,論争社,1961.
12 A.ドブソン著,松野弘監訳『緑の政治思想:エコロジズムと社会変革の理論』ミネルヴァ書房,2001.
13 ダグラス著,清水乙男訳『エコノミック・デモクラシイ』春陽堂,1930.
14 ポール・エーリック,アン・エーリック著,水谷美穂訳『人口が爆発する!:環境・資源・経済の視点から』新曜社,1994.
15 ポール・エキンズ編著,石見尚,丸山茂樹,中村尚司,森田邦彦訳『生命系の経済学』御茶の水書房,1987.
16 G.エスピン-アンデルセン著,岡沢憲芙,宮本太郎監訳『福祉資本主義の三つの世界:比較福祉国家の理論と動態』ミネルヴァ書房,2001.
17 ナンシー・フレイザー著,仲正昌樹監訳『中断された正義:「ポスト社会主義的」条件をめぐる批判的省察』御茶の水書房,2003.

参考文献のうち邦訳のあるもの

18　ミルトン・フリードマン著，熊谷尚夫，西山千明，白井孝昌共訳『資本主義と自由』マグロウヒル好学社，1975.
19　ミルトン・フリードマン，ローズ・フリードマン著，西山千明訳『選択の自由：自立社会への挑戦』日本経済新聞社，1980.
20　ガルブレイス著，鈴木哲太郎訳『ゆたかな社会』岩波書店，1990.
21　ビク・ジョージ，ポール・ワイルディング著，美馬孝人，白沢久一訳『イデオロギーと社会福祉』勁草書房，1989.〔訳書は改訂版（1985）をもとにしている。〕
22　アンソニー・ギデンズ著，松尾精文，立松隆介訳『左派右派を超えて：ラディカルな政治の未来像』而立書房，2002.
23　ジョージ・ギルダー著，斎藤精一郎訳『富と貧困：供給重視の経済学』日本放送出版協会，1981.
24　キャロル・ギリガン著，岩男寿美子監訳『もうひとつの声：男女の道徳観のちがいと女性のアイデンティティ』川島書店，1986.
24a　アンドレ・ゴルツ著，高橋武智訳『エコロジスト宣言』緑風出版，1983.
24b　アンドレ・ゴルツ著，杉村裕史訳『資本主義・社会主義・エコロジー』新評論，1993.
25　J．ハバーマス著，細谷貞雄訳『晩期資本主義における正統化の諸問題』岩波書店，1979.
26　ジョゼ・ハリス著，柏野健三訳『福祉国家の父ベヴァリッジ：その生涯と社会福祉政策』（上），西日本法規出版，2003.
27　F．A．ハイエク著，西山千明訳『隷属への道』春秋社，1992.
28　F．A．ハイエク著，気賀健三，古賀勝次郎訳『自由と法』（ハイエク全集6　自由の条件2）春秋社，1987.
29　F．A．ハイエク著，矢島鈞次，水吉俊彦訳『ルールと秩序』（ハイエク全集8　法と立法と自由1）春秋社，1987.
30　F．A．ハイエク著，篠塚慎吾訳『社会正義の幻想』（ハイエク全集9　法と立法と自由2）春秋社，1987.
31　F．A．ハイエク著，渡部茂訳『自由人の政治的秩序』（ハイエク全集10　法と立法と自由3）春秋社，1988.
32　フレッド・ハーシュ著，都留重人監訳『成長の社会的限界』日本経済新聞社，1980.
33　J．M．ケインズ著，塩野谷祐一訳『雇用・利子および貨幣の一般理論』東洋経済新報社，1995.
34　J．C．キンケイド著，一圓光弥訳『イギリスにおける貧困と平等：社会保障と税制の研究』光生館，1987.
35　ランゲ，テーラー著，土屋清訳『計画経済理論：社会主義の経済理論』社会思想社，1951.
36　ジャン＝フランソワ・リオタール著，小林康夫訳『ポスト・モダンの条件：知・社会・

言語ゲーム』書肆風の薔薇, 1986.
37 T．H．マーシャル著, 岡田藤太郎訳『福祉国家・福祉社会の基礎理論：「福祉に対する権利」他論集』相川書房, 1989.
38 T．H．マーシャル, トム・ボットモア著, 岩崎信彦, 中村健吾訳『シティズンシップと社会的階級：近現代を総括するマニフェスト』法律文化社, 1993.
39 ジェー・イー・ミード著, 関嘉彦訳『経済計画と価格機構：自由制社会主義の経済理論』社会思想研究会出版部, 1950.
40 ドネラ・H．メドウズ, デニス・L．メドウズ, ヨルゲン・ランダース著, 茅陽一監訳『限界を超えて：生きるための選択』ダイヤモンド社, 1992.
41 メアリ・メラー著, 壽福眞美, 後藤浩子訳『境界線を破る！：エコ・フェミ社会主義に向かって』新評論, 1993.
42 スーザン・メンダス著, 谷本光男, 北尾宏之, 平石隆敏訳『寛容と自由主義の限界』ナカニシヤ出版, 1997.
43 J．S．ミル著, 末永茂喜訳『経済学原理』(1)・(2)・(3)・(4)・(5), 岩波書店, 1959-1963.
44 シャンタル・ムフ著, 千葉眞, 土井美徳, 田中智彦, 山田竜作訳『政治的なるものの再興』日本経済評論社, 1998.
45 ジョン・マイルズ, 後藤玲子訳「市場が失敗したとき－カナダとアメリカ合衆国における社会福祉」(G．エスピン-アンデルセン編, 埋橋孝文監訳『転換期の福祉国家：グローバル経済下の適応戦略』早稲田大学出版部, 2003：185-223).
46 ロバート・ノージック著, 嶋津格訳『アナーキー・国家・ユートピア：国家の正当性とその限界』上・下, 木鐸社, 1985-1989.
47 ジェイムズ・オコンナー著, 池上惇, 横尾邦夫監訳『現代国家の財政危機』御茶の水書房, 1981.
48 ジャン・パール著, 室住真麻子, 木村清美, 御船美智子訳『マネー＆マリッジ：貨幣をめぐる制度と家族』ミネルヴァ書房, 1994.
49 トマス・ペイン著, 西川正身訳『人間の権利』岩波書店, 1971.
50 D．W．ピアス, A．マーカンジャ, E．B．バービア著, 和田憲昌訳『新しい環境経済学：持続可能な発展の理論』ダイヤモンド社, 1994.
51 クリストファー・ピアソン著, 田中浩, 神谷直樹訳『曲がり角にきた福祉国家：福祉の新政治経済学』未来社, 1996.
52 ロバート・ピンカー著, 星野政明, 牛津信忠訳『社会福祉三つのモデル：福祉原理論の探究』黎明書房, 2003.
53 カール・ポラニー著, 吉沢英成, 野口建彦, 長尾史郎, 杉村芳美訳『大転換：市場社会の形成と崩壊』東洋経済新報社, 1975.

参考文献のうち邦訳のあるもの

54 ジョン・ロールズ著，矢島鈞次監訳『正義論』紀伊國屋書店，1979.
55 ジェレミー・リフキン著，松浦雅之訳『大失業時代』TBSブリタニカ，1996.
56 ジェイムズ・ロバートソン著，小池和子訳『未来の仕事』勁草書房，1988.
57 ジョン・E・ローマー著，伊藤誠訳『これからの社会主義：市場社会主義の可能性』青木書店，1997.
58 ピーター・シンガー著，戸田清訳『動物の解放』技術と人間，1988.
59 R.H.トーニー著，岡田藤太郎，木下建司共訳『平等論』相川書房，1994.
60 ロバート・セオボルド編，浜崎敬治訳『保障所得：経済発展の新段階』法政大学出版局，1968.
61 R.M.ティトマス著，谷昌恒訳『福祉国家の理想と現実』東京大学出版会，1967.
62 R.M.ティトマス著，三浦文夫監訳『社会福祉と社会保障：新しい福祉をめざして』東京大学出版会，1971.
63 R.M.ティトマス著，三友雅夫監訳『社会福祉政策』恒星社厚生閣，1981.
64 ウィリアム・ホワイト，キャサリン・ホワイト著，佐藤誠，中川雄一郎，石塚秀雄訳『モンドラゴンの創造と展開：スペインの協同組合コミュニティー』日本経済評論社，1991.
65 ハロルド・L・ウィレンスキー，チャールズ・N・ルボー著，四方寿雄，本出祐之監訳『産業社会と社会福祉』上・下，岩崎学術出版社，1971.

あとがき

　本書を通して述べてきたように，BIはイデオロギーの産物である．コストについての技術的論争と正統性についての哲学的論争が繰り広げられているところでは，構想の最小限モデルについて検討することは可能である．しかし，BIのもつ意義が，その社会経済的文脈によって決まることを理解するときにのみ，その論争の概略を正しく理解することができるだろう．自由市場経済に傾倒する党派の導入したBIが発揮する効果は，社会主義者の党派が導入するBIの発揮する効果とは根本的に異なるだろう．その結果，BIという無条件な所得の原理に対して，両派が十分に同意する可能性はきわめて低くなる．また，第5章と7章では，急進右派と社会主義者の両方がその原理を支持する可能性のある理由についてみてきた．しかし構想の潜在的な弱点だと思われることを解消しようとするなかで，前者が好むBIと後者が好むBIとは独自の異なった設計が行われることになるだろう．例えば急進右派は，普遍的資力調査のシステムであるNITを好む傾向があるのに対して，社会主義者は，生産資源の共同所有を反映したBIである，社会配当を望むだろう．それは道徳上の理由か便宜上の理由によるものだが，いずれの場合も無条件性の原理が損なわれる．市民権に基づく包摂的な最低所得構想は支持できるが，完全に無条件に給付されるシステムはあまり支持できないという者は多いかもしれない．このギャップ，すなわち「物足りなさ」こそがBI論争の知的原動力となるが，その結果として繰り広げられる議論は非常にイデオロギー的なものとなりがちである．したがって，本書では，この論争のイデオロギー的な側面を要約することを目標としてきた．経済学（実現可能性の問題），政治学（政治的な支持の問題），哲学（望ましさの問題）のいずれかに集中するのではなく，3つの方法論のすべてにまたがる折衷的かつ多角的なアプローチを採用するよう試みてきた．

　第I部では，最小限モデルを簡単に紹介し，第3章でBIのコスト，歴史や関連する他の諸問題を考察した．その一方で，第4章でBIの考え方に対する主な賛成論と反対論を要約した．第II部では，BIをイデオロギーごとに分け

あとがき

て描き出すよう試みるだけでなく（以下をみよ），BIの構想は政治理論と社会政策の主題をめぐる多様な学際的論争にどのように関連し，どのように相互に影響し合っているのか，またそれはなぜか，ということを示すことに努めた．後者の目標が重要なのは，何らかの本質的な特徴と見なされるものが，じつはBIに由来するのではなくて，社会保障システム自体に由来することを明らかにすることができるからある．所得保障は有識者やそれに詳しい専門家に委ねるべき無味乾燥で技術的なテーマではない．それどころか，給付システムが福祉システムの核となる制度であることはおそらく間違いないし，福祉システムが先進グローバル資本主義の社会経済的な中核であることもおそらく間違いないだろう．あえて少しもったいぶった表現をすると，所得――貧困層だけでなくすべての者の所得――を補助する手段には，われわれが何者であるかということが直接反映されているのである．BIのような改革構想をめぐる議論の場合，それが反映されていることが，通常の議論に比べてわかりやすい．このため，おそらくBIの研究者や初学者だけでなく，より広範な社会政策の関係者が本書に興味を持ってくれるだろう．

　本書の主たる目的は，BIに対して一連のイデオロギー的批判を行うことであるが，それらの批判を以下のように要約することができる．

　BIには，急進右派の思想のリバタリアン的，自由市場的側面に訴える傾向がある．第1に，人びとは生活費を賃金に頼らなくてもよいため，BIは賃金を市場均衡水準にまで引き下げることを可能にする．第2に，BIは，自由市場を所得保障に結びつけることを可能にするとともに，ブリタンのいう「人間の顔をした資本主義」を生み出すだろう．第3に，BIは個人に支給されるため，人びとが望むように暮らす自由を具体化する．しかしニューライトの思想の保守的かつ権威主義的な側面を考慮するとき，BIはそれほど魅力的でなくなる．第1に，BIの無条件性は，急進右派が強調する雇用労働の美徳と依然として調和しない．BIの存在によって職につかなくてもよいということになれば，人びとに仕事を始めさせるのは容易ではない．第2に，急進右派は，控え目なBI構想を実現するための費用に対してでさえ，青ざめる傾向がある．最後に，BIが掲げる「世帯の中立性」は，家族や生活スタイルの選択をめぐって，急進右派の多くが採る道徳的な論調と対立する．

　福祉集合主義者のなかにBI支持者がいるのは，BIによって以下の各点を実現することができるためである．BIは，社会保険や資力調査付きの扶助給付

あとがき

に比べて，はるかに信頼度の高いセーフティネットを提供する．BI は失業と貧困の罠に立ち向かうため，人びとは容易に市場に基づく義務を遂行するようになる．この義務は，福祉集合主義者が社会的な権利と結びつけているものである．BI は税と給付のシステムを合理的なものにする．BI は職業訓練と柔軟性を強調する．しかし同時に，他の福祉集合主義者は BI を以下の理由によって拒否している．BI は保険原理を放棄している．BI（少なくとも部分的 BI）は基本的な必要をみたすのに十分でない．BI は脱退者や離反者が社会から完全に抜け出すことを認めるため，現状の社会的排除を定着させてしまう．

BI を支持する社会主義者は，BI が労働市場からの一定の自立を提供すると主張している．労働側の権力は資本側の権力に比べて向上し，社会主義者が望む，生産手段を共同所有する自立した市民による，経済の民主的統制を実現するのを支援するだろう．また BI が導入されると貧困や社会的排除が緩和されるだろう——完全 BI ならば完全に除去されるだろう．また社会組織の脱商品化を推進することによって，社会的公正の実現に近づく．BI が一晩のうちにユートピアをもたらすわけではないことは事実だが，BI はポスト雇用社会への適応に役立つとともに，後のさらに根本的な改革のモデルを提供してくれる．しかし別の社会主義者にとっては，生産手段の現実の所有と統制に関して，BI 構想はほとんど沈黙しているように見える．それどころか，BI によって，最後の拠り所となる経済的保障が少なくともある程度行われていることを根拠に，市場の力が無制限に作用するのが正当化されかねない．BI は，社会主義社会の公正に貢献しないフリーライダーを増長させる．また労働運動の努力を無にすることによって社会的排除を固定化するだけである．したがって BI システムは非効率的かつ非効果的なものとなりうる．また BI は資本主義経済の物神化された関係に従って機能するため，知らないうちに社会統制の担い手となっているということもありうる．

フェミニストの BI 支持者は，BI は女性の平等な地位を反映していると指摘する．移転が個人化され，現在のシステムによる官僚的な監視をやめさせることによって，給付システム内部における両性の処遇が平等になるからである．女性の社会権が具体化され，女性は経済的に自立する．また，公的なものと私的なものとの間に立ちふさがる扉を開けることによって，女性は前者に，男性は後者に容易にアクセスすることができる．しかし BI の批判者は，BI は，本質的に，性やジェンダーの差異について沈黙していると断言する．また BI は，

あとがき

男女間でケアの責任を分担するように導きうるとはいえ，積極的にケアの倫理を奨励しないため，性分業を容易に固定化してしまうだろう．それどころか，もしBIが労働市場に逆効果を及ぼすならば，扉はすぐさまバタンと閉まり，現存の労働市場の分離はより強固なものとなるだろう．

エコロジストのなかには，BIを支持する理由として，BIによって生産主義的な賃金稼得活動に従事しない権利を具体化することができること（ただしパートタイム労働に就くことを容易にする），全員に最低所得を保証するに当たって，成長が環境に及ぼす帰結を考慮に入れていることを掲げる者がいる．しかしBIは人類以外の存在や未来の世代に対して私たちが負っている義務については多くを語っていないし，BIの導入によってどれくらいGDPの成長に抑制効果があるかも不確実である．またBIは，緑の人びとがまさしく反対している環境破壊的活動に依存しているようにも思われる．

以上に加えて，第II部の各章では，多くのBIの変種や政策パッケージについて検討した．これらのBIの変種や政策パッケージを論じるにあたって，上述の長所と短所を考慮に入れているひともいる．急進右派は資力調査のシステムを好む傾向があり，それを普遍化するとNITになる．福祉集合主義者は社会保険システムを改良・強化したものを好み，これが十分に包摂的なものになれば，アトキンソンが提唱する参加所得のようなものになる．社会主義者はBIを共同所有経済と結びつけることを望んでおり，それは社会配当となる．フェミニストは，もしBIと他の潜在的に女性を尊重する改革との結びつきが強化されるならば，BIへの支持を強めるだろう．おそらくフレーザーによる福祉の普遍的ケア提供者モデルとの関連でも，BIへの支持は強まるだろう．エコロジストもまた，BIが他の緑の改革——土地とエネルギーに対する課税，労働時間の短縮，インフォーマル活動——にとってきわめて重要であることが示されるならば，BIへの支持を強めるだろう．

これらのすべてを勘案すると，給付システムをめぐる理論的・実践的な問題に関する議論はかなり多様なものとなる．そう遠くない将来，BIとの結びつきを拒む政治や社会政策の解説者は，自分の正当性を示さなければならなくなるかもしれない．おそらくBIは，結局のところ周辺に追いやられたよそ者ではないのである．あるいは，むしろ，パラドックスは次の事実のうちにある．BIの支持者は，福祉国家の将来や社会一般の将来に関する議論のなかではしばしば周辺部に位置しているが，BIという考え方のいくつかの側面は，たと

あとがき

え多くのひとがそのことを認識していないとしても，すでに大多数の人びととの間に接点がある．したがって，おそらくは課題は，BI を主流派の議論のなかに招き入れることではなくて，BI がすでにそのなかにいることを認識することである．そうだとすると，本書の究極の目標は，本書を終えるにあたって，いまやはじめて述べることができるだろう．目標は遠いところにある深遠な主題に照準を合わせる訓練をすることではなくて，すでに私たちのなかにあるものに光を当てることである．

索引

ア行

アトキンソン, トニー (Atkinson, Tony) 133, 135-137, 139
  →参加所得, 福祉集合主義もみよ
アラスカ恒久基金 (Alaskan Parmanent Fund) 170-171
  →社会主義, 社会配当もみよ
アンダークラス (underclass) →福祉依存をみよ
一括払い手当金 (lump-sum grants) 43-44, 48
イデオロギー (ideology) 8-10, 117
  →エコロジズム, 急進右派, 社会主義, フェミニズム, 福祉集合主義もみよ
ヴァン・パライス, フィリップ (Van Parijs, Philippe) 58-59, 71-72, 114, 138, 154-156, 173, 218
エコロジズム (ecologism) 203-231
  エコ課税 (eco-taxation) 222-224
  環境倫理 (environmental ethic) 205-207
  共有 (common ownership) 47, 70-71, 216-217, 222-224
  経済成長 (economic growth) 203, 208-209, 211-215, 218, 220
  権利と義務 (rights and duties) 204-207, 211, 220, 226
  市民権 (citizenship) 203-208, 210-211, 216, 218, 220
  社会保障 (social security) 211-213, 217
  人類以外 (non-humans) 204-208
  地域交換交易システム (Local Exchange and Trading Systems (LETS)) 230
  平等 (equality) 205-208, 212-213, 217
  福祉国家 (welfare state) 208-211
  ベーシック・インカム (Basic Income (BI)) 213-231
  未来の世代 (future generations) 71, 204-208
  労働時間短縮 (working hour reductions) 210, 212-213, 224-226, 231
    →オッフェ, ゴルツ, ロバートソンもみよ
オッフェ, クラウス (Offe, Claus) 155, 227-231

カ行

家事労働 (domestic labour) 29, 138, 179-180, 182-183, 187-192, 195-200
  →雇用, フェミニズムもみよ
完全雇用 (Full employment) →雇用をみよ
義務 (duties)
  →エコロジズム, 急進右派, 社会主義, フェミニズム, 福祉集合主義, フリーライダーをみよ
急進右派 (radical right) 89-116
  家族 (family) 92-93, 95, 98, 101, 103
  権利と義務 (rights and duties) 91-92, 95, 102-103, 109
  市民権 (citizenship) 89-93
  社会保障 (social security) 97-98
  平等と社会的公正 (equality and social justice) 90-91, 95, 101, 114
  福祉国家 (welfare state) 93-98, 115-116

索引

ベーシック・インカム（Basic Income） 99-103
　→ハイエク，負の所得税，フリードマン，ブリタン，保守党政権もみよ
ケインズ，J. M.（Keynes, J. M.） 26, 50-51
減額率（withdrawal rates） 31-32, 64-67, 80-81, 106, 109-110, 113
権利（rights）
　→エコロジズム，急進右派，社会主義，フェミニズム，福祉集合主義をみよ
コミュニタリアニズム（communitarianism） 60-62, 177
雇用（employment） 26, 64, 94, 97-99, 112, 124, 128, 130, 152-166, 171-172, 181-201, 209-213, 217, 221, 225
雇用情勢（employment trends）
　→雇用をみよ
ゴルツ，アンドレ（Gorz, Andre） 212, 219, 224-227

サ行

財政移転（fiscal transfers） 25, 28-29, 63, 130
　勤労所得税額控除（Earned Income Tax Credit（EITC）） 25, 98, 108, 115
　勤労世帯税額控除（Working Families Tax Credit（WFTC）） 25, 65, 108, 115
　→社会保障もみよ
財政福祉（fiscal welfare）
　→財政移転をみよ
最低所得保証構想（guaranteed minimum income schemes） 14, 42, 44, 47, 199
最低賃金（minimum wage） 64, 157, 194, 200
参加所得（participation income） 41, 43, 45, 76, 133-141, 174, 196-200, 220
　→アトキンソン，フェミニズム，福祉集合主義，ベーシック・インカムもみよ

失業（unemployment）
　→雇用（employment）をみよ
失業の罠（unemployment trap） 30-32, 39, 66-68, 80, 105, 132, 137, 190, 217
　→貧困，貧困の罠，社会保障もみよ
実効限界税率（effective marginal tax rates）
　→減額率をみよ
市民権（citizenship）
　→エコロジズム，急進右派，社会主義，フェミニズム，福祉集合主義をみよ
市民所得（Citizen's Income）
　→ベーシック・インカムをみよ
社会クレジット（social credit） 15, 49
社会主義（socialism） 143-174
　権利と義務（rights and duties） 145, 149, 156
　市場社会主義（market socialism） 159-172
　市民権（citizenship） 143-146, 149, 152, 156
　社会的所有（social ownership） 145-146, 149-150, 154, 159, 163-171
　社会保障（social security） 150-152, 163-164
　自律（autonomy） 153, 154, 159
　平等と社会的公正（equality and social justice） 144, 148-150, 154, 159, 161, 163, 168
　福祉国家（welfare state） 146-152
　ベーシック・インカム（Basic Income（BI）） 152-159
　→アラスカ恒久基金，エコロジズム，社会配当もみよ
社会的公正（social justice）
　→エコロジズム，急進右派，社会主義，フェミニズム，福祉集合主義をみよ
社会配当（social dividend） 42-43, 45, 101, 159-174
　→アラスカ恒久基金，社会主義，ベーシック・インカムもみよ
社会保障（social security） 17-34

索引

カテゴリー別給付（categorical benefits）24, 79
再分配（redistribution） 32-34, 38-39
失業給付（unemployment benefit）23, 35-36, 186
自由裁量給付（discretionary benefits）24-25
職域給付（occupational benefits） 25, 29
福祉の社会的分業（分裂）（social division of welfare） 28-30, 39, 62-63, 130-131, 137
福祉の性分業（sexual division of welfare） 29, 130, 137-138, 182, 190
ヨーロッパ（Europe） 35-39
→エコロジズム, 急進右派, 減額率, 財政移転, 資力調査, 社会主義, 失業の罠, 年金, 貧困, 貧困の罠, フェミニズム, 福祉集合主義, ベヴァリッジ・システム, ベーシック・インカム, 保険原理もみよ
資力調査（means-testing） 4, 24-27, 31, 33, 35-36, 66-68, 79-81, 98, 103-116, 128-129, 132, 135-138, 181, 186, 196-197
スピーナムランド制（Speenhamland） 48
スペンス, トマス（Spence, Thomas） 48, 70

タ行

ダグラス, C. H.（Douglas, C. H.） 15, 49
中範囲の効果（middle-range effect） 52-54, 81
デモグラント（demogrants） 15-16

ナ行

年金（pensions） 22-23, 25, 29, 32, 35-36, 48, 134, 186, 190, 200
→資力調査, 社会保障, 保険原理もみよ

ハ行

ハイエク, F. A.（Hayek, F. A.） 89-91, 96-97, 161
比較分析（comparative analysis） 10-16, 117-118
ヨーロッパ（Europe） 35-39
必要（needs）
→福祉集合主義をみよ
平等（equality）
→エコロジズム, 急進右派, 社会主義, フェミニズム, 福祉集合主義をみよ
貧困（poverty） 26-28, 39, 65, 94-95, 100, 107, 114, 122-125, 147-148, 151, 157-159, 181, 185-186
→失業の罠, 貧困の罠もみよ
貧困の罠（poverty trap） 24, 30-32, 39, 53, 66-67, 80, 105, 132, 137, 190, 217
→失業の罠, 社会保障, 貧困もみよ
フェミニズム（feminism） 175-201
家族（family） 183-191
権利と義務（rights and duties） 177-179, 185, 187, 194
公/私（public and private） 178-179, 183-184, 187, 192-193, 200
市民権（citizenship） 175-179, 182, 184, 187, 198-200
社会保障（social security） 185-187
平等（equality） 176, 179, 188, 195-201
福祉国家（welfare state） 176, 180-187
ベーシック・インカム（Basic Income (BI)） 187-201
労働市場（labour market） 180-201
労働の性分業（sexual division of labour） 189-194, 200
→家事労働, 雇用もみよ
福祉依存（welfare dependency） 95, 97, 101-102, 109, 112, 133, 137
福祉国家（welfare state）

263

索引

→エコロジズム，急進右派，社会主義，フェミニズム，福祉集合主義，ベヴァリッジ・システムをみよ

福祉集合主義（welfare collectivism）　117-141
　権利と義務（rights and duties）　120-121, 124-125, 129, 131
　功績（merit）　120, 129, 134
　市場（markets）　121, 126, 129
　市民権（citizenship）　117-121, 125, 130-133, 139
　社会保障（social security）　126-129
　必要（needs）　119, 122-123, 125-126, 129-130, 132-133
　平等と社会的公正（equality and social justice）　119-121, 125, 129-130, 133
　福祉国家（welfare state）　122-129
　ベーシック・インカム（Basic Income (BI)）　129-133, 139, 141
　　→参加所得もみよ

負の所得税（Negative Income Tax (NIT)）　18, 43, 45, 50, 87, 98, 104-116, 174
　ベーシック・インカム（Basic Income (BI)）　110-112
　　→急進右派もみよ

フリードマン，ミルトン（Friedman, Milton）　107-110

フリーライダー（free-rider）　68-78, 109, 133, 137, 156, 159, 172, 192, 198, 219
　→無条件主義もみよ

ブリタン，サム（Brittan, Sam）　100, 111-112

フレイザー，ナンシー（Fraser, Nancy）　195-200

ペイン，トマス（Paine, Thomas）　47-48, 70, 216

ベヴァリッジ・システム（Beveridge system）　26, 28, 30, 50-51, 97-98, 123, 127-130, 139-140, 183, 185
　→社会保障もみよ

ベーシック・インカム（Basic Income, BI）
　アイルランド（Ireland）　12-13
　イデオロギー的重要性（ideological significance）　5-6, 16-17, 40, 51-52, 80-84, 87, 173
　エコロジズム（ecology）　213-231
　オランダ（Netherland）　13-14
　過渡的BI（transitional BI）　42
　カナダ（Canada）　15-16
　完全BI（full BI）　42-43, 46, 132, 197, 215
　急進右派（radical right）　99-103
　再分配（redistribution）　13, 39-40, 135
　社会主義（socialism）　152-159
　短所（disadvantages）　57-84
　長所（advantage）　57-84
　定義（defined）　3-4, 16, 41-45, 110-112, 170
　費用の算出（costings）　12, 45-47, 67, 102, 156
　フェミニズム（feminism）　187-201
　福祉集合主義（welfare collectivism）　129-133, 139-141
　部分BI（partial BI）　42-44, 46-47, 82, 99, 102, 132, 135, 156-157
　ブラジル（Brazil）　14-15
　歴史（history）　47-52
　→一括払い手当金，減額率，財政移転，参加所得，失業の罠，資力調査，社会配当，中範囲の効果，貧困の罠，負の所得税，フリーライダー，保険原理，無条件主義もみよ

保険原理（insurance principle）　4, 21, 23, 26, 54, 80, 113, 126-133, 135-141, 151, 185-186, 190, 196, 214, 222
　→資力調査，社会保障もみよ

保守党政権（Conservative government (1979-97)）　27, 31, 50

ホワイト，スチュアート（White, Stuart）　75-78

マ行

ミード, ジェームズ (Meade, James)　49, 67, 111, 154, 163-167, 169, 172
無条件主義 (unconditionalism)　17, 41-45, 50, 59, 63, 68-78, 102, 112, 129, 131, 135, 139, 154, 169, 188, 192, 225-226
→フリーライダーもみよ
モラル・ハザード (moral hazard)
→福祉依存をみよ

ラ行

ローマー, ジョン (Roemer, John)　163, 167-170, 172
→社会主義, 社会配当もみよ
ロバートソン, ジェームズ (Robertson, James)　222-224

ワ行

ワーク・インセンティブ (work incentives)
→減額率をみよ
ワークフェア (workfare)　21, 98, 116, 125

● 著者

Tony Fitzpatrick（トニー・フィッツパトリック）

1966年生まれ．エディンバラ大学にて博士号取得．ニューカッスル大学，ルートン大学を経て，現在，ノッティンガム大学法学・社会科学部準教授．*After the New Social Democracy : Social Welfare, for the Twenty-First Century*, Manchester Univ. Press, 2003；*New Theories Of Welfare*, Palgrave Macmillan, 2005 ほか．

● 訳者

武川正吾（たけがわ　しょうご）

1955年生まれ．東京大学大学院社会学研究科博士課程単位取得退学．現在，東京大学大学院人文社会系研究科教授．『社会政策のなかの現代——福祉国家と福祉社会』（東京大学出版会，1999年），『福祉社会——社会政策とその考え方』（有斐閣，2001年），スピッカー『社会政策講義——福祉のテーマとアプローチ』（共訳，有斐閣，2001年）ほか．

菊地英明（きくち　ひであき）

1976年生まれ．東京大学大学院人文社会系研究科博士課程単位取得退学．現在，国立社会保障・人口問題研究所研究員．「生活保護における『母子世帯』施策の変遷——戦後補償と必要即応原則」『社会福祉学』第43巻2号（2003年）ほか．

自由と保障　ベーシック・インカム論争

2005年5月25日　第1版第1刷発行
2006年4月15日　第1版第2刷発行

著　者　T. フィッツパトリック

訳　者　武　川　正　吾
　　　　菊　地　英　明

発行者　井　村　寿　人

発行所　株式会社　勁　草　書　房
112-0005 東京都文京区水道2-1-1　振替 00150-2-175253
（編集）電話 03-3815-5277／FAX 03-3814-6968
（営業）電話 03-3814-6861／FAX 03-3814-6854
日本フィニッシュ・鈴木製本

©TAKEGAWA Shogo, KIKUCHI Hideaki 2005

ISBN4-326-60185-X　Printed in Japan

JCLS　〈㈳日本著作出版権管理システム委託出版物〉
本書の無断複写は著作権法上での例外を除き禁じられています。
複写される場合は、そのつど事前に㈳日本著作出版権管理システム
（電話03-3817-5670，FAX03-3815-8199）の許諾を得てください。

＊落丁本・乱丁本はお取替いたします。
　　　　http：//www.keisoshobo.co.jp

A. セン／大庭健・川本隆史訳
合理的な愚か者
経済学＝倫理学的探究
四六判　3,150円
15217-6

A. セン／志田基与師監訳
集合的選択と社会的厚生
Ａ５判　3,150円
50186-3

D. フリードマン／森村進ほか訳
自由のためのメカニズム
アナルコ・キャピタリズムへの道案内
Ａ５判　4,620円
10146-6

M. ロスバード／森村進ほか訳
自由の倫理学
リバタリアニズムの理論体系
Ａ５判　5,670円
10145-8

小田中直樹著
ライブ・経済学の歴史
〈経済学の見取り図〉をつくろう
四六判　2,520円
55046-5

小松丈晃著
リスク論のルーマン
Ａ５判　3,570円
60161-2

中金聡著
政治の生理学
必要悪のアートと論理
四六判　3,465円
35120-9

北田暁大著
責任と正義
リベラリズムの居場所
Ａ５判　5,145円
60160-4

若松良樹著
センの正義論
効用と権利の間で
四六判　3,150円
15371-7

P. スピッカー／阿部實・圷洋一・金子充訳
福祉国家の一般理論
福祉哲学論考
Ａ５判　3,675円
60172-8

―――― 勁草書房刊

＊表示価格は2006年4月現在。消費税は含まれております。